"十三五"国家重点图书出版规划项目

中国减贫研究书系 / 智库报告

中国连片特困区研究

（2013~2016）

THE STUDY OF CHINA'S CONTIGUOUS DESTITUTE AREAS

（2013-2016）

游俊　冷志明　丁建军 / 编著

社会科学文献出版社
SOCIAL SCIENCES ACADEMIC PRESS (CHINA)

《中国减贫研究书系》出版说明

消除贫困是人类自古以来的理想，是人类的共同使命，也是当今世界面临的最大全球性挑战。中国的消除贫困行动取得了举世瞩目的成就，为全球减贫事业做出了重大贡献。党的十八大以来，新一届中央领导集体高度重视扶贫开发工作，明确了"到2020年现行标准下农村贫困人口全部脱贫，贫困县全部摘帽，解决区域性整体贫困"的目标，召开中央扶贫开发工作会议，对打赢脱贫攻坚战进行了全面部署。目前，全国上下全面实施精准扶贫、精准脱贫方略，中国迎来了与贫困作战的新一轮浪潮。

在这种大背景下，社会科学文献出版社希望通过减贫与发展主题作品的出版，搭建减贫研究的资源共享和传播平台，向社会和政策界传递学界的思考和分析，探索和完善中国减贫和发展的模式，并通过学术成果"走出去"，丰富国际减贫经验，为人类消除贫困贡献中国模式。

《中国减贫研究书系》和"减贫研究数据库"是社会科学文献出版社自主策划的出版项目，项目策划之初就获得了中国社会科学院李培林副院长、蔡昉副院长的肯定和支持。图书项目目前已被列入"十三五"国家重点图书出版规划。依托于该书系以及社会科学文献出版社历史上已出版图书的"减贫研究数据库"，业已入选"十三五"重点电子出版物出版规划。

中文版书系将全面梳理新中国成立以来，特别是改革开放30多年来我国减贫政策演变进程及历史经验；系统分析现阶段我国减贫工作所面临的突出问题并探索相应的解决方式与途径，为减贫工作提供理论资源和智识支持；总结政府、社会、市场协同推进的大扶贫格局，跨地区、跨部门、跨单位、全社会共同参与的多元主体社会扶贫体系的优势；探索区域合作、国际合作在减贫问题上的实践路径，为全球减贫视野贡献中国智慧。

"减贫研究数据库"旨在全面整合社会科学文献出版社30年来出版的减贫研究学术成果，数据库设有减贫理论、政府减贫、市场减贫、国际减贫、区域减贫、金融减贫、社会救助、城市减贫、减贫政策（战略）、社会减贫、减贫案例等栏目。我们希望以此为基点，全面整合国内外相关学术资源，为中国减贫事业的开展、学术研究、国际合作提供数据平台支持。

基于中文版书系及数据库资源而成的"走出去"项目，将以多语种展现中国学术界在贫困研究领域的最新成果，展现减贫领域的中国模式并为其他国家的减贫事业提供中国镜鉴，增强中国发展模式的国际话语权。

作为人文社会科学专业学术出版机构，社会科学文献出版社长期关注国内外贫困研究，致力于推动中外减贫研究领域的学术交流与对话，出版了大批以减贫与发展为主题的学术著作。在新时期中央有关减贫战略思想的指导下，我们希望通过《中国减贫研究书系》这个平台，多维度、多层次展现中国减贫研究的优秀学术成果和成功的中国经验，为中国减贫事业、为全面实现小康贡献出版界的力量。

《中国减贫研究书系》编辑委员会

（以姓氏笔画为序）

马　援　　王小林　　王爱丽　　王福生　　王　镭
左常升　　成艾华　　朱　玲　　向德平　　孙兆霞
苏国霞　　李　实　　李俊杰　　吴大华　　吴国宝
冷志明　　汪三贵　　张　廉　　陈光金　　陈　玮
周　丽　　秦尊文　　耿明斋　　黄　平　　黄承伟
童根兴　　谢寿光　　檀学文　　魏后凯

本书编委会

编　著：游　俊　冷志明　丁建军
成　员：王永明　黄利文　唐　珊

编著者简介

游俊 二级教授，博士生导师，国务院特殊津贴专家。现任吉首大学党委书记，兼任中国民族史学会、中国民族学学会副会长，"武陵山片区扶贫与发展"湖南省高等学校 2011 协同创新中心主任，连片特困区蓝皮书《中国连片特困区发展报告》主编之一。主要从事民族历史、民族文化教学与研究。著有《湖南少数民族史》等多部学术专著，在《民族研究》《世界宗教研究》《中国高等教育》等学术刊物上发表论文 40 余篇。主持并完成国家社科基金重点项目和湖南省社科基金重点项目、软科学基金重点项目多项。获得国家级教学成果二等奖、湖南省教学成果一等奖和二等奖、湖南省"五个一工程"理论文章奖、湖南省哲学社会科学优秀成果奖二等奖等多项成果奖。

冷志明 博士后，二级教授，博士生导师，教育部"新世纪优秀人才支持计划"人选，湖南省学科带头人，湖南省"121"人才工程人选，湖南省管理科学学会副会长，连片特困区蓝皮书《中国连片特困区发展报告》主编之一。现任吉首大学副校长。主要从事区域协同创新、区域发展资源环境评价、贫困地区企业创新研究。主持国家自科、国家社科、教育部人文社科等国家和省部级项目 10 余项。获湖南省人民政府社科成果二、三等奖各 1 项，获湖南省教学成果一等奖、二等奖各 1 项。在《地理学报》《经济学动态》等刊物上发表论文 60 余篇，出版专著、教材 4 部。

丁建军 博士，教授，博士生导师，美国马歇尔大学商学院访问学者，中国区域经济学会理事，"武陵山片区扶贫与发展"湖南省高等学校 2011 协同创新中心办公室主任，湖南省青年骨干教师，连片特困区蓝皮书《中国连片特困区发展报告》主编之一。现任吉首大学商学院副院长。主要从事区域经济学、产业经济学、发展经济学以及连片特困区区域发展与多维减贫研究。主持国家自科、国家社科、湖南省社科等项目多项,获湖南省人民政府社科成果奖二等奖、湖南省教学成果奖一等奖各1项。在《中国工业经济》《地理研究》等刊物上发表论文40余篇,出版专著《连片特困区统筹发展与多维减贫研究》。

摘 要

连片特困区是《中国农村扶贫开发纲要（2011-2020）》确定的扶贫攻坚主战场，也是2020年全面脱贫、全面建成小康社会的关键所在。连片特困区作为一种特殊类型区域，其减贫与发展既具有规律性的"共性"，也存在差异化的"个性"。探寻"共性"和洞察"个性"是连片特困地区减贫与发展研究中"同一硬币的两面"。基于这一总体原则，本书关注了连片特困区的总体概况与益贫性特征、新型城镇化进程与趋势、多维减贫与自我发展能力构建三个方面。全书分为三篇共十章。

第一篇的主题为"连片特困区概况、贫困比较及益贫性特征"。其中，第一章描述了14个集中连片特困区的空间分布、贫困状况、自然地理特征、社会文化特征、经济与行政分割特征以及连片特困区跨省协作的必然性；第二章基于"贫困"与"发展"之间的对应关系，通过构建涵盖经济、社会和生态3个维度24项指标的综合发展指标体系，定量测算和比较分析了除四省藏区、南疆三地州和西藏之外的11个集中连片特困区的贫困程度；第三章则以国家连片特困区区域发展与扶贫攻坚"先行先试"区域武陵山片区为研究对象，分析了2000-2011年间经济增长益贫性的时空差异、空间差异演变规律及增长益贫性差异对空间差异的影响。

第二篇关注"连片特困区新型城镇化进程、路径与趋势"。新型城镇化是党的十八大以来国家重点推进的一项重大民生工程，但我国各地情况差别较大、发展不平衡，推进新型城镇化要因地制宜、分类实施，特殊的自然、社会、经济特征使得连片特困区的城镇化必然有其自身的规律和特殊性。第四章全面探讨了连片特困区这种特殊类型区域城镇化的总体进程、发展趋势以及发展思路和对策；第五、六章则分别阐释了武陵山片区和滇桂黔石漠化片区的城镇化特征、趋势和发展战略，这两章在第四章总结连片特困区新型城镇化规律性"共性"特征的基础上充分揭示不同连片特困区新型城镇化的差异化"个性"。

第三篇的主题是"连片特困区多维减贫与自我发展能力构建"。一方面，连片特困区要注重借助外力实现短期的多维减贫、全面减贫，另一方面，连片特困区更要注重构建和培育自我发展能力，实现长期的持续减贫、持久脱贫。在扶贫实践中要实现二者的有机结合，在扶贫中培育自我发展能力，以自我发展能力带动减贫。第七、八章分别阐释了多维贫困和自我发展能力的构成，进而构建了各自的测度或评价指标体系；第九章则应用第七、八章的指标体系测度了武陵山片区的多维贫困和自我发展能力状况，并对2003－2011年间的时空演变规律进行了描述；第十章在进一步优化自我发展能力测算指标体系和测度方法的基础上，应用客观数据测算了武陵山片区2005、2008和2011年各县市区的自我发展能力，并对其时空演变特征及趋势进行了分析，从而深化了对武陵山片区自我发展能力状况与特征的理解。

目 录

第一篇
连片特困区概况、贫困比较及益贫性特征

第一章 连片特困区概况与特征 ······················ 003
    一 连片特困区概况 ······························ 003
    二 连片特困区特征 ······························ 022
    三 连片特困区跨省协作的必然性 ·················· 034

第二章 中国 11 个集中连片特困区贫困程度比较研究
    ——基于综合发展指数计算的视角 ················ 039
    一 连片特困区概况及相关研究 ···················· 040
    二 综合发展指数构建与资料来源 ·················· 043
    三 综合发展指数计算 ···························· 045
    四 基于综合发展指标体系的贫困程度比较 ·········· 050
    五 结论与建议 ·································· 057

第三章 武陵山片区经济增长的益贫性与空间差异演变特征
    ——基于 2000—2011 年县域数据的实证分析 ······ 059
    一 引言 ·· 059
    二 区域研究与研究方法 ·························· 061
    三 经济增长的益贫性及时空差异分析 ·············· 065

四　空间差异及演变趋势分析 …………………………………… 070
　　五　经济增长益贫性对空间差异的影响 …………………………… 073
　　六　结论与建议 …………………………………………………… 076

第二篇
连片特困区新型城镇化进程、路径与趋势

第四章　中国连片特困区城镇化进程、趋势与发展思路 ………… 081
　　一　中国连片特困区城镇化进程 …………………………………… 081
　　二　中国连片特困区城镇化发展趋势 ……………………………… 097
　　三　中国连片特困区城镇化发展思路与对策 ……………………… 107

第五章　武陵山片区城镇化特征、趋势与发展战略 ………………… 121
　　一　武陵山片区概况 ………………………………………………… 121
　　二　武陵山片区城镇化进程及特征 ………………………………… 123
　　三　武陵山片区城镇化发展趋势 …………………………………… 137
　　四　武陵山片区城镇化发展战略 …………………………………… 146

第六章　滇桂黔石漠化片区城镇化特征与策略 ……………………… 161
　　一　背景 ……………………………………………………………… 161
　　二　滇桂黔石漠化片区概况 ………………………………………… 162
　　三　滇桂黔片区城镇化发展过程分析 ……………………………… 165
　　四　滇桂黔片区应采取的城镇化策略 ……………………………… 178

第三篇
连片特困区多维减贫与自我发展能力构建

第七章　连片特困区多维贫困测度指标体系构建 …………………… 189
　　一　引言 ……………………………………………………………… 189
　　二　连片特困区多维贫困测度指标体系构建的原则 ……………… 190

三　连片特困区多维贫困测度指标体系基本框架……………… 192
　　四　多维贫困测度指标体系的考核办法…………………………… 196
　　五　结论与展望……………………………………………………… 205

第八章　连片特困区自我发展能力评价指标体系构建………… 207
　　一　引言……………………………………………………………… 207
　　二　连片特困区自我发展能力评价指标体系构建原则…………… 208
　　三　连片特困区自我发展能力评价指标体系基本框架…………… 209
　　四　自我发展能力评价指标体系的考核办法……………………… 213
　　五　结论与展望……………………………………………………… 224

第九章　武陵山片区多维贫困与自我发展能力评价…………… 226
　　一　引言……………………………………………………………… 226
　　二　武陵山片区多维贫困测度……………………………………… 227
　　三　武陵山片区自我发展能力评价………………………………… 239
　　四　武陵山片区多维贫困与自我发展能力时空演变分析………… 251
　　五　主要结论………………………………………………………… 258

第十章　武陵山片区自我发展能力测算及时空演变分析
　　　　——基于2005、2008和2011年县级数据的实证分析………… 261
　　一　引言……………………………………………………………… 261
　　二　研究思路与方法………………………………………………… 263
　　三　武陵山片区自我发展能力测算结果分析……………………… 269
　　四　武陵山片区自我发展能力的时空特征及演变趋势分析……… 274
　　五　结论与讨论……………………………………………………… 279

参考文献…………………………………………………………………… 281

第一篇
连片特困区概况、贫困比较及益贫性特征

第一章 连片特困区概况与特征

一 连片特困区概况

连片特困区是指由于自然、历史、民族、宗教、政治、社会等原因，利用一般经济增长方式不能带动、常规扶贫手段难以奏效、扶贫开发周期较长的集中连片贫困地区和连片特殊贫困地区。这一概念被2010年西部大开发工作会议正式使用，之后，"加快解决集中连片特殊困难地区的贫困问题"被写入"十二五"规划纲要和《中国农村扶贫开发纲要（2011－2020）》。至此，连片特困区的扶贫攻坚与区域发展问题引起社会各界高度关注。

（一）连片特困区的空间分布

在如期完成《中国农村扶贫开发纲要（2001－2010）》目标任务后，我国贫困人口分布出现了新的特征，绝对贫困人口在空间分布上表现为"大分散、小集中"态势，主要集中于一些连片特困地区。2011年，国务院扶贫办颁布的《中国农村扶贫开发纲要（2011－2020）》明确将全国14个集中连片特困区作为21世纪第二个十年扶贫开发的主战场。这14个集中连片特困区分别为大兴安岭南麓片区、燕山－太行山片区、吕梁山片区、六盘山片区、大别山片区、罗霄山片区、秦巴山片区、武陵山片区、乌蒙山片区、滇桂黔石漠化片区、滇西边境片区、四省藏区、新疆南疆三地州和西藏自治区。从空间分布来看，主要分布在我国中西部地区，其中，西南和西北地区分布密度最高、覆盖面积最广，不同连片特困区甚至相互毗邻。其空间分布如图1所示。

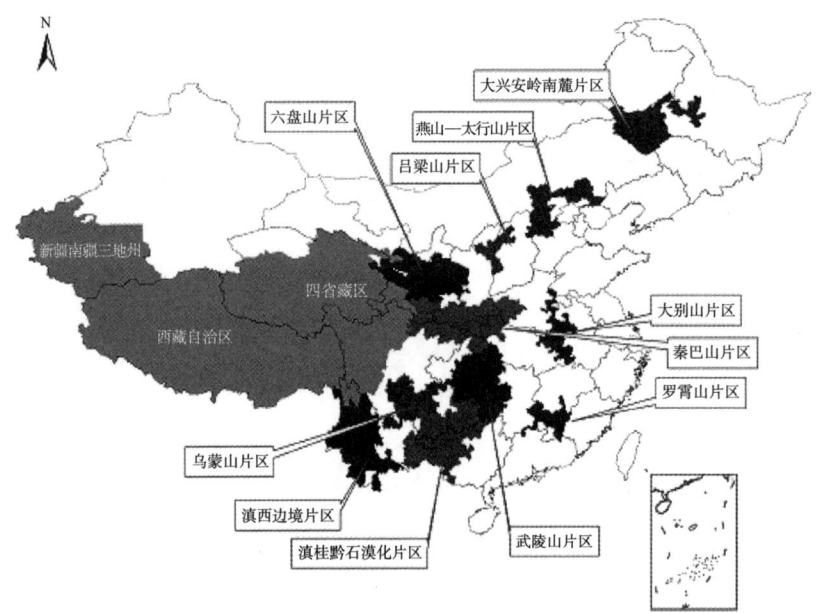

图 1 中国 14 个集中连片特困区空间分布示意

大兴安岭南麓片区地处大兴安岭中段及其相连的松嫩平原西北部，地貌以低山丘陵和平原为主，面积为 14.5 万平方公里，横跨内蒙古、吉林和黑龙江 3 省区 19 个县市区。具体包括：内蒙古兴安盟的阿尔山市、科尔沁右翼前

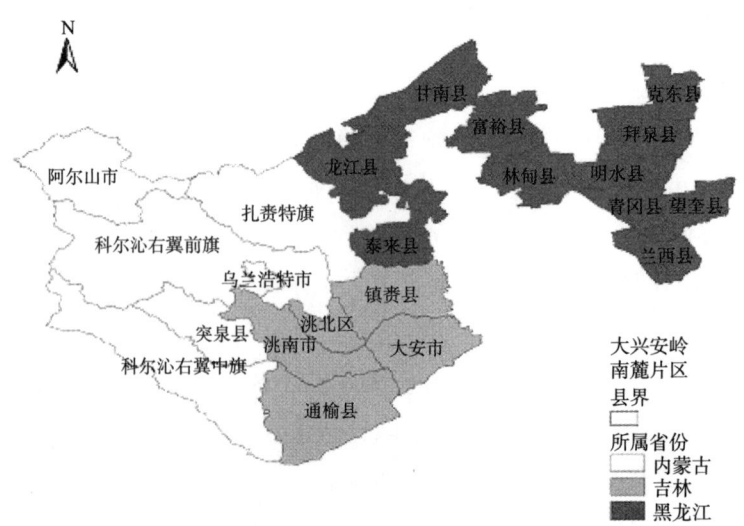

图 2 大兴安岭南麓片区地理区位示意

旗、科尔沁右翼中旗、扎赉特旗和突泉县；吉林省白城市镇赉县、通榆县和大安市；黑龙江省齐齐哈尔市龙江县、泰来县、甘南县、富裕县、林甸县、克东县和拜泉县，绥化市的明水县、青冈县、望奎县和兰西县（图2）。

燕山-太行山片区地处燕山和太行山腹地，属内蒙古高原和黄土高原向华北平原过渡地带，面积9.3万平方公里，辖河北、山西和内蒙古3省区33个县市区。具体包括：河北省保定市的涞水县、阜平县、唐县、涞源县、望都县、易县、曲阳县和顺平县，张家口市的宣化县、张北县、康保县、沽源县、尚义县、蔚县、阳原县、怀安县和万全县，承德市承德县、平泉县、隆化县、丰宁满族自治县和围场满族蒙古族自治县；山西省大同市的阳高县、天镇县、广灵县、灵丘县、浑源县和大同县，忻州市五台县和繁峙县；内蒙古乌兰察布市的化德县、商都县和兴和县（图3）。

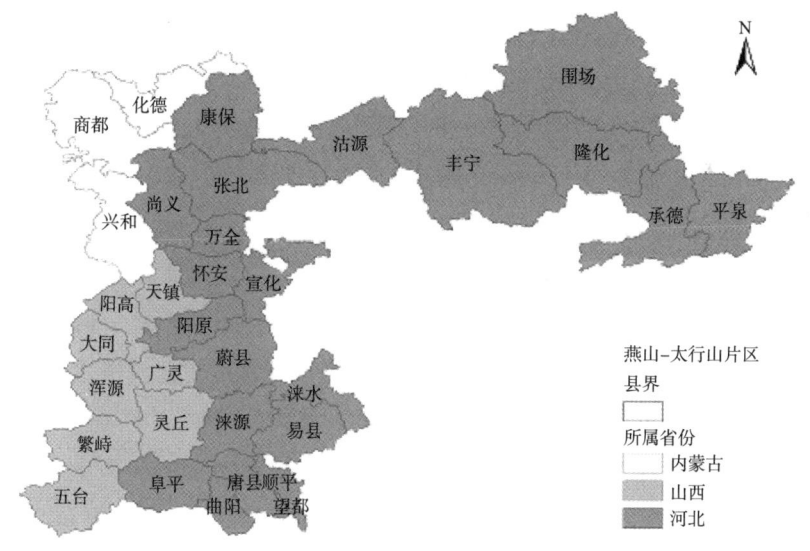

图3　燕山-太行山片区地理区位示意

吕梁山片区地处黄土高原中东部，西接毛乌素沙地，东跨吕梁山脉，黄河干流从北到南纵贯而过，总面积3.6万平方公里，辖山西、陕西2省20个县区。具体包括：山西省忻州市的静乐县、神池县、五寨县和岢岚县，临汾市的吉县、大宁县、隰县、永和县和汾西县，吕梁市的兴县、临县、石楼县和岚县；陕西省榆林市的横山县、绥德县、米脂县、佳县、吴堡县、清涧县和子洲县（图4）。

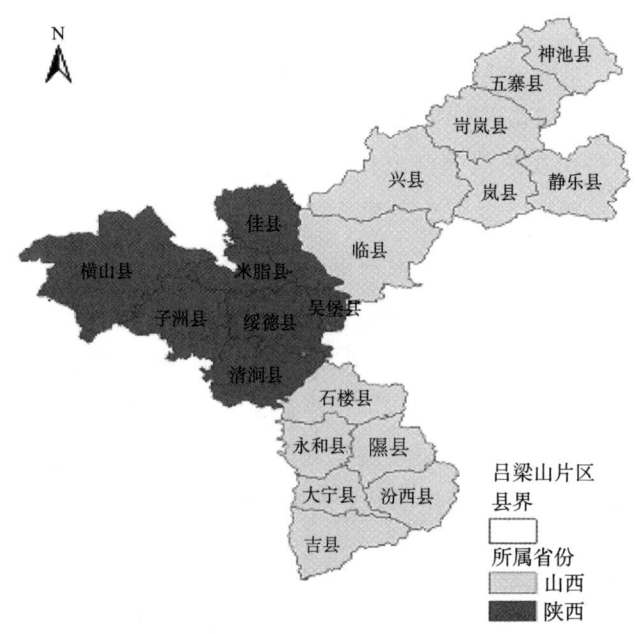

图 4　吕梁山片区地理区位示意

六盘山片区地处黄土高原中西部及其与青藏高原过渡地带，面积 16.6 万平方公里，横跨陕西、甘肃、青海和宁夏 4 省区 69 县市区。具体包括：陕西省宝鸡市的扶风县、陇县、千阳县和麟游县，咸阳市的永寿县、长武县、淳化县和彬县；甘肃省兰州市永登县、榆中县和皋兰县，白银市靖远县、会宁县、景泰县、白银区和平川区，天水市的麦积区、清水县、秦安县、甘谷县、武山县、张家川回族自治县和秦州区，武威市的古浪县，平凉市的崆峒区、泾川县、灵台县、庄浪县、静宁县、崇信县和华亭县，庆阳市的庆城县、环县、华池县、合水县、正宁县、宁县、镇原县和西峰区，定西市的安定区、通渭县、陇西县、渭源县、临洮县、漳县和岷县，临夏回族自治州的临夏市、临夏县、康乐县、永靖县、广河县、和政县、东乡族自治县和积石山保安族东乡族撒拉族自治县；青海省西宁市的湟中县和湟源县，海东地区的民和回族土族自治县、乐都县、互助土族自治县、化隆回族自治县、循化撒拉族自治县和平安县；宁夏回族自治区固原市的原州区、西吉县、隆德县、泾源县和彭阳县，吴忠市的同心县，中卫市的海原县（图5）。

图 5　六盘山片区地理区位示意

图 6　大别山片区地理区位示意

大别山片区地处鄂豫皖交界地带，北抵黄河，南临长江，面积6.7万平方公里，横跨安徽、河南和湖北3省36个县市区。具体包括：安徽省亳州市的利辛县，阜阳市的临泉县、阜南县和颍上县，六安市的金寨县、寿县和霍邱县，安庆市的太湖县、宿松县、潜山县、岳西县和望江县；河南省开封市的兰考县，商丘市的民权县、宁陵县和柘城县，信阳市的潢川县、固始县、淮滨县、光山县、新县和商城县，周口市的商水县、沈丘县、郸城县、淮阳县和太康县，驻马店市的新蔡县；湖北省黄冈市的团风县、红安县、麻城市、罗田县、英山县和蕲春县，孝感市的大悟县和孝昌县（图6）。

罗霄山片区地处罗霄山脉中南段及其与南岭、武夷山连接地区，面积5.3万平方公里，辖江西和湖南2省24个县市区。具体包括：江西省赣州市的赣县、上犹县、安远县、宁都县、于都县、兴国县、会昌县、寻乌县、石城县、瑞金市、南康市和章贡区，吉安市的遂川县、万安县、永新县和井冈山市，萍乡市的莲花县，抚州市的乐安县；湖南省株洲市的茶陵县和炎陵县，郴州市的宜章县、汝城县、桂东县和安仁县（图7）。

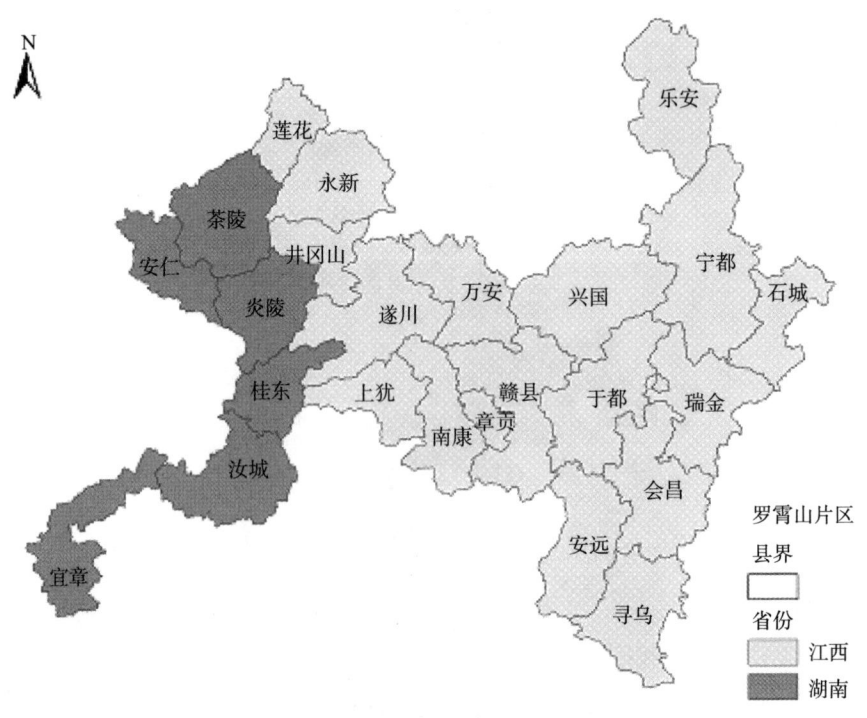

图7 罗霄山片区地理区位示意

秦巴山片区西起青藏高原东缘,东至华北平原西南部,跨秦岭、大巴山,面积22.5万平方公里,横跨河南、湖北、重庆、四川、陕西和甘肃5省市80个县市区。具体包括:河南省洛阳市的嵩县、汝阳县、洛宁县和栾川县,平顶山市的鲁山县,三门峡市的卢氏县,南阳市的南召县、内乡县、镇平县、淅川县和西峡县;湖北省十堰市的丹江口市、郧县、郧西县、房县、竹山县、竹溪县、张湾区和茅箭区,襄阳市的保康县;重庆市的城口县、云阳县、奉节县、巫山县和巫溪县;四川省绵阳市的北川羌族自治县和平武县,广元市的朝天区、元坝区、剑阁县、旺苍县、青川县、苍溪县和利州区,南充市的仪陇县,达州市的宣汉县和万源市,巴中市的巴州区、通江县、平昌县和南江县;陕西省西安市的周至县,宝鸡市的太白县,汉中市的南郑县、城固县、洋县、西乡县、勉县、宁强县、略阳县、镇巴县、留坝县、佛坪县和汉台区,安康市的汉滨区、汉阴县、石泉县、宁陕县、紫阳县、岚皋县、平利县、镇坪县、旬阳县和白河县,商洛市的商州区、洛南县、丹凤县、商南县、山阳县、镇安县和柞水县;甘肃省陇南市的武都区、文县、康县、宕昌县、礼县、西和县、成县、徽县和两当县(图8)。

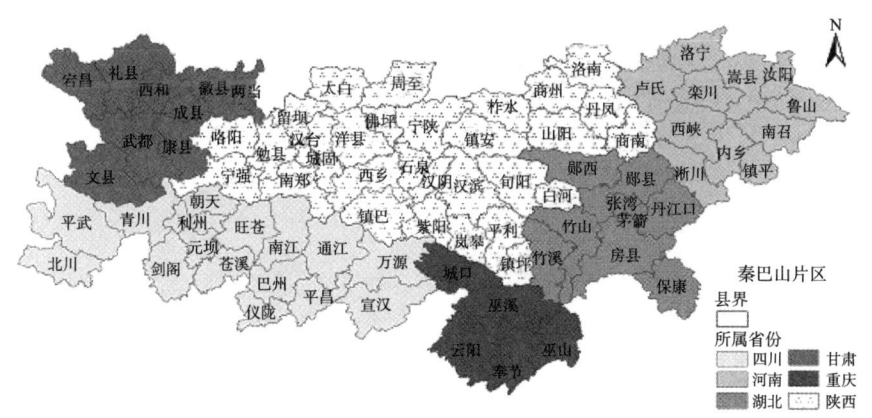

图 8　秦巴山片区地理区位示意

武陵山片区地处湘鄂渝黔四省份交界的武陵山脉,面积17.18万平方公里,横跨湖南、湖北、贵州和重庆3省1市71县市区。具体包括:湖南省邵阳市的新邵县、邵阳县、隆回县、洞口县、绥宁县、新宁县、城步苗族自治县和武冈市,常德市的石门县,张家界市的慈利县、桑植县、武陵源区、永定区,益阳市的安化县,怀化市的中方县、沅陵县、辰溪县、溆浦县、会同县、麻阳苗族自治县、新晃侗族自治县、芷江侗族自治县、靖州苗族侗族自治县、通道侗族自治县、鹤城区和洪江市，娄底市的新化县、涟源市和冷水江市，湘西土家族苗族自治州的泸溪县、凤凰县、保靖县、古丈县、永顺县、龙山县、花垣县和吉首市；湖北省宜昌市的秭归县、长阳土家族自治县和五峰土家族自治县，恩施土家族苗族自治州的恩施市、利川市、建始县、巴东县、宣恩县、咸丰县、来凤县和鹤峰县；贵州省遵义市的正安县、道真仡佬族苗族自治县、务川仡佬族苗族自治县、凤冈县、湄潭县和余庆县，铜仁地区的铜仁市、江口县、玉屏侗族自治县、石阡县、思南县、印江土家族苗族自治县、德江县、沿河土家族自治县、松桃苗族自治县和万山特区；重庆市的丰都县、石柱土家族自治县、秀山土家族苗族自治县、酉阳土家族苗族自治县、彭水苗族土家族自治县、黔江区和武隆县（图9）。

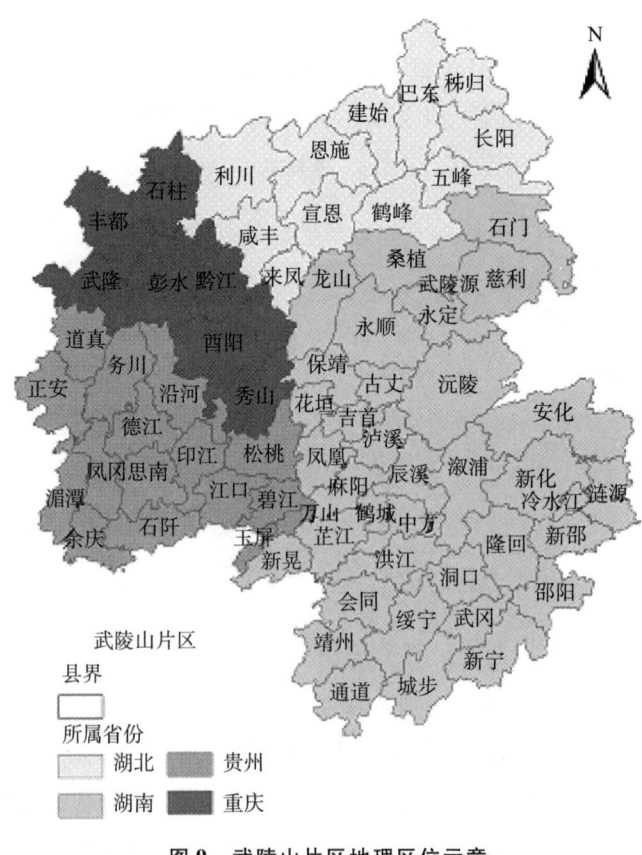

图9 武陵山片区地理区位示意

乌蒙山片区位于云贵高原与四川盆地结合部，面积 10.7 万平方公里，横跨四川、贵州和云南 3 省 38 个县市区。具体包括：四川省泸州市的叙永县和古蔺县，乐山市的沐川县和马边彝族自治县，凉山彝族自治州的普格县、布拖县、金阳县、昭觉县、喜德县、越西县、美姑县和雷波县，宜宾市的屏山县；贵州省遵义市的桐梓县、习水县和赤水市，毕节市的七星关区、大方县、黔西县、织金县、纳雍县、威宁彝族回族苗族自治县（含六盘水市钟山区大湾镇）和赫章县；云南省昆明市的禄劝彝族苗族自治县和寻甸回族彝族自治县，曲靖市的会泽县和宣威市，昭通市的昭阳区、鲁甸县、巧家县、盐津县、大关县、永善县、绥江县、镇雄县、彝良县和威信县，楚雄彝族自治州的武定县（图 10）。

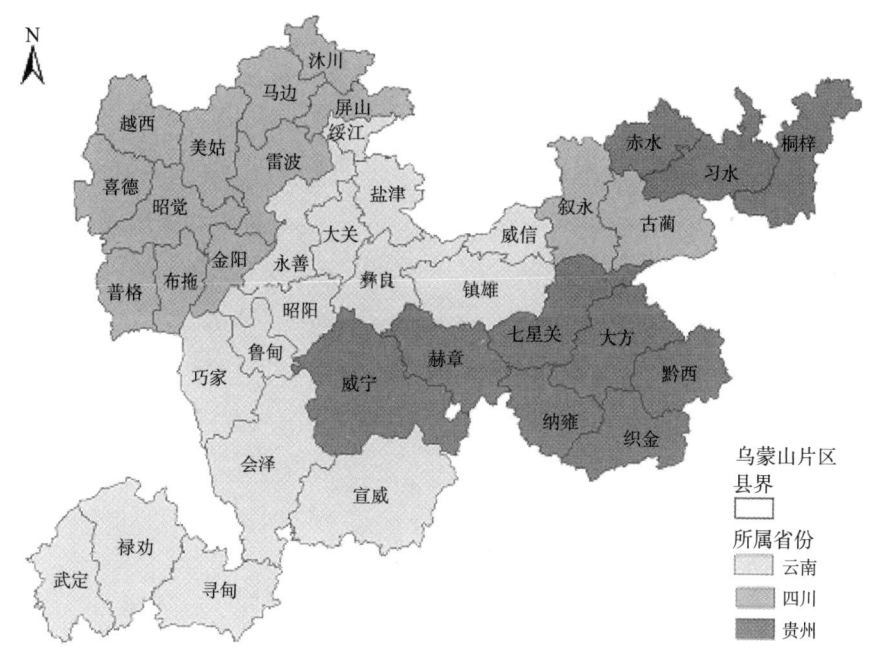

图 10　乌蒙山片区地理区位示意

滇桂黔石漠化片区地处云贵高原东南部及其与广西盆地过渡地带，面积 22.8 万平方公里，横跨广西、贵州和云南 3 省区 91 个县市区。具体包括：广西壮族自治区南宁市的隆安县、马山县和上林县，柳州市的融安县、融水苗族自治县和三江侗族自治县，桂林市的龙胜各族自治县和资源县，百色市的田阳县、德保县、靖西县、那坡县、凌云县、乐业县、田林县、西林县、隆林各族自治县、右江区、田东县和平果县，河池市的凤山县、东兰县、罗城仫佬族自治县、环江毛南族自治县、巴马瑶族自治县、都安瑶族自治县、大化瑶族自治县、金城江区、南丹县和天峨县，来宾市的忻城县，崇左市的宁明县、龙州县、大新县和天等县；贵州省安顺市的西秀区、平坝县、普定县、镇宁布依族苗族自治县、关岭布依族苗族自治县和紫云苗族布依族自治县，六盘水市的六枝特区、水城县和钟山区，黔西南布依族苗族自治州的兴仁县、普安县、晴隆县、贞丰县、望谟县、册亨县、安龙县和兴义市，黔东南苗族侗族自治州的黄平县、施秉县、三穗县、镇远县、岑巩县、天柱县、锦屏县、剑河县、台江县、黎平县、榕江县、从江县、雷山县、麻江县、丹寨县和凯里市，黔南布依族苗族自治州的荔波县、贵定县、独山县、平塘县、罗甸县、长顺县、龙里县、惠水县、三都水族自治县、瓮安县和都匀市；云南省曲靖市的师宗县和罗平县，红河哈尼族彝族自治州的屏边苗族自治县和泸西县，文山壮族苗族自治州的砚山县、西畴县、麻栗坡县、马关县、丘北县、广南县、富宁县和文山市（图11）。

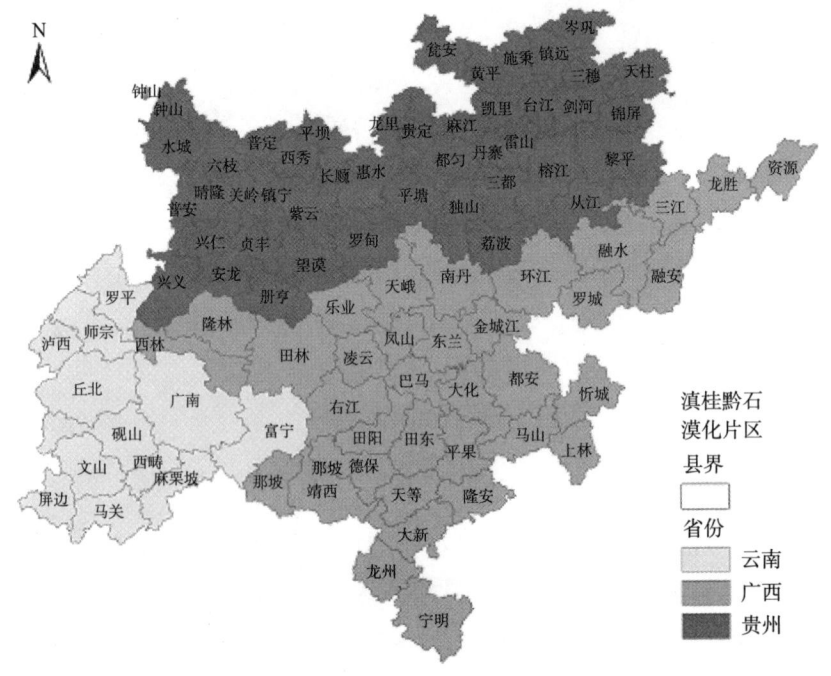

图11 滇桂黔石漠化片区地理区位示意

滇西边境片区位于横断山区南部和滇南山间盆地,面积20.9万平方公里,由云南省与缅甸、老挝和越南等国交界地区的61个县市区组成。具体包括:保山市的隆阳区、施甸县、龙陵县、昌宁县和腾冲县,丽江市的玉龙纳西族自治县、永胜县、宁蒗彝族自治县和古城区,普洱市的宁洱哈尼族彝族自治县、墨江哈尼族自治县、景东彝族自治县、景谷傣族彝族自治县、镇沅彝族哈尼族拉祜族自治县、江城哈尼族彝族自治县、孟连傣族拉祜族佤族自治县、澜沧拉祜族自治县、西盟佤族自治县和思茅区,临沧市的临翔区、凤庆县、云县、永德县、镇康县、双江拉祜族佤族布朗族傣族自治县、耿马傣族佤族自治县和沧源佤族自治县,楚雄彝族自治州的双柏县、牟定县、南华县、姚安县、大姚县、永仁县和楚雄市,红河哈尼族彝族自治州的石屏县、元阳县、红河县、金平苗族瑶族傣族自治县和绿春县,西双版纳傣族自治州的勐海县和勐腊县,大理白族自治州的漾濞彝族自治县、祥云县、宾川县、弥渡县、南涧彝族自治县、巍山彝族回族自治县、

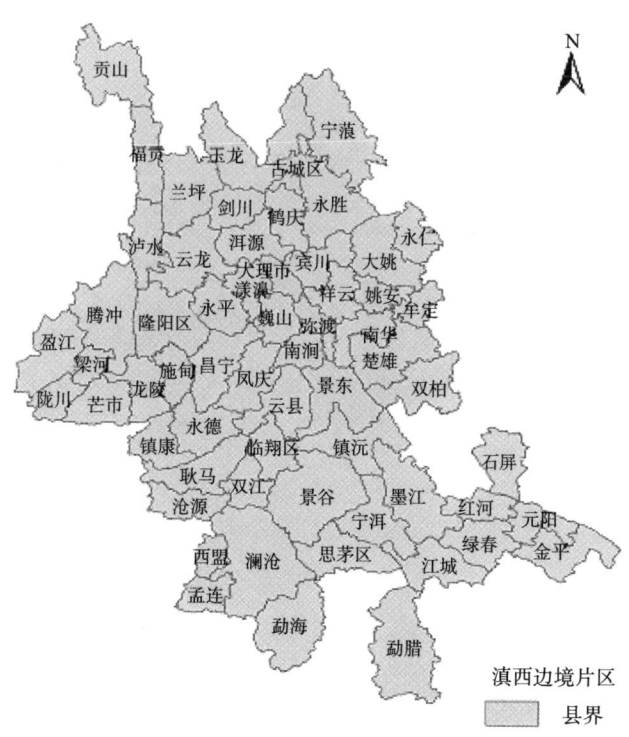

图12 滇西边境片区地理区位示意

永平县、云龙县、洱源县、剑川县、鹤庆县和大理市,德宏傣族景颇族自治州的芒市、梁河县、盈江县和陇川县,怒江傈僳族自治州的泸水县、福贡县、贡山独龙族怒族自治县和兰坪白族普米族自治县(图12)。

四省藏区指云南、四川、甘肃和青海4省77个县市区委。具体指:云南省迪庆藏族自治州的香格里拉县、德钦县和维西傈僳族自治县;四川省阿坝藏族羌族自治州的汶川县、理县、茂县、松潘县、九寨沟县、金川县、小金县、黑水县、马尔康县、壤塘县、阿坝县、若尔盖县和红原县,甘孜藏族自治州的康定县、泸定县、丹巴县、九龙县、雅江县、道孚县、炉霍县、甘孜县、新龙县、德格县、白玉县、石渠县、色达县、理塘县、巴塘县、乡城县、稻城县和得荣县,凉山彝族自治州的木里藏族自治县;甘肃省武威市的天祝藏族自治县,甘南藏族自治州的合作市、临潭县、卓尼县、舟曲县、迭部县、玛曲县、碌曲县和夏河县;青海省海北藏族自治州的门源回族自治县、祁连县、海晏县和刚察县,黄南藏族自治州的同仁县、尖扎县、泽库县、河南蒙古族自治县,海南藏族自治州的共和县、同德县、

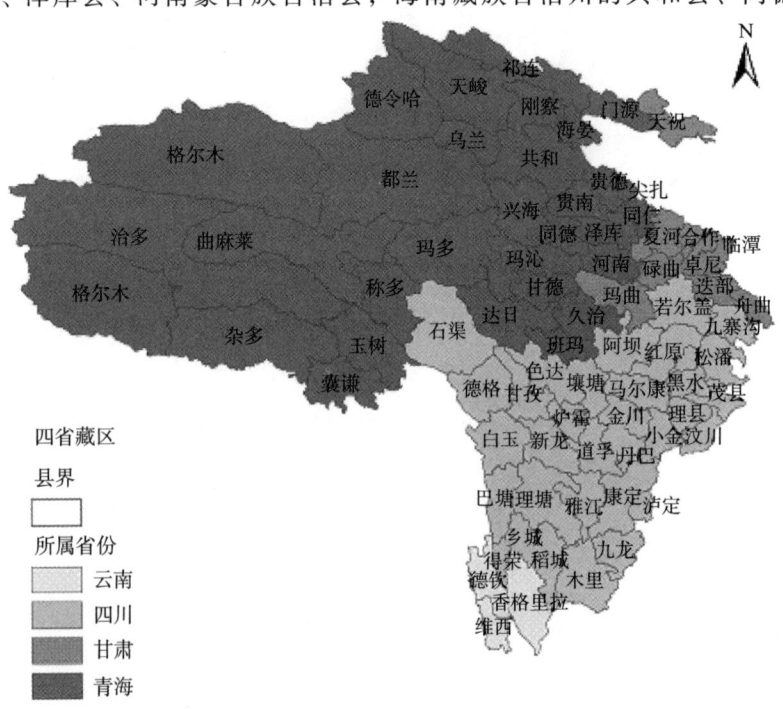

图13 四省藏区地理区位示意

贵德县、兴海县和贵南县，果洛藏族自治州的玛沁县、班玛县、甘德县、达日县、久治县和玛多县，玉树藏族自治州的玉树县、杂多县、称多县、治多县、囊谦县和曲麻莱县，海西蒙古族藏族自治州的格尔木市、德令哈市、乌兰县、都兰县、天峻县以及冷湖行委、大柴旦行委和茫崖行委（图13）。

新疆南疆三地州位于塔克拉玛干大沙漠的西南端，依昆仑山而列，其中和田位于自治区南端，南依喀喇昆仑山和南天山的交会处，主要包括24个县市。具体为：克孜勒苏柯尔克孜自治州的阿图什市、阿克陶县、阿合奇县和乌恰县，喀什地区的喀什市、疏附县、疏勒县、英吉沙县、泽普县、莎车县、叶城县、麦盖提县、岳普湖县、伽师县、巴楚县和塔什库尔干塔吉克自治县，和田地区的和田市、和田县、墨玉县、皮山县、洛浦县、策勒县、于田县和民丰县（图14）。

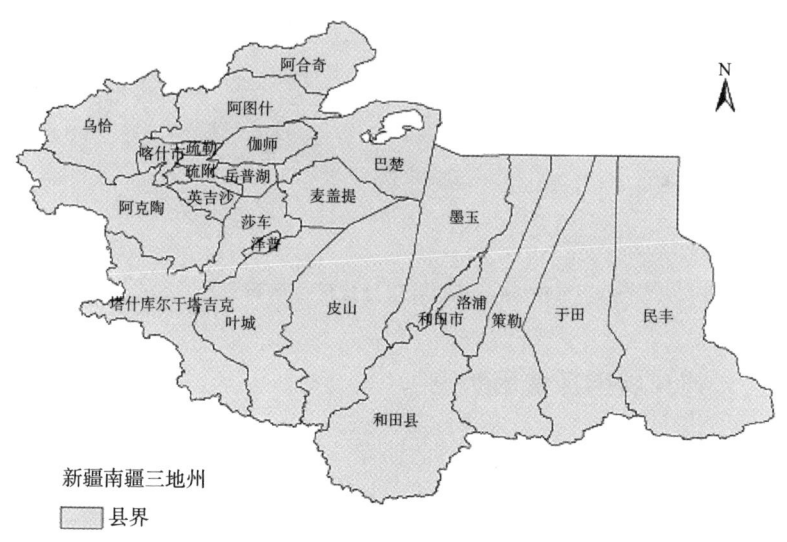

图14 新疆南疆三地州地理区位示意

西藏片区包含西藏自治区的74个县市区。具体包括：拉萨市的城关区、林周县、当雄县、尼木县、曲水县、堆龙德庆县、达孜县和墨竹工卡县，昌都地区的昌都县、江达县、贡觉县、类乌齐县、丁青县、察雅县、八宿县、左贡县、芒康县、洛隆县和边坝县，山南地区的乃东县、扎囊县、贡嘎县、桑日县、琼结县、曲松县、措美县、洛扎县、加查县、隆子县、错那县和浪卡子县，日喀则地区的日喀则市、南木林县、江孜县、定日县、萨迦县、拉孜县、昂仁县、谢通门县、白朗县、仁布县、康马县、定结县、仲巴县、亚东县、吉隆县、聂拉木县、萨嘎县和岗巴县，那曲地区的那曲县、嘉黎县、比如县、聂荣县、安多县、申扎县、索县、班戈县、巴青县、尼玛县和双湖办事处，阿里地区的普兰县、札达县、噶尔县、日土县、革吉县、改则县和措勤县，林芝地区的林芝县、工布江达县、米林县、墨脱县、波密县、察隅县和朗县（图15）。

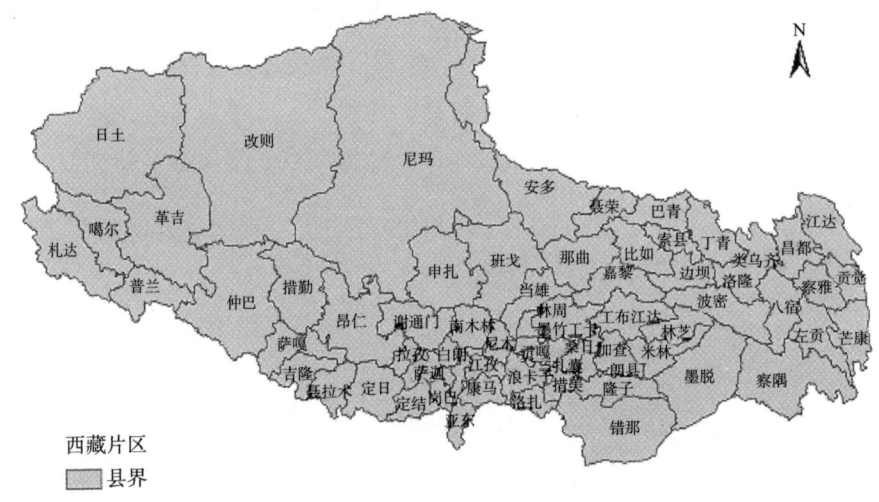

图 15　西藏片区地理区位示意

（二）连片特困区贫困状况

除早已明确实施特殊扶持政策的西藏、四省藏区和新疆南疆三地州外，其余 11 个集中连片特困区共涉及 19 个省区 505 个县①，面积达 143.3 万平方公里，人口为 2.28 亿，其中农村人口为 1.96 亿。集中连片特困区作为新扶贫攻坚的主战场，不仅分布面积广、人口规模大，而且贫困维度多、贫困程度深。集中连片特困区人均地区生产总值、人均地方财政收入、农民人均纯收入三项指标远远低于全国和西部平均水平，仅分别为西部平均水平的 49%、44% 和 73%。2011 年，依最新贫困标准计算，连片特困区贫困人口占据全国贫困人口 70% 以上，平均贫困发生率为 28.4%，比全国平均

---

① 2012 年国家发文名单中计算为 505 个，后来各县市有调整，故可能多于此数。

水平12.7%高出15.7个百分点。此外，教育、健康、交通、住房、信息等基本公共服务十分滞后，生态环境脆弱，自我发展能力、可持续发展能力严重缺失。

2010年，大兴安岭南麓片区人均地区生产总值为13388.8元，人均地方财政一般预算收入为406.7元；城镇居民人均可支配收入为10302.4元，农村居民人均纯收入为3908.5元，仅相当于全国平均水平的66%；适龄儿童入学率为99.2%，青壮年文盲率0.44%，居民平均受教育年限为7.9年，每万人科技活动人员数53.7人，94.8%的村建有卫生室，新型农村合作医疗参合率80.8%。片区基本农田中有效灌溉面积占比仅为31.3%，土地沙化面积达到20383.7平方公里，占区域总面积的14.1%，耕地盐碱化面积达86.1万公顷、占耕地面积的19.1%。2011年，每人每年2300元最新扶贫标准以下的农村人口（不含乌兰浩特市、洮北区、洮南市）129万，贫困发生率为24.1%。农户以传统农牧业生产为主，经营性收入增长乏力，外出务工人员少，工资性收入占农民收入比重仅为21.5%，低于全国平均水平19.6个百分点。此外，有18.4%的农户存在饮水困难，38.5%的农村人口尚未解决饮水安全问题。

2010年，燕山-太行山片区人均地区生产总值为11914.8元，城镇居民人均可支配收入为11942元，农村居民人均纯收入为3408元，分别仅相当于全国平均水平的40.1%、62.4%和57.6%，人均地方财政一般预算收入487.8元，城镇化率为28.9%，适龄儿童入学率为99.7%，青壮年文盲率2.9%，居民平均受教育年限8.1年，低于全国平均水平0.9年，每万人科技活动人员数77.5人，村卫生室普及率88.5%，新型农村合作医疗参合率89.4%。29.4%的农村人口存在饮水困难，乡村道路通行保障水平不高，10.8%的行政村不通沥青或水泥路，26.3%的自然村不通公路，12.2%的行政村未完成农网改造，1.9%的自然村不通电。按照每人每年2300元的扶贫标准，2011年片区扶贫对象有223万人，贫困发生率为24.3%，高出全国平均水平11.6个百分点。

2010年，吕梁山片区人均地区生产总值为9839.2元，人均地方财政一般预算收入为365.7元，城镇居民人均可支配收入为12967.7元，农村居民人均纯收入为3340.5元，城镇化率为31.3%，比全国平均水平低18.4个百分点。农村适龄儿童入学率为95.2%，青壮年文盲率为1.1%，居民平均受教育年限为8.2年，每万人科技活动人员数为86.7人，村卫生室普及率为86.4%，新型农村合作医疗参合率为90.4%，人均可利用水资源量少，仅相当于全国平均水平的29.4%，28.2%的农村人口尚未解决饮水安全问题，基本农田有效灌溉面积占比仅为8%，29.4%的行政村不通沥青或水泥路，1.65%的行政村不通公路，2.9%的自然村不通电，13%的行政村未完成农网改造，卫生等公共服务能力不足。按照每人每年2300元的扶贫标准，2011年片区扶贫对象有104万人，贫困发生率为30.5%，高出全国17.8个百分点。

六盘山片区2010年人均地区生产总值9621.8元，为全国平均水平的32.4%，人均地方财政一般预算收入328.9元，城镇居民人均可支配收入12432元，农村居民人均纯收入3255元，仅相当于全国平均水平的54.7%，城镇化率为25.5%，低于全国平均水平24.2个百分点。适龄儿童入学率99.2%，青壮年文盲率1.3%，居民平均受教育年限7.8年，每万人科技活动人员143人，村卫生室普及率89.4%，新型农村合作医疗参合率90%，人均教育、卫生、社会保障和就业三项支出仅为1447.6元。片区内有2.4%的乡镇和54.3%的行政村不通沥青或水泥路，8.8%的行政村不通等级公路，39.3%的农户存在饮水困难，60%的农户尚未解决饮水安全问题，基本农田有效灌溉面积仅占23.2%，3%的自然村不通电，15.4%的行政村未完成农网改造。2011年，按照每人每年2300元的扶贫标准，片区（不含陕西省咸阳市彬县，甘肃省白银市白银区和平川区、天水市秦州区、平凉市华亭县和崇信县、庆阳市西峰区以及青海省平安县）扶贫对象为642万人，贫困发生率35%，高出全国22.3个百分点。

大别山片区2010年人均地区生产总值9056.3元，人均地方财政收入为279.6元，城镇居民人均可支配收入为12316.5元，农村居民人均纯收入为4275.9元，城镇化率30.5%，低于全国平均水平19.2个百分点。适龄儿童入学率98.6%，青壮年文盲率2.2%，居民平均受教育年限8.7年，每万人科技活动人员数61人，村卫生室普及率84.9%，新型农村合作医疗参合率90.2%，人均教育、卫生、社会保障和就业三项支出仅为767.4元，有39.9%的农村人口尚未解决饮水安全问题。2010年，按照每人每年1274元扶贫标准以下农村人口有236.8万人，占全国扶贫对象总数的8.8%。2011年，按照每人每年2300元的最新扶贫标准，片区内扶贫对象为647万人，贫困发生率20.7%，高出全国8个百分点。

罗霄山片区2010年人均地区生产总值10614元，相当于全国平均水平的35.7%，人均地方财政收入621.9元，城镇居民人均可支配收入11778.8元，农村居民人均纯收入3175.4元，相当于全国平均水平的53.6%，城镇化率30.7%，低于全国平均水平19个百分点。适龄儿童入学率96.8%，青壮年文盲率1.02%，居民平均受教育年限8.5年，每万人科技活动人员数79人，新型农村合作医疗参合率91.9%，15%的行政村没有卫生室，17.8%的村卫生室没有合格村医，人均教育、卫生、社会保障和就业三项支出为1005.3元。片区基础设施薄弱，瓶颈制约明显，有6.7%的行政村不通沥青（水泥）路，4.7%的自然村不通电，10.3%的行政村未完成农网改造。2011年，按照每人每年2300元的最新扶贫标准，片区内（不含江西省赣州市章贡区）扶贫对象共206万人，贫困发生率为22%，高出全国9.3个百分点。

秦巴山片区2010年人均地区生产总值和地方财政一般预算收入为11694元和455.2元，城镇居民人均可支配收入和农村居民人均纯收入分别为13155元和3978元，其中，农民人均纯收入仅相当于全国平均水平的67.2%，城镇化率30.4%。适龄儿童入学率98.6%，居民平均受教育年限为8年，每万人科技活动人员数99.8人，村卫生室普及率83.1%，新型农村合作医疗参合率89.3%，人均教育、卫生支出仅相当于全国平均水平的56.8%。片区因灾致贫返贫现象严重，51个汶川地震极重灾害县和重灾县中有20个在片区，全国45个未控制大骨节病县中有16个在片区。片区内发展水平差距大，2010年片区内人均地方财政一般预算收入、农民人均纯收入最低的县仅为片区平均水平的23.2%、45.7%。片区基本农田有效灌溉面积仅占37.5%，40.2%的农户存在不同程度的饮水困难，69.3%的农户还存在饮水安全问题，24.7%的行政村没有完成农网改造，4.5%的乡镇不通沥青（水泥）路，50.6%的建制村不通沥青（水泥）路，大山深处还有一些群众靠溜索出行。2010年，每人每年1274元扶贫标准以下农村人口302.5万人，贫困发生率9.9%，比全国平均水平高7.1个百分点，比西部地区平均水平高3.8个百分点。

武陵山片区 2010 年人均地区生产总值 9163 元，仅为全国平均水平的 33.76%，农民人均纯收入 3499 元，为全国平均水平的 59.1%，城镇化率 28%，低于全国平均水平 21.7 个百分点，城乡居民收入比为 3.04∶1，差距明显。适龄儿童在校率为 97.65%，成人文盲率 2.2%，每万人专业技术人员数 133.6 人，每万人医护人员数 10.18 人，每万人病床数 12.85 张，村卫生室普及率 77.7%，新型农村合作医疗参合率 89.73%，人均教育、卫生支出仅相当于全国平均水平的 51%。基础设施方面，有 3.41% 的乡镇和 40.25% 的行政村不通沥青（水泥）路，33.82% 的行政村没有完成农网改造任务。2009 年，农民纯收入低于 1196 元的农村贫困人口 301.8 万，贫困发生率 11.21%，比全国高 7.41 个百分点。《中国农村扶贫开发纲要（2001-2010）》实施期间，片区有 11303 个贫困村，占全国的 7.64%。目前，片区 71 县市区中有 42 个国家扶贫开发工作重点县、13 个省级重点县。

乌蒙山片区 2010 年人均地区生产总值和人均地方财政一般预算收入分别为 7195 元和 467 元，仅相当于全国平均水平的 24.2% 和 7.5%，城镇居民年人均可支配收入和农村居民年人均纯收入分别为 12939 元和 3248 元，仅相当于全国平均水平的 67.7% 和 54.9%，城镇化率 24%，不到全国平均水平的一半。适龄儿童入学率 95.8%，青壮年文盲率 1.7%，人均受教育年限比全国平均水平低 2 年左右，村级卫生室普及率 65%，新型农村合作医疗参合率 88.4%，人均教育、卫生支出仅相当于全国平均水平的 52%，人畜混居现象严重，艾滋病和地方病严重。片区内 47.4% 的县城不通二级公路，15.1% 的乡镇不通沥青（水泥）路，76.8% 的行政村不通沥青（水泥）路，31.3% 的行政村不通公路，38% 的行政村未完成农网改造，9% 的自然村不通电，基本农田有效灌溉面积仅占 37.2%，存在饮水困难的农户比例高达 32%，贫困群众住房困难突出，茅草房、石板房比例较高。片区 38 县市区中有 32 个国家扶贫工作重点县，6 个省重点县。2010 年，按每人每年 1274 元扶贫标准以下的农村人口有 259.4 万，贫困发生率高达 12.9%，比全国高出 10.1 个百分点，比西部地区高出 6.8 个百分点。

滇桂黔石漠化片区 2010 年人均地区生产总值 9708 元，仅相当于全国平均水平的 32.7%，城镇居民人均可支配收入和农村居民人均纯收入分别为 13252 元和 3481 元，农村居民人均纯收入仅相当于全国平均水平的 58.8%，城镇化率24.7%，低于全国平均水平25个百分点。适龄儿童入学率98.5%，青壮年文盲率0.83%，居民平均受教育年限7.9年，低于全国平均水平1.1年，九年义务教育巩固率低于全国平均水平9.8个百分点，新型农村合作医疗参合率86.7%，新型农村养老保险参保率7.6%，9.7%的村未建立卫生室，13.5%的村卫生室尚无合格医生，14%的自然村不能接收电视节目，人均教育、卫生、社会保障和就业三项支出仅为1098元。部分贫困群众住房困难，杈杈房、茅草房比例高，人畜混居现象突出。片区有1111.2万农村人口饮水不安全，比例高达37.9%，4.9%的乡镇和65.6%的行政村不通沥青（水泥）路，17.4%的行政村不通公路。片区有67个国家扶贫开发工作重点县，2011年，按照每人每年2300元的最新扶贫标准，区域内（不含百色市右江区、田东县、平果县，河池市金城江区、南丹县、天峨县，凯里市，兴义市，六盘水市钟山区，都匀市，文山市）扶贫对象为816万人，贫困发生率31.5%，高出全国平均水平18.8个百分点。

滇西边境片区2010年人均地区生产总值10994.1元，仅相当于全国平均水平的37%，人均地方财政一般预算收入736.3元，城镇居民人均可支配收入13558元，农村居民人均纯收入3306元，仅分别相当于全国平均水平的71%和55.9%，农民人均纯收入比全省平均水平低646元，比全国平均水平低2613元，城镇化率27%。适龄儿童入学率94.9%，青壮年文盲率0.6%，居民平均受教育年限8.2年，人均教育支出仅为1410.9元，高中阶段入学率比全国平均水平低31.6个百分点，每万人科技活动人员数160人，村卫生室普及率91.8%，15.1%的行政村没有合格医生，人均卫生支出仅319元，新型农村合作医疗参合率91.8%，新型农村养老保险参保人数372.3万人。片区3.7%的乡镇和72.6%的行政村不通沥青（水泥）路，32.2%的自然村不通公路，基本农田有效灌溉面积占比仅为58.5%，22.2%的行政村未完成农村电网改造，7.3%的自然村不通电。2011年，按照每人每年2300元扶贫标准，区域内（不含腾冲县、丽江市古城区、普洱市思茅区、大理市、楚雄市）扶贫对象有424万人，贫困发生率为31.6%，高出全国18.9个百分点。

西藏目前是全国面积最大的集中连片贫困地区之一。2009年底，西藏农牧民人均纯收入只有全国平均水平的62%。农牧区还有59.6万人需要帮扶，其中，人均收入低于1300元/年的重点帮扶人口20.3万，分别占农牧区总人口的30%和9%。2009年，西藏农牧民人均纯收入3589元，低于全国农村人均纯收入1564元。2011年，按照每人每年2300元的最新扶贫标准，西藏贫困人口83.3万，占西藏农牧区总人口的34.2%，贫困发生率全国最高。2012年，贫困人口减少到58.3万。

四省藏区的贫困与西藏片区的贫困状况类似，贫困面广，贫困程度深，返贫率高。同时，由于自然条件恶劣、气候异常等导致的地质灾害造成更大的人员和财产损失。2009年，农民人均纯收入3600元左右。

南疆三地州所辖县市中，大多为国家扶贫开发重点县市，贫困村占行政村总数的74.9%。2010年，南疆三地州的农民人均纯收入为2641元，与全国平均水平及新疆农民人均纯收入的差距分别为3728元和2002元。同时，南疆三地州各地区之间农民收入分配不均衡。2010年，喀什地区农民人均纯收入为3769元，而克州和和田地区则只有1902元和2753元，劳动力受教育程度低，高中以及高中以上人数在户均劳动力中占比仅为8%。此外，南疆三地州农民贫困不同于内地的农民贫困，也不同于新疆其他地区的农民贫困，是一种干旱地区农民贫困。南疆三地州位于塔克拉玛干沙漠的西南端，大部分地区是沙漠戈壁和山地，其中，和田地区沙漠戈壁和山地面积占比96.3%，克州山地面积占比90%以上。耕地资源与水资源缺乏，同时受到干旱气候的影响。南疆三地州总面积48.22万平方公里，占全新疆面积的29.1%，但耕地面积为7559.32平方公里，只占全新疆耕地面积的4.2%，约占南疆三地州总面积的1.6%，人均耕地面积不到2亩，年均降水量不足80毫米，年均蒸发量2300毫米以上，年均沙尘天气约92天，其中，和田每年浮尘天气达到220天以上，地震等地质灾害以及大风、干旱、冰雹、暴雨、洪水等自然灾害频发。

二 连片特困区特征

（一）连片特困区的自然地理特征

从自然地理特征来看，14个集中连片特困区大多地处青藏高原、沙漠化区、黄土高原和西南大山区等自然条件特别恶劣的地区，具体表现为地理位置偏远、地理条件恶劣、自然灾害频发、生态环境脆弱。

1. 地理位置偏远

从地理区位分布来看，我国东南部临海，分别是渤海、黄海、东海和南海，西南、西北深居内陆，分别与越南、老挝、缅甸、印度、尼泊尔、哈萨克斯坦、蒙古、俄罗斯以及朝鲜接壤，并且呈明显的东、中、西由低到高的三级阶梯状地形特征。由图1的14个集中连片特困区空间分布不难发现，连片特困区大多分布在"胡焕庸人口线"的左侧，即中西部地区，或者说内陆地区。一方面，这些地区远离海洋，也就是远离海洋运输的全球经济中心区位——北美、西欧和东南亚地区，同时也远离我国珠三角、长三角和环渤海三大经济中心，因而在全球和全国的经济地理区位上属于偏远地区；另一方面，14个集中连片特困区大多是远离各自省会中心城市的偏远地区、省际交界地区、交通闭塞地区，因而在省域及区域经济地理区位上也属于偏远地区。

2. 地理条件恶劣

连片特困区地理条件恶劣，多为高原、山地、丘陵、沟壑等海拔高、落差大、沙漠化、石漠化和盐碱化严重的地区。大兴安岭南麓片区地貌类型以低山丘陵和平原为主，土地沙化、耕地盐碱化面积占比高。燕山-太行山片区地处燕山和太行山腹地，属内蒙古高原和黄土高原向华北平原过渡地带，有25个县是京津风沙源治理区。吕梁山片区地处黄土高原中东部，西接毛乌素沙地，东跨吕梁山脉，黄河干流从北到南纵贯而过，地貌类型以梁、峁为主，沟壑纵横，属典型的黄土丘陵沟壑区，水土流失面积达277.2万公顷，占国土面积的76.5%，片区内20个县均属于全国严重水土流失县，其中17个县被纳入限制开发的黄土高原丘陵沟壑水土保持生态功能区。六盘山片区地处黄土高原中西部及其与青藏高原过渡地带，地形破碎、沟壑纵横，山、川、塬并存，沟、峁、梁相间，植被稀疏，区域内水土流失面积达12.9万平方公里，占总面积的77.7%，有64个县属于全国严重水土流失县，人均占有水资源367.6立方米，仅为全国平均水平的16.7%。罗霄山片区地处罗霄山脉中南段及其与南岭、武夷山连接地区，地貌类型以山地、丘陵为主。秦巴山片区西起青藏高原东缘，东至华北平原西南部，跨秦岭、大巴山，地貌类型以山地丘陵为主。武陵山片区地处武陵山脉，山地面积占90%以上，土壤贫瘠，人均耕地面积为0.81亩，为全国平均水平的60%。乌蒙山片区位于云贵高原与四川盆地结合部，山高谷深，地势陡峻，为典型的高原山地构造地形，石漠化面积占总面积的16%，25度以上耕地占耕地总面积比重大。滇桂黔石漠化片区地处云贵高原东南部及其与广西盆地过渡地带，南与越南接壤，属典型的高原山地构造地形，碳酸盐类岩石分布广，石漠化面积大，是全国石漠化问题最严重的地区，有80个县属于国家石漠化综合治理重点县。滇西边境片区位于横断山区南部和滇南山间盆地，区域内山高谷深，海拔相差悬殊，最高海拔6740米，最低海拔76.4米。西藏是"世界屋脊"，区域内86.1%的土地处于海拔4500米以上，氧气含量只有平原地区的60%，13%的土地面积是难以开发利用的裸岩、石质山地、沙漠及高寒荒漠。南疆三地州位于塔克拉玛干大沙漠的西南端，依昆仑山而列，境内群山起伏，地貌以山地为主，大部分地区是沙漠戈壁和山地，其中，和田地区沙漠戈壁和山地面积占96.3%，克州山地面积占90%以上。

3. 自然灾害频发

连片特困区气候条件恶劣，自然灾害频发。大兴安岭南麓片区旱灾、风灾突出，雪灾、冰雹、霜冻、洪涝和沙尘暴等多发。燕山-太行山片区则以沙尘暴和风沙灾害为主。吕梁山片区的自然灾害多为水土流失和泥石流。六盘山片区则干旱、冰雹、霜冻、沙尘暴、泥石流等自然灾害频发。大别山片区洪涝和干旱等自然灾害频发且破坏性强，是我国洪涝灾害最为严重的地区之一，有10个淮河流域蓄滞洪区。罗霄山片区山洪、滑坡、塌方、泥石流等自然灾害频发，部分地区水土流失、石漠化潜在风险大。秦巴山片区地形复杂，洪涝、干旱、山体滑坡等自然灾害多发，是我国六大泥石流高发区之一，因灾致贫返贫现象严重，51个汶川地震极重灾害县和重灾县中有20个在片区。武陵山片区平均海拔高，气候恶劣，旱涝灾害并存，泥石流、风灾、雨雪冰冻等灾害易发多发，部分地区水土流失、石漠化现象严重。乌蒙山片区干旱、洪涝、风雹、凝冻、低温冷害、滑坡、泥石流等自然灾害频发。西藏易受干旱、洪涝、大风、霜冻、冰雹、雪灾、泥石流的侵袭，而且分布范围广、危害大，抗御自然灾害的能力低，损失大。西藏既有奇特的大骨节等地方病，也有在低氧、寒冷、干燥和紫外线强烈照射下形成的风湿性关节炎、肺心病、高血压、心脏病等"高原病"。这都是与特殊环境密切相关的多发病，因治病的沉重负担及因伤、病而丧失劳力，不少农牧民返贫，每年因灾因病返贫人口约有15%，个别地方甚至高达20%以上。南疆三地州年均降水量不足80毫米，年均蒸发量2300毫米以上，年均沙尘天气约92天，其中，和田每年浮尘天气达到220天以上，地震等地质灾害以及大风、干旱、冰雹、暴雨、洪水等自然灾害频发。

4. 生态环境脆弱

连片特困区大多生态条件脆弱，环境保护任务艰巨。大兴安岭南麓片区土地退化严重，土地沙化面积达到20383.7平方公里，占区域总面积的14.1%，耕地盐碱化面积达86.1万公顷，占耕地面积的19.1%。燕山-太行山片区生态建设和环境保护任务艰巨，有25个县是京津风沙源治理区、6个县属于限制开发的国家重点生态功能区，有6处国家级自然保护区、3处国家级风景名胜区、12个国家森林公园、5个国家地质公园。吕梁山片区森林覆盖率仅为18.5%，水土流失面积达277.2万公顷，占总面积的76.5%，片区内20个县均属于全国严重水土流失县，其中17个县被纳入限制开发的黄土高原丘陵沟壑水土保持生态功能区。六盘山片区森林覆盖率18.8%，生态脆弱，水土流失和干旱缺水严重，是我国水土流失最为严重的地区之一，区域内水土流失面积达12.9万平方公里，占总面积的77.7%，有64个县属于全国严重水土流失县。人均占有水资源367.6立方米，仅为全国平均水平的16.7%，有21个县区年平均降水量不足400毫米，蒸发量超过1500毫米。罗霄山片区作为赣江、东江河、湘江等流域重要生态安全屏障，水源涵养、水土保持和环境污染防治任务重。秦巴山片区承担着南水北调中线工程水源保护、生物多样性保护、水源涵养、水土保持和三峡库区生态建设等重大任务，有85处禁止开发区域，有55个县属于国家限制开发的重点生态功能区，生态建设任务重，开发与保护矛盾突出。武陵山片区是我国亚热带森林系统核心区、长江流域重要的水源涵养区和生态屏障。乌蒙山片区是长江、珠江上游重要的生态保护区。滇桂黔石漠化片区是全国石漠化问题最严重的地区，岩溶面积11.1万平方公里，占总面积的48.7%，其中石漠化面积4.9万平方公里，中度以上石漠化面积达3.3万平方公里，有 80 个县属于国家石漠化综合治理重点县。滇西边境片区生态环境保护任务艰巨,有 9 个县属于川滇森林生态及生物多样性生态功能区,有 2 处世界文化自然遗产、6 处国家级风景名胜区、11 个国家级自然保护区、11 个国家森林公园,是我国重要的生物多样性宝库和西南生态安全屏障。西藏片区现有耕地的 12% 是不能保证灌溉的低垦殖耕地,草场有近一半重度退化,11% 明显沙化,使鲜草产量下降 20%~75%,可食牧草比重由 80% 降至 30%,森林资源中有 25% 的林地需要保护。南疆三地州受塔克拉玛干沙漠的影响,生态条件相当脆弱,沙漠化风险高。

(二) 连片特困区的社会文化特征

连片特困区的社会文化特征可以归结为少数民族聚集、基础设施薄弱、公共服务滞后和贫困文化盛行四个方面。

1. 少数民族聚集

连片特困区大多是我国少数民族聚居区,其中,西藏片区、四省藏区和新疆南疆三地州分别是藏族和维吾尔族贫困居民的集聚地,其他连片特困区则主要为多个少数民族的杂居区。以 2010 年的人口统计数据来看,大兴安岭南麓片区总人口 833.3 万,其中少数民族人口 111.4 万,占 13.37%,主要有蒙古族、满族等 6 个世居少数民族,还有达斡尔族、锡伯族、柯尔克孜族等 3 个人口较少民族。燕山-太行山片区总人口 1097.5 万,其中少数民族人口 146 万,占 13.31%,满族、蒙古族、回族为 3 个世居少数民族。六盘山片区少数民族人口 390.1 万,占总人口 2356.1 万的 16% 以上。秦巴山片区,2010 年末,总人口 3765 万,其中乡村人口 3051.5 万,少数民族人口 56.3 万。武陵山片区,境内有土家族、苗族、侗族、白族、回族和仡佬族等 9 个世居少数民族,少数民族人口占地区总人口的 48.9%,占全国少数民族总人口的约 1/8。乌蒙山片区总人口 2292 万,少数民族人口占 20.5%。滇桂黔片区少数民族人口 2129.3 万,占地区总人口的 62.13%,有壮、苗、布依、瑶、侗等 14 个世居少数民族。滇西边境片区总人口 1751.1 万人,其中少数民族人口 831.5 万,占 47.48%,有汉、彝、傣、白、景颇、傈僳、拉祜、佤、纳西、怒、独龙等 26 个世居民族,其中有 15 个云南独有的少数民族和 8 个人口较少的少数民族。

2. 基础设施薄弱

连片特困区交通、水利等生产生活基础设施薄弱，历史欠账较多，严重制约了片区发展和居民生活水平的提高。大兴安岭南麓片区水利建设滞后，工程性缺水问题突出，骨干水利工程不足，灌溉设施老化失修、工程不配套，基本农田中有效灌溉面积占比仅为31.3%，农业灌溉水利用系数低，农田低压电网普遍缺乏，电力设施支撑农田水利化的能力不足。燕山-太行山片区交通等基础设施建设滞后，乡村道路通行保障水平不高，10.8%的行政村不通沥青（水泥）路，26.3%的自然村不通公路，12.2%的行政村未完成农网改造，1.9%的自然村不通电。吕梁山片区基本农田有效灌溉面积占比仅为8%，29.4%的行政村不通沥青（水泥）路，1.65%的行政村不通公路，2.9%的自然村不通电，13%的行政村未完成农网改造。六盘山片区有2.4%的乡镇和54.3%的行政村不通沥青（水泥）路，8.8%的行政村不通等级公路，39.3%的农户存在饮水困难，60%的农户尚未解决饮水安全问题，基本农田有效灌溉面积仅占23.2%，3%的自然村不通电，15.4%的行政村未完成农网改造。大别山片区水利基础设施不足、老化严重，河道、沟渠淤堵突出，平原地区行洪排涝和灌溉能力不足，山区水库、渠系等设施缺乏，工程性缺水突出，有39.9%的农村人口尚未解决饮水安全问题。罗霄山片区有6.7%的行政村不通沥青（水泥）路，4.7%的自然村不通电，10.3%的行政村未完成农网改造。秦巴山片区基本农田有效灌溉面积仅占37.5%，40.2%的农户存在不同程度的饮水困难，69.3%的农户还存在饮水安全问题，24.7%的行政村没有完成农网改造，4.5%的乡镇不通沥青（水泥）路，50.6%的建制村不通沥青（水泥）路，大山深处还有一些群众靠溜索出行。武陵山片区有3.41%的乡镇和40.25%的行政村不通沥青（水泥）路，33.82%的行政村没有完成农网改造任务。乌蒙山片区47.4%的县城不通二级公路，15.1%的乡镇不通沥青（水泥）路，76.8%的行政村不通沥青（水泥）路，31.3%的行政村不通公路，38%的行政村未完成农网改造，9%的自然村不通电，基本农田有效灌溉面积仅占37.2%，存在饮水困难的农户比例高达32%，贫困群众住房困难突出，茅草房、石板房比例高。滇桂黔片区基本农田有效灌溉面积占比仅为27.8%，约有1111.2万农村人口饮水不安全，比例高达37.9%，4.9%的乡镇和

65.6%的行政村不通沥青（水泥）路，17.4%的行政村不通公路。滇西边境片区10个市州中尚有7个不通铁路，县乡公路等级低、质量差，3.7%的乡镇和72.6%的行政村不通沥青（水泥）路，32.2%的自然村不通公路，基本农田有效灌溉面积占比仅为58.5%，22.2%的行政村未完成农村电网改造，7.3%的自然村不通电。

3. 公共服务滞后

连片特困区教育、医疗、保险和科技支持等社会服务严重滞后，社会公共服务水平与非集中连片特困区存在较大的差距。大兴安岭南麓片区适龄儿童入学率为99.2%，青壮年文盲率0.44%，居民平均受教育年限为7.9年，每万人科技活动人员数53.7人，94.8%的村建立了卫生室，新型农村合作医疗参合率为80.8%。燕山－太行山区适龄儿童入学率为99.7%，青壮年文盲率2.9%，居民平均受教育年限8.1年，低于全国平均水平0.9年，每万人科技活动人员数77.5人，村卫生室普及率88.5%，新型农村合作医疗参合率89.4%。吕梁山片区农村适龄儿童入学率为95.2%，青壮年文盲率为1.1%，居民平均受教育年限为8.2年，每万人科技活动人员数为86.7人，村卫生室普及率86.4%，新型农村合作医疗参合率为90.4%。六盘山片区适龄儿童入学率99.2%，青壮年文盲率1.3%，居民平均受教育年限7.8年，每万人科技活动人员143人，村卫生室普及率89.4%，新型农村合作医疗参合率90%，人均教育、卫生、社会保障和就业三项支出仅为1447.6元。大别山片区适龄儿童入学率98.6%，青壮年文盲率2.2%，居民平均受教育年限8.7年，每万人科技活动人员61人，村卫生室普及率84.9%，新型农村合作医疗参合率90.2%，人均教育、卫生、社会保障和就业三项支出仅为767.4元。罗霄山片区适龄儿童入学率96.8%，青壮年文盲率1.02%，居民平均受教育年限8.5年，每万人科技活动人员79人，新型农村合作医疗参合率91.9%，15%的行政村没有卫生室，17.8%的村卫生室没有合格村医，人均教育、卫生、社会保障和就业三项支出为1005.3元。秦巴山片区适龄儿童入学率98.6%，居民平均受教育年限为8年，每万人科技活动人员99.8人，村卫生室普及率83.1%，新型农村合作医疗参合率89.3%，人均教育、卫生支出仅相当于全国平均水平的56.8%。武陵山片区适龄儿童在校率为97.65%，成人文盲率2.2%，每万人专业技术人员 133.6 人，每万人医护人员 10.18 人，每万人病床 12.85 张，村卫生室普及率 77.7%，新型农村合作医疗参合率 89.73%，人均教育、卫生支出仅相当于全国平均水平的 51%。乌蒙山片区适龄儿童入学率 95.8%，青壮年文盲率 1.7%，人均受教育年限比全国平均水平低 2 年左右，村级卫生室普及率 65%，新型农村合作医疗参合率 88.4%，人均教育、卫生支出仅相当于全国平均水平的 52%。滇桂黔石漠化片区适龄儿童入学率 98.5%，青壮年文盲率 0.83%，居民平均受教育年限 7.9 年，低于全国平均水平 1.1 年，九年义务教育巩固率低于全国平均水平 9.8 个百分点，新型农村合作医疗参合率 86.7%，新型农村养老保险参保率 7.6%，9.7% 的村未建立卫生室，13.5% 的村卫生室尚无合格医生，14% 的自然村不能接收电视节目，人均教育、卫生、社会保障和就业三项支出仅为 1098 元。滇西边境片区适龄儿童入学率 94.9%，青壮年文盲率 0.6%，居民平均受教育年限 8.2 年，人均教育支出仅为 1410.9 元，高中阶段入学率比全国平均水平低 31.6 个百分点，每万人科技活动人员数 160 人，村卫生室普及率 91.8%，15.1% 的行政村没有合格医生，人均卫生支出仅 319 元，新型农村合作医疗参合率 91.8%，新型农村养老保险参保人数 372.3 万。

4. 贫困文化盛行

长期以来，由于地理区位偏远、地理条件恶劣、交通闭塞等，连片特困区受主流的工业文明和商业文明影响较小，形成了制约片区减贫与发展的"贫困文化"。这种在连片特困区盛行的贫困文化表现为如下七个方面：一是听天由命、消极无为的人生观。贫困地区的人们把贫困归因于老天的安排和命运注定，面对贫困，他们不是穷则思变、奋发图强，而是奉行无为指导，听天由命，无可奈何忍受贫困，即使产生某种想法，也是信天、信神、不信人。二是安于现状、好逸恶劳的幸福观。"手捧玉米糊，脚蹬暖火炉，皇帝老子不如我"的心态得到推崇，而敬业苦干被认为是"牛马生活"，游手好闲反被当作"活得潇洒"，勤俭节约被讥讽为"活得太累"等等。三是不求甚好、只求温饱的消费观。人们消费意识异常淡薄，饮食结构也十分简单，只求填饱肚子，这种低下的消费观不仅严重影响劳动效率，而且消磨了人的意志和精神。四是老守田园、安土重迁的乡土观。认为"金窝、银窝不如自家草窝"，对外部世界、外部文化有着本能的隔离和排斥，有时甚至为了维持目前的生活状态"饿死不离乡"。五是小农本位、重农轻商的经济观。"种田为饱肚，养猪为过年，养牛为犁田，喂鸡喂鸭换油盐"仍然是他们经济活动的规范。六是"等、靠、要"的度日观。长期处于贫困状态的人们已习惯于接受政府的援助和社会的救济，并视其为理所当然，逐渐形成一种靠救济和援助度日的依赖心理，于是他们坐等救济、坐吃救济、吃光用光救济再要救济。七是多子多福、早婚早育的婚育观。由于缺乏最起码的社会保障，贫困家庭的父母只能依靠多生子女希望其中一些成年后能使自己老有所养，与此同时重男轻女现象大量存在。

（三）连片特困区的经济与行政分割特征

连片特困区作为一个不同于经济区域、行政区域，但又兼具经济区域、行政区域部分特征的特殊类型区域，在经济发展及行政管辖上具有自身的特征，一方面产业体系不完善，产业结构偏低、支柱产业缺失；另一方面，由于分属不同的省区管辖，行政分割和市场分割倾向突出。

1. 产业结构偏低

连片特困区人均地区生产总值低、城镇化率低、城乡居民收入低，既是产业结构偏低的结果，同时又进一步制约了产业结构的提升。按照传统的三次产业结构划分，不难发现连片特困区第一产业占比偏高、二三产业占比偏低。2010年，11个集中连片特困区（不包括西藏、四省藏区和新疆南疆三地州）三次产业结构比的平均值为24∶41∶35，而同期全国三次产业结构比为10∶47∶43，连片特困区第一产业占比比全国高出14个百分点，二、三产业则分别低于全国6个、8个百分点。在11个连片特困区中，大别山片区和大兴安岭南麓片区第一产业占比甚至超过30%，几乎与二、三产业平分天下；秦巴山片区和六盘山片区第二产业占比最高，约为45%，与全国平均水平大体齐平；第三产业占比最高的为武陵山片区，为41%，仍低于全国平均水平2.1个百分点。不过，从产业结构的调整速度来看，2001~2010年，连片特困区第一产业占比的下降速度和二、三产业占比的上升速度快于全国平均水平。第一产业占比下降超过10个百分点的有滇桂黔石漠化片区、滇西边境片区、罗霄山片区、乌蒙山片区和武陵山片区，而第二产业占比上升超过10个百分点的片区分别是大兴安岭南麓片区、滇桂黔片区、滇西边境片区、罗霄山片区、吕梁山片区、秦巴山片区和乌蒙山片区，武陵山片区则第三产业占比上升最快，达到 6 个百分点，而下降幅度最大的是吕梁山片区，下降了 9 个百分点。

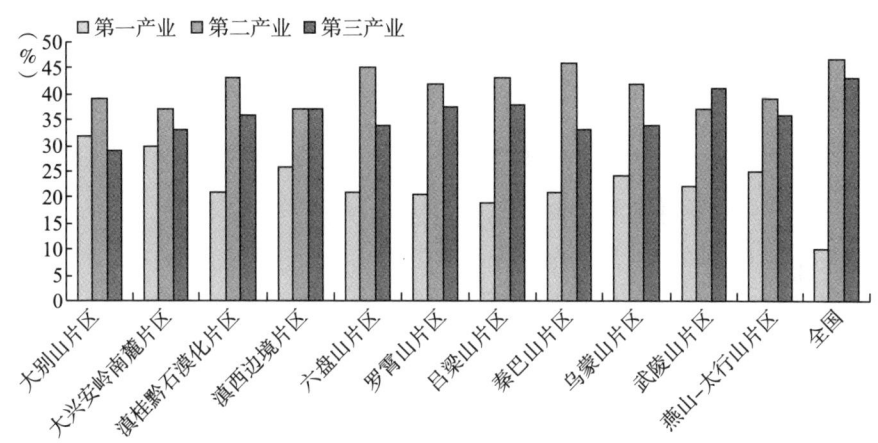

图 16　2010 年 11 个集中连片特困区三次产业结构

2. 支柱产业缺失

14 个集中连片特困区是一种基于空间分布的贫困类型，但从致贫成因的角度又可以将连片特困区划分为资源性贫困、生产性贫困、主体性贫困和政策性贫困 4 种类型。不过，不管如何进行类型划分，支柱产业缺失是各连片特困区共同的表现或特征之一。资源性贫困的连片特困区，如六盘山片区、滇桂黔石漠化片区，由于生态环境脆弱、自然资源和生产要素缺失，没有发展支柱产业的基础；秦巴山片区、武陵山片区虽然自然资源相对充裕，却"捧着金饭碗受穷"，没有有效地开发和利用资源，将自然资源变成自然资本，进而转化为财富，导致这一"资源富足性贫困"现象的根本原因也在于没有形成支柱产业。生产性贫困连片特困区突出地表现为各产业规模化、产业化、集约化水平低，农业仍然是连片特困区中大部分县区的主要产业，在三次产业中占比高，但产值规模有限、产品的市场化程度不高、产业的深加工不够、产业的赢利能力弱，无法成为县区脱贫致富的支柱产业，部分县区虽在矿产加工业、旅游业等二三产业发展上有所突破，但产业的规模化程度仍然不够、竞争力不强，并且面临可持续发展的瓶颈。主体性贫困连片特困区的劳动者素质过低、贫困文化盛行、企业等经济活动主体缺失，使得片区难以发展相关产业，自然支柱产业缺失。政策性贫困连片特困区则由于国家宏观政策或战略规划等而被排斥在发展之外，如主体功能区中禁止开发区、限制开发区的规划使得连片特困区不少产业受"排斥性政策"的影响而无从发展，使得原本有可能发展成支柱产业的产业也相继夭折。

3. 行政分割突出

连片特困区大多为多个行政区的边界区。如表1所示，除滇西边境片区、西藏片区和新疆南疆三地州之外，其他11个片区跨越多个省区，如秦巴山片区跨6省区，六盘山片区、武陵山片区、四省藏区均跨4个省区。除跨省级行政之外，连片特困区同样跨多个地市级行政区，跨10个以上地市级行政区的连片特困区有大别山片区、滇桂黔石漠化片区、滇西边境片区、六盘山片区、秦巴山片区和乌蒙山片区等。县作为国民经济和社会发展最基本的组织和管理行政单位，直接干预地方经济社会的发展。一方面，各县市区要受上级政府的影响，执行上级政府的相关政策指令；另一方面，由于相对独立的利益主体以及施政范围的空间限制，连片特困区各县市区也有着不同的利益诉求和冲突。事实上，连片特困区平均跨越50个以上的县市区。这种多层级、跨多个行政区的空间分布格局为行政分割形成了天然的土壤。由于受计划经济体制、政府职能和地方政府行为的影响，地方政府对其辖区的经济社会发展具有很强的干预作用，同时，由于分税制下的"政绩锦标赛"制，各地方政府本着"肥水不流外人田"的本位主义和狭隘的竞争观，实施以邻为壑的经济社会发展政策，人为地增强了边界分割效应，使得连片特困区行政分割问题突出。

表1 14个连片特困区跨不同层级行政区数量

单位：个

片区	跨省区	跨地州市	跨县区
大别山片区	3	11	36
大兴安岭南麓片区	3	5	22
滇桂黔石漠化片区	3	15	91
滇西边境片区	1	10	61

续表

片区	跨省区	跨地州市	跨县区
六盘山片区	4	15	69
罗霄山片区	2	6	24
吕梁山片区	2	4	20
秦巴山片区	6	17	80
乌蒙山片区	3	10	38
武陵山片区	4	9	71
燕山-太行山片区	3	6	33
西藏片区	1	7	74
四省藏区	4	12	77
新疆南疆三地州	1	3	24
平均	2.86	9.29	51.43

4. 市场分割明显

由于多省交界，连片特困区内部市场分割现象也较为明显。市场分割与行政分割相伴随，同样是地方政府出于保护自身利益所采取的地方保护措施导致的结果，表现为连片特困区各省区、各地州市甚至各县区政府为了本地利益，通过行政及其他管制手段，限制相邻地区资源进入本地市场或限制本地资源流向外地，进而形成支离破碎的、边界壁垒明显的多个狭小市场。这种市场分割行为进一步加剧了连片特困区的贫困。首先，连片特困区由于经济发展滞后，居民收入水平较低，市场容量有限，有限的市场容量在市场分割下变得更加没有吸引力，外部资金、人才、技术等生产要素不愿进入，进一步制约了区域的发展；其次，由于市场分割，内部有限的资源也难以整合并形成"1+1>2"的效应，限制了本地资源要素经济社会效益的发挥；再次，市场分割导致了片区内部各省区、地州市以及县市区之间在产业发展上的同质竞争，如资源禀赋相近的县区都发展某一特色农产品加工业、旅游产业，但彼此都规模不大并经常伴随恶性竞争，这严重影响了产业的规模化发展和竞争力。

三 连片特困区跨省协作的必然性

连片特困区发展与减贫是国家实现全面小康的关键，但连片特困区贫困的多维性、致贫原因的复杂性、民族关系的敏感性、生态环境的脆弱性、扶贫任务的艰巨性，使得传统的扶贫模式难以奏效。连片特困区区域发展与扶贫攻坚战略要求"以扶贫开发促进区域发展，以区域发展带动扶贫开发"，构建政府主导、多主体参与、多扶贫模式相结合的大扶贫格局，在区域发展与扶贫攻坚的良性互动中实现连片特困区的持续减贫和最终脱贫。显然，这一战略已将各连片特困区作为单一的地域单元，要求片区内各政府在扶贫攻坚与区域发展中实现跨省协作，采取合作共赢的行动。

（一）跨省协作是连片扶贫开发战略的客观要求

14个连片特困区是新时期国家扶贫攻坚的主战场，扶贫开发已到"攻坚"的地步，国家希望通过"连片开发"达到消除区域发展"瓶颈"、补足"短板"、促进区域加快发展的目标。因而，这要求连片特困区在基础设施建设、产业发展、公共服务均等化以及生态建设和环境保护方面加大投入，实施连片开发。然而，无论是基础设施建设、产业布局与开发、公共服务供给，还是生态建设和环境保护都需以连片特困区整体作为统一的空间载体和地域系统，这是"连片开发"战略的应有之义和客观需要。

首先，基础设施建设方面，交通、水利、能源、信息乃至市政设施等都需从片区整体出发进行空间布局，这样才能更好地优化连片特困区的空间格局。事实上，各连片特困区的区域发展与扶贫攻坚规划都对片区内的交通格局、城镇格局、水利设施布局、能源基地建设已有明确的规划，如武陵山片区的"六中心四轴线"的空间结构和"两环四横五纵"的交通主通道规划等。这就要求连片特困区内各省区、各地州市、各县区在具体实施规划时，要加强合作，共同推进重大基础设施建设，实现各自境内已有交通网络、水利设施等有效对接。

其次，产业发展方面，由于各连片特困区内部大多山同脉、水同源、民同俗，资源禀赋相近，因而在产业发展基础、发展思路以及战略产业选择上都具有相似性，容易导致产业同构、恶性竞争。为了避免这种现象发生，片区内各省区、各地州市、各县区在产业发展规划和实践中要加强协作，进行合理的分工合作，实现多赢发展。同样地，各片区区域发展与扶贫攻坚规划已对各自片区的产业布局、产业发展进行了规划，如武陵山片区旅游产业发展方面就确立了"五组团"和"十二精品线路"的发展规划，现在迫切要求片区内各省区、地州市和县区政府按照规划在旅游基础设施建设、旅游景区建设和旅游产品开发方面加强合作。

再次，公共服务供给方面，各连片特困区在教育、文体、卫生医疗、就业服务、社会保障等方面都与非集中连片特困地区存在较大的差距。这种差距的缩小，一方面需要片区外部资源的支持，特别是中央政府和各省级政府实施基本公共服务均等化政策，但另一方面，也需要片区内部各省区、地州市和县区政府之间通力合作，有效整合和优化片区内部已有资源，效益最大化地利用外部资源。比如在省区交界的乡镇共同建设学校，允许学生跨省就近入学等，实现教育资源的高效利用。

最后，生态建设和环境保护方面对跨省协作需求更为迫切。连片特困区大多为生态脆弱区，生态建设和环境保护任务艰巨。然而，流域污染、土地退化、石漠化、沙漠化、盐碱化、泥石流等生态问题往往都是跨省区、地州市和县区的，并且具有很强的外部性。片区内任何地区的单一行动都难以达到生态治理和环境保护的预期效果，跨区域协作和集体行动则是唯一的出路。武陵山片区著名的"锰三角"污染治理就是一个很好的例证。

（二）跨省协作是连片特困区内生发展的必由之路

连片特困区一方面要通过扶贫攻坚来清除区域发展的障碍、瓶颈，为片区的持续发展打好基础；另一方面，连片特困区要持续减贫、最终脱贫离不开片区的自我发展、内生发展。因而，构建自我发展能力、走内生发展道路是连片特困区的必然选择，也是当前国家连片特困区发展战略的主要着力点。然而，地理区位偏远、地理条件恶劣、生态环境脆弱、自然灾害频发、经济社会发展滞后、行政和市场分割显著的连片特困区如何才能走上自我发展、内生发展之路呢？一般而言，区域的内生发展需要4个条件支撑，分别为产业支撑、市场支撑、空间支撑和软实力保障。而连片特困区当前的现实是产业结构水平低、支柱产业缺失、产业竞争力不强,市场容量有限且地方分割明显,空间格局不合理、城镇体系不完整、增长乏力;软实力方面,如知名度和美誉度不高,还有"老少边穷""穷山恶水"等负面形象。为了改变这一局面,创造自我发展、内生发展的基本条件,连片特困区内各省区、地州市和县区必须加强协作。

首先,产业支撑方面。连片特困区要集聚和整合片区资源,重点发展具有比较优势的产业,并通过分工合作,扩大产业规模,提升产业竞争力,最终形成支撑片区发展的几大支柱产业。比如武陵山片区内部旅游资源丰富,有发展成为片区战略产业和支柱产业的潜力,但如果各省区各自为政、同质开发、恶性竞争,势必影响旅游产业的健康发展,规模经济效益和竞争力难以形成,从而无法带动和支撑片区的可持续发展。

其次,市场支撑方面。区域自我发展或内生发展的市场条件有两个方面,一是市场容量,二是市场化程度或者说市场活力。连片特困区由于经济发展滞后、人均收入水平低,消费能力相对不足,再加上行政分割带来的市场分割,片区市场总容量和吸引力大打折扣。而在收入水平既定的情况下,整合市场不失为增强市场吸引力的有效途径。此时,跨省区、地州市和县区的协作对市场整合则十分必要。此外,市场化程度和市场活力强化方面,跨区域协作、消除行政分割和市场分割本身就是提升市场化程度的重要途径,同时,跨区域经济联系的强化也能提升市场活力。

再次,空间支撑方面。空间是一切经济社会活动的载体,也是一种重要的生产要素。空间结构合理与否直接影响区域经济发展效率和潜力。经济增长乏力、城镇体系不完善、交通网络不发达、空间结构不合理是制约连片特困区内生发展的重要"瓶颈",同时也是各省区依据"中心-外围"理论进行省区空间布局的产物。为了优化空间格局,地处省际交界区域的连片特困区必须将自身作为完整的地域系统重新进行空间建构,这就需要各省区从连片特困区整体出发进行分工协作。

最后,软实力方面。较高的知名度和美誉度对特定的区域发展有很强的正面效应,这充分体现在对各类生产要素的吸引以及对产品、服务输出的认可上。要改变连片特困区当前的负面形象,需要连片特困区各省区、地州市和县区共同努力,如塑造统一的对外形象、制造统一的宣传片、打造统一的区域品牌等。

（三）跨省协作是连片特困区扶贫攻坚与区域发展中竞合博弈的现实选择

前文的分析从片区整体层面的扶贫攻坚和区域发展要求连片特困区内各省区、各地州市和各县区进行跨区域合作，事实上，从片区内各省区、各地州市和县区自身的角度来看，彼此协作也是其竞合博弈的现实选择。具体地，可以从片区内各省区、地州市、县区与片区外区域的竞争以及片区内各省区、地州市和县区之间的博弈两个方面来阐释。

首先，从连片特困区内部各省区、地州市、县区与片区外部地区的竞争来看，抱团合作是其理性选择。在扶贫攻坚和区域发展中，向上争取政策、资源、项目等仍然是连片特困地区在政府主导型扶贫开发战略以及政府对经济社会发展有较强干预能力背景下寻求减贫和区域发展的重要途径。然而，连片特困区内单一省区、地州市或县区由于"势单力薄"、游说力和影响力有限，在争取中央重要政策、重大项目支持方面往往难以如愿。此时，连片特困区内部各省区、地州市和县区政府就有很强的动力联合起来进行项目论证、政策呼吁、资源游说，进而达到预期的目的，争取国家和其他地区更多的政策、资源和项目支持，特别是重大项目在片区内部布局。武陵山片区的黔张常铁路项目、吉恩高速公路项目的获批等都与这种跨地区协作、共同发声有关。除了向上争政策、争资源、争项目的通力合作外，连片特困区内各省区、地州市和县区在与片区外部进行产业竞争、市场竞争等方面也有着较强的合作动机。比如武陵山片区内各省区、各地州市及大部分县区大力发展旅游产业，为了与云南、新疆、西藏等旅游目的地争夺游客资源，这些地方合作宣传，同举"武陵山地区生态旅游"品牌就成为武陵山片区内部各省区、地州市和县区的自然选择。

其次，从连片特困区内部各省区、各地州及各县区之间的竞争来看，竞合博弈的结果仍然是跨地区协作。在"抱团"争政策、争项目、争资源、争产业、争市场达到预期效果之后，是否就意味着片区内部各省区、地州市及县区之间的协作结束了呢？事实证明结果并非如此。虽然"囚徒困境"

告诉我们"不合作"是一个唯一的稳定均衡，但其前提条件是在一次博弈且博弈双方不存在信息沟通的情形下。然而，连片特困区内部的相邻省区、相邻地州市、相邻县区之间的博弈显然不满足"囚徒困境"的条件。无限期的重复博弈以及由于地理区位临近、长期以来的信息互动，甚至彼此之间默契与承诺等因素的共同作用，最终将使"彼此协作"成为稳定均衡。也就是说，跨地区协作将是连片特困区内部各省区、各地州市及各县区的现实选择。

第二章 中国11个集中连片特困区贫困程度比较研究

——基于综合发展指数计算的视角

《中国农村扶贫开发纲要（2011－2020）》明确将武陵山片区等11个集中连片特困区和实施特殊政策的西藏、四省藏区和新疆南疆三地州作为新时期国家扶贫攻坚的主战场，提出了以"区域发展带动扶贫开发，扶贫开发促进区域发展"的片区扶贫攻坚战略。与以往的扶贫实践和战略不同，本轮扶贫攻坚的主要任务是巩固温饱成果，加快脱贫致富，改善生态环境，提高发展能力，缩小区域差距，强调在实现"两不愁三保障"多维减贫目标的同时，提升连片特困区的自我发展能力。自2011年率先制定和启动《武陵山片区区域发展与扶贫攻坚规划（2011－2020）》以来，按照"先行先试、逐片制定扶贫开发规划、分期分批推进"的实施思路，2013年1月已全面启动实施了11个集中连片特困区的区域发展与扶贫攻坚规划。

集中连片特困区作为我国区域发展战略中的一类特殊区域，长期以来在国家发展格局中遭遇"被遗忘、被边缘、被救济"的尴尬处境，深陷"贫困陷阱"和"梅佐乔诺陷阱"，是国家"全面建成小康社会，实现美丽中国梦"的重要障碍。因而，探索连片特困区贫困状况、形成机理及发展路径不仅意义重大，而且迫在眉睫。虽然自连片特困区扶贫攻坚战略提出以来，已有不少学者关注连片特困区的贫困与发展问题，但多以单一连片特困区作为研究对象，缺乏从宏观上对11个集中连片特困区进行比较研究。事实上，集中连片特困区作为一类特殊区域，在贫困特征、贫困形成过程与发展思路等方面具有诸多共性和一般规律，而宏观层面的比较研究是发现这些共性和一般规律的有效途径。本文基于这一思路，结合"多维减贫和自我发展"的战略目标，通过构建涵盖经济、社会、生态三大系统的综合发展指数，测算11个集中连片特困区的综合发展状况，比较其贫困程度，进而从整体上把握我国11个集中连片特困区的贫困和发展状况。

一 连片特困区概况及相关研究

（一）连片特困区概况

连片特困区，即集中连片特殊困难地区。由于自然、民族、历史、政治等多种复杂因素的共同作用，这些地区难以通过一般的经济增长带动发展，常规的扶贫手段也难以奏效，是我国当前贫困人口的集聚区。11个集中连片特困区共涉及19个省区的505个县，面积达143.3万平方公里，人口为2.28亿，其中农村人口为1.96亿，分别为大兴安岭南麓片区、燕山－太行山片区、大别山片区、罗霄山片区、吕梁山片区、六盘山片区、秦巴山片区、武陵山片区、乌蒙山片区、滇桂黔石漠化片区、滇西边境片区。从空间分布来看，主要分布在我国中西部地区，其中，西南和西北地区分布密度最高、覆盖面积最广，不同连片特困区甚至相互毗邻。作为21世纪第二个十年扶贫攻坚的主战场，11个集中连片特困区不仅分布面积广、人口规模大，而且贫困维度多、贫困程度深。集中连片特困区的人均地区生产总值、人均地方财政收入、农民人均纯收入三项指标远远低于全国和西部平均水平，仅为西部平均水平的49%、44%和73%。2011年，依最新贫困标准计算，连片特困区贫困人口占据了全国贫困人口的70%以上，平均贫困发生率为28.4%，比全国平均水平12.7%高出了15.7个百分点。此外，教育、健康、交通、住房、信息等基本公共服务十分滞后，生态环境相对脆弱，自我发展能力、可持续发展能力严重缺失。表1、图1分别对11个集中连片特困区的基本概况及空间分布进行了描述。

表 1 11 个集中连片特困区概况一览

片区 指标	大兴安岭南麓片区	燕山-太行山片区	大别山片区	罗霄山片区	吕梁山片区	六盘山片区	秦巴山片区	武陵山片区	乌蒙山片区	滇桂黔石漠化片区	滇西边境片区
总面积（万平方公里）	14.5	9.3	6.7	5.3	3.6	16.6	22.5	17.18	10.7	22.8	20.9
总人口（万人）	833.3	1097.5	3657.3	1170.1	402.8	2356.1	3765	3645	2292	3427.2	1751.1
乡村人口（万人）	563.4	917.6	3128	947.6	340.4	1968.1	3051.5	2792	2005.1	2928.8	1499.4
跨省份数（个）	3	3	3	2	2	4	6	4	3	3	1
县市数量（个）	22	33	36	24	20	69	80	71	38	91	61
国家级贫困县数量（个）	13	25	29	16	20	49	72	42	32	67	45
联系部委	农业部	工业和信息化部	住房和城乡建设部	民政部	卫生部	交通运输部	科技部铁道部*	国家民委	国土资源部	水利部/林业局	教育部

＊铁道部已于 2013 年 3 月撤销，组建国家铁路局，由交通运输部管理。
资料来源：11 个集中连片特困区的区域发展与扶贫攻坚规划。

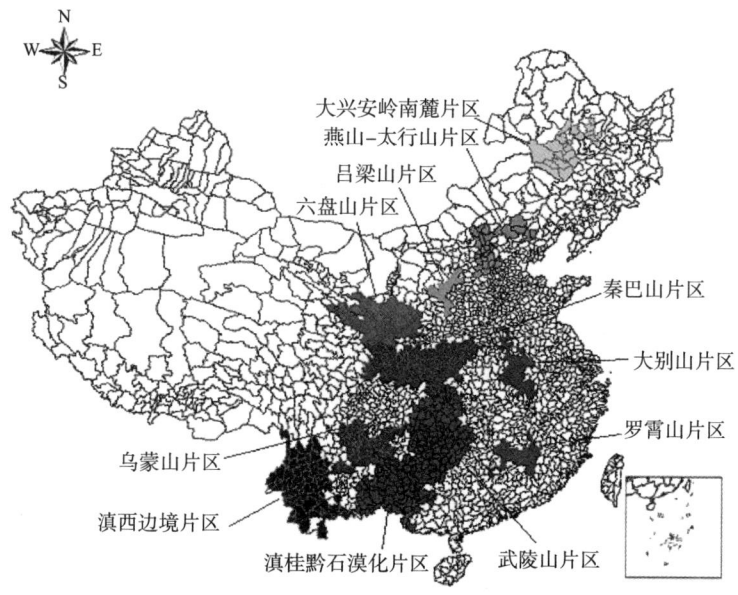

图 1 我国 11 个集中连片特困区空间分布示意

（二）连片特困区的相关研究

集中连片贫困现象较早得到学界关注，姜德华等（1989）在20世纪80年代末期就归纳了我国集中连片贫困区难以脱贫的共同原因。不过，由于当时实施的是"国家整体经济增长带动下的温饱型反贫困战略"以及后来反贫困瞄准的"县与片"之争，贫困县、贫困村以及贫困户的精准瞄准占据主流地位，故直接以集中连片特困区为研究对象和主题的文献并不多见。直到2011年片区扶贫攻坚战略提出，连片特困区再次成为关注的焦点，围绕连片特困区的识别与贫困状况、形成机理与成因、扶贫方式与对策等产生了一系列文献。（1）连片特困区识别与贫困现状研究。王亮等（2011）在对西部171个地级行政单元进行综合发展评价的基础上，依据地理空间一致性对特殊困难地区进行地域划分，得到7个集中连片地区；胡业翠等（2008）则通过构建贫困化指标体系对广西喀斯特山区的贫困进行了识别和分类；陈琦（2012）首次应用AF法对连片特困区的典型代表——武陵山片区的多维贫困进行了测量；丁建军等（2013）则分析了武陵山片区多维贫困的时空演变规律。（2）连片特困区贫困形成机理与成因的相关研究。周晶（2012）、周忠学等（2004）、李阳兵等（2012）、张大维（2011）、苗建青等（2012）对连片特困区贫困的形成机理进行了探讨。其中，周晶（2012）基于中心-边缘的视角分析了地理边缘、行政边缘、民族边缘对武陵山片区贫困形成的影响；周忠学等（2004）分析了山区特殊的自然地理环境、经济因素和社会文化因素对连片特困区贫困文化形成的影响；李阳兵等（2012）则对岩溶山地聚落贫困人口的空间分布及演化模式进行了分析；张大维（2011）基于武陵山片区149个村的调查分析了自然灾害对贫困形成的影响；苗建青等（2012）以重庆市南川区为例分析了石漠化的人文成因及其与贫困之间的关系；周猛（2012）以西藏自治区改则县为例分析了集中连片特困区的致贫成因。（3）连片特困区的反贫困方式与对策研究。关于连片特困区的反贫困大体有改善生计方式、优化空间格局、培育自我发展能力、增强公共产品供给等几种思路。其中，生计方式改善方面，张大维（2011）指出连片特困区的反贫困在于提升生计资本，实现优良的生计产出，进而实现善治；汤青等（2013）则对黄土高原贫困农户的可持续生计进行评估并提出了相应的生计策略；赵雪雁等（2013）以甘南高原、甘南黄河水源补给区为例考察了不同生计方式对环境的影响、生态补偿项目对农户生计的影响。在空间格局优化方面，童中贤等（2012）以武陵山片区为例阐释了增长极培育对连片特困地区反贫困的意义和作用机制；陈全功（2011）、王明黔等（2011）则从空间贫困的视角探讨了连片特困区反贫困的路径。在自我发展能力培育方面，冷志明（2011）基于新区域主义视角论述了自我发展能力培育对连片特困区持久脱贫的意义，从中观层面对区域自我发展能力进行了解构，并对武陵山片区的自我发展能力进行了评价。王丽华（2012）则从人力资本、智力扶贫的角度探讨了连片特困区低收入人群自我发展能力的培育。公共产品供给方面，李乐为等（2011）探讨了公共产品协同供给对连片特困区反贫困的作用。

此外，黄承伟（2013）对连片特困区的片区扶贫理论体系进行了宏观层面的探讨；郑瑞强等（2012）、寻舸（2013）、苏维词等（2012）分析了连片特困区的扶贫开发机制。吉首大学则编著了首部"连片特困区蓝皮书"——《中国连片特困区发展报告（2013）》，初步构建了连片特困区研究联盟。虽然现有的研究从不同的角度探讨连片特困区的贫困与反贫困问题，但多从微观或中观层面对单一连片特困区（主要为武陵山片区）进行研究，缺乏对我国11个连片特困区贫困状况的宏观比较分析。

二 综合发展指数构建与资料来源

（一）综合发展指数构建

鉴于连片特困区的贫困是全方位的多维贫困，是缺乏自我发展能力的内生贫困，本章从区域综合发展程度的视角来考察连片特困区的贫困状况。伴随着经济学、社会学、政治学、发展学等对贫困的理解不断深化，贫困内涵由早期单一的经济维度贫困逐渐扩展到经济、人类、信息、生态的多个维度贫困，多维贫困概念逐渐被广为接受。与此同时，作为反贫困最基本途径的经济增长理念也逐渐向益贫性增长、包容性发展、可持续发展和科学发展观转变。特别是十八大以来，生态文明建设被放到突出的地位，要求经济社会发展以人地关系和谐为出发点，强调经济、社会和生态三大系统的良性耦合与互动，坚持经济社会发展不以牺牲环境为代价，走可持续发展之路。因而，以多维贫困与可持续发展的内涵、相互关系为基点，结合连片特困区数据的可得性，本文从经济、社会和生态三个维度构建9个层面、共24项具体指标的连片特困区综合发展评价指标体系（见表2），以考察我国11个连片特困区的综合贫困程度。

表2　11个集中连片特困区综合发展评价指标体系及标准值

目标层	结构层	解释层	指标层	标准值	依据
A 综合指标	B_1 经济发展	C_1 总体水平	D_1 人均GDP（元）	29992.00	全国平均水平
			D_2 人均财政收入（元）	7952.00	全国平均水平
		C_2 结构特征	D_3 二三产业占比（%）	0.90	全国平均水平
			D_4 城镇化率（%）	0.50	全国平均水平
		C_3 收入状况	D_5 城镇居民人均可支配收入（元）	19109.40	全国平均水平
			D_6 农村居民人均纯收入（元）	5919.00	全国平均水平
			D_7 贫困率（%）	0.00	外推理想值
	B_2 社会服务	C_4 基本教育	D_8 适龄儿童入学率（%）	1.00	外推理想值
			D_9 青壮年文盲率（%）	0.00	外推理想值
			D_{10} 九年义务教育巩固率（%）	1.00	外推理想值
			D_{11} 高中毛入学率（%）	1.00	外推理想值
			D_{12} 平均受教育年限（年）	12.00	普及高中（中专）教育程度
		C_5 科教支持	D_{13} 人均教卫社支出（元）	2037.00	全国平均水平
			D_{14} 万人科技人员数（人）	425.00	全国平均水平
		C_6 社会保障	D_{15} 村卫生室普及率（%）	1.00	外推理想值
			D_{16} 合作医疗参与率（%）	1.00	外推理想值
			D_{17} 农村养老保险参与率（%）	1.00	外推理想值
		C_7 基础设施	D_{18} 农村安全饮用水覆盖率（%）	1.00	外推理想值
			D_{19} 建制村硬化公路通达率（%）	1.00	外推理想值
	B_3 生态环境	C_8 生态条件	D_{20} 森林覆盖率（%）	0.31	世界平均森林覆盖率
			D_{21} 生态脆弱性	0.00	外推理想值
			D_{22} 万元GDP能耗（吨标准煤）	0.47	世界平均水平
		C_9 生态负荷	D_{23} 万元工业增加值用水量（立方米）	50.00	世界平均水平
			D_{24} 人口密度（人/平方公里）	51.30	西部地区平均人口密度

(二) 资料来源

资料来源于 11 个集中连片特困区的区域发展与扶贫攻坚规划：《大兴安岭南麓片区区域发展与扶贫攻坚规划（2011－2020）》、《燕山－太行山片区区域发展与扶贫攻坚规划（2011－2020）》、《大别山片区区域发展与扶贫攻坚规划（2011－2020）》、《罗霄山片区区域发展与扶贫攻坚规划（2011－2020）》、《吕梁山片区区域发展与扶贫攻坚规划（2011－2020）》、《秦巴山片区区域发展与扶贫攻坚规划（2011－2020）》、《六盘山片区区域发展与扶贫攻坚规划（2011－2020）》、《武陵山片区区域发展与扶贫攻坚规划（2011－2020）》、《乌蒙山片区区域发展与扶贫攻坚规划（2011－2020）》、《滇桂黔石漠化片区区域发展与扶贫攻坚规划（2011－2020）》、《滇西边境片区区域发展与扶贫攻坚规划（2011－2020）》。个别指标数据则通过片区所覆盖的省、市、县相关年份的统计年鉴整理得到。

三 综合发展指数计算

连片特困区是一个复杂的地域系统，其贫困生成是经济、社会和生态三个子系统相互作用的产物，但各子系统以及子系统内各因素在贫困生成或区域发展中所起的作用不同，应根据其重要程度科学地确定权重。考虑到 11 个集中连片特困区贫困程度差异及标准值的确定，本文采用灰色关联度法获取各项指标的权重。

（一）相关指标的灰色关联度和权重计算

1. 指标无量纲化处理

由于指标量纲的差异对研究产生较大的影响，故有必要对数据进行无量纲化处理。本文采用极差公式进行无量纲化处理。其中，正、负向指标的计算公式分别为：

$$X_{ik} = \frac{Y_{ik} - \min_{i} Y_{ik}}{\max_{i} Y_{ik} - \min_{i} Y_{ik}} \tag{1}$$

$$X_{ik} = \frac{\max_i Y_{ik} - Y_{ik}}{\max_i Y_{ik} - \min_i Y_{ik}} \quad (2)$$

式中，X_{ik}、Y_{ik} 分别为各数据无量纲化后的结果和无量纲化前的原始数据；$\max_i Y_{ik}$、$\min_i Y_{ik}$ 分别为指标 i 序列中的最大值和最小值。

2. 灰色关联度及指标权重计算

首先，利用公式（3）计算无量纲化处理后数据的灰色关联系数：

$$\xi_i(k) = \frac{\min_i \min_k |X_0(k) - X_i(k)| + \delta \max_i \max_k |X_0(k) - X_i(k)|}{|X_0(k) - X_i(k)| + \delta \max_i \max_k |X_0(k) - X_i(k)|} \quad (3)$$

其次，利用公式（4）计算各项指标的灰色关联系数：

$$\bar{r}_i = \frac{1}{m} \sum_{k=1}^{m} \xi_i(k) \quad (k = 1, 2, \cdots, m) \quad (4)$$

最后，利用公式（5）计算各项指标在综合评价中的权重：

$$r_i = \bar{r}_i / \sum_{i=1}^{n} \bar{r}_i \quad (5)$$

公式（3）中，$\xi_i(k)$ 为灰色关联度系数；δ 为分辨系数，$\delta \in [0,1]$，通常取 0.5；公式（4）中，$\bar{r}_i$ 为各指标的灰色关联系数；r_i 为各指标在综合评价中的权重。各项指标的灰色关联度系数以及在综合评价中的权重见表 3。

表 3 结构层指标和解释层指标的灰色关联度和权重

指标	关联度	权重	指标	关联度	权重	指标	关联度	权重
B_1	0.660	0.337	B_2	0.663	0.338	B_3	0.637	0.325
C_1	0.663	0.104	C_4	0.711	0.112	C_8	0.759	0.120
C_2	0.766	0.121	C_5	0.573	0.090	C_9	0.819	0.129
C_3	0.619	0.098	C_6	0.778	0.123			
			C_7	0.661	0.104			

（二）指标层指标指数计算

根据各指标的现状值与标准值可计算指标层各指标的指数。其中，各指标的标准值及选取的依据见表 2。当指标为正向指标时，计算公式为：

$$Z_i = 1 - \frac{S_i - C_i}{S_i - S_{min}} \tag{6}$$

当指标为负向指标时，计算公式为：

$$Z_i = 1 - \frac{C_i - S_i}{S_{max} - S_i} \tag{7}$$

其中，Z_i 为某指标层指标指数值；C_i 和 S_i 分别为某指标层指标现状值和标准值；为了使等式有意义，S_{max} 和 S_{min} 分别为指标值的最大值乘以 1.05、指标值的最小值除以 1.05。指标层指标指数值的计算结果如表 4 所示。

表 4 我国 11 个集中连片特困区综合发展指标层指标指数值

连片特困区	D_1	D_2	D_3	D_4	D_5	D_6	D_7	D_8	D_9	D_{10}	D_{11}	D_{12}
大别山片区	0.095	0.002	0.128	0.282	0.269	0.432	0.437	0.855	0.748	0.686	0.599	0.278
大兴安岭南麓片区	0.283	0.018	0.208	0.414	0.053	0.306	0.344	0.917	0.495	0.665	0.456	0.103
滇桂黔石漠化片区	0.123	0.041	0.564	0.068	0.370	0.158	0.143	0.844	0.048	0.159	0.465	0.103
滇西边境片区	0.179	0.061	0.366	0.153	0.403	0.097	0.140	0.470	0.931	0.582	0.202	0.169
六盘山片区	0.120	0.008	0.564	0.097	0.282	0.080	0.048	0.917	0.851	0.732	0.638	0.081
罗霄山片区	0.163	0.046	0.584	0.289	0.212	0.052	0.401	0.667	0.883	0.829	0.506	0.234
吕梁山片区	0.129	0.013	0.643	0.311	0.339	0.109	0.170	0.501	0.874	0.829	0.649	0.169
秦巴山片区	0.209	0.025	0.564	0.278	0.360	0.330	0.344	0.855	0.748	0.247	0.540	0.125
乌蒙山片区	0.015	0.026	0.445	0.042	0.336	0.077	0.146	0.563	0.805	0.163	0.031	0.081
燕山-太行山片区	0.219	0.029	0.406	0.223	0.229	0.133	0.339	0.969	0.667	0.695	0.629	0.147
武陵山片区	0.100	0.021	0.525	0.190	0.168	0.164	0.258	0.756	0.748	0.310	0.353	0.103
标准值	1.000	1.000	1.000	1.000	1.000	1.000	1.000	1.000	1.000	1.000	1.000	1.000
平均值	0.149	0.026	0.454	0.213	0.275	0.176	0.252	0.756	0.709	0.536	0.461	0.145
方差	0.005	0.000	0.025	0.012	0.010	0.014	0.015	0.029	0.057	0.063	0.035	0.004
连片特困区	D_{13}	D_{14}	D_{15}	D_{16}	D_{17}	D_{18}	D_{19}	D_{20}	D_{21}	D_{22}	D_{23}	D_{24}
大别山片区	0.028	0.026	0.604	0.575	0.045	0.438	0.900	1.000	0.538	0.752	0.898	0.052
大兴安岭南麓片区	0.492	0.007	0.864	0.167	0.051	0.458	0.658	0.047	0.645	0.664	0.866	0.988

续表

连片特困区	D_{13}	D_{14}	D_{15}	D_{16}	D_{17}	D_{18}	D_{19}	D_{20}	D_{21}	D_{22}	D_{23}	D_{24}
滇桂黔石漠化片区	0.281	0.037	0.745	0.423	0.004	0.466	0.160	1.000	0.048	0.504	0.275	0.810
滇西边境片区	0.521	0.291	0.785	0.644	0.190	0.097	0.070	1.000	0.264	0.575	0.698	0.938
六盘山片区	0.549	0.246	0.722	0.566	0.105	0.155	0.316	0.240	0.170	0.350	0.814	0.826
罗霄山片区	0.210	0.075	0.606	0.649	0.101	0.544	0.914	1.000	0.641	0.774	0.689	0.675
吕梁山片区	0.478	0.095	0.643	0.584	0.096	0.603	0.624	0.221	0.182	0.456	1.000	0.884
秦巴山片区	0.479	0.130	0.556	0.536	0.128	0.020	0.352	1.000	0.165	0.469	0.771	0.778
乌蒙山片区	0.079	0.083	0.081	0.497	0.011	0.324	0.014	1.000	0.441	0.058	0.566	0.688
燕山-太行山片区	0.365	0.071	0.698	0.540	0.049	0.586	0.862	0.607	0.389	0.266	0.974	0.872
武陵山片区	0.146	0.221	0.415	0.554	0.022	0.471	0.170	1.000	0.451	0.367	0.063	0.692
标准值	1.000	1.000	1.000	1.000	1.000	1.000	1.000	1.000	1.000	1.000	1.000	1.000
平均值	0.330	0.116	0.611	0.521	0.073	0.378	0.458	0.738	0.358	0.476	0.692	0.746
方差	0.033	0.008	0.054	0.016	0.003	0.037	0.108	0.136	0.038	0.042	0.078	0.058

（三）解释层、结构层和目标层指标指数计算

解释层指标指数和结构层指标指数分别根据所涉及的指标层指标指数和解释层指标指数计算而来。其中，解释层指标指数计算公式为：

$$U_i = (\sum_{i=1}^{n} Z_i)/n \tag{8}$$

式中，U_i 为某一解释层指标指数值，Z_i 和 n 分别为解释层所涉及指标层指标指数值及指标项数。计算结果如表5所示。

表5 我国11个集中连片特困区综合发展解释层指标指数值

连片特困区	C_1	C_2	C_3	C_4	C_5	C_6	C_7	C_8	C_9
大别山片区	0.049	0.205	0.380	0.633	0.027	0.408	0.669	0.769	0.568
大兴安岭南麓片区	0.150	0.311	0.234	0.527	0.250	0.360	0.558	0.346	0.839
滇桂黔石漠化片区	0.082	0.316	0.224	0.324	0.159	0.391	0.313	0.524	0.530
滇西边境片区	0.120	0.259	0.214	0.471	0.406	0.540	0.084	0.632	0.737
六盘山片区	0.064	0.331	0.136	0.644	0.397	0.464	0.236	0.205	0.663

续表

连片特困区	C_1	C_2	C_3	C_4	C_5	C_6	C_7	C_8	C_9
罗霄山片区	0.104	0.437	0.222	0.624	0.142	0.452	0.729	0.820	0.713
吕梁山片区	0.071	0.477	0.206	0.604	0.287	0.441	0.613	0.202	0.788
秦巴山片区	0.117	0.421	0.345	0.503	0.304	0.407	0.186	0.583	0.673
乌蒙山片区	0.021	0.244	0.187	0.329	0.081	0.196	0.169	0.721	0.437
燕山-太行山片区	0.124	0.314	0.234	0.621	0.218	0.429	0.724	0.498	0.704
武陵山片区	0.060	0.357	0.197	0.454	0.183	0.330	0.328	0.725	0.374
均值	0.087	0.334	0.234	0.521	0.223	0.402	0.418	0.548	0.639
标准值	1.000	1.000	1.000	1.000	1.000	1.000	1.000	1.000	1.000
权重	0.104	0.121	0.098	0.112	0.090	0.123	0.104	0.120	0.129

结构层指标指数的计算公式为：

$$V_i = \sum_{i=1}^{r} T_i U_i \tag{9}$$

式中，V_i 为某一结构层指标指数值，T_i 为该结构层指标所涉及解释层指标对应的权重，r 为该结构层指标所涉及解释层指标项数。计算结果见表6。

表6 我国11个集中连片特困区综合发展结构层指标指数值

连片特困区	B_1		B_2		B_3	
大别山片区	0.067	8	0.193	4	0.165	3
大兴安岭南麓片区	0.076	4	0.184	6	0.150	6
滇桂黔石漠化片区	0.069	7	0.131	10	0.131	9
滇西边境片区	0.065	9	0.164	7	0.171	2
六盘山片区	0.060	10	0.189	5	0.110	11
罗霄山片区	0.085	2	0.214	2	0.190	1
吕梁山片区	0.085	3	0.211	3	0.126	10
秦巴山片区	0.097	1	0.153	8	0.156	4
乌蒙山片区	0.050	11	0.086	11	0.143	7
燕山-太行山片区	0.074	5	0.217	1	0.150	5
武陵山片区	0.069	6	0.141	9	0.135	8
均值	0.072		0.171		0.148	
标准值	1.000		1.000		1.000	
权重	0.337		0.338		0.325	

目标层指标指数则采用叠加方法，将各结构层指标指数乘以相应权重再求和，计算公式为：

$$I_{CDI} = \sum_{i=1}^{m} W_i V_i \qquad (10)$$

式中，I_{CDI} 为目标层指标指数，即综合发展水平或贫困程度的表征，W_i 和 m 分别为目标层指标所涉及结构层指标对应的权重及指标项数。计算结果如表7所示。

表7 我国11个集中连片特困区综合发展指数与国家级贫困县比例对比

连片特困区	综合发展指数值	排序	国家级贫困县比例	排序	排序差异
罗霄山片区	0.163	1	0.667	3	2↑
燕山-太行山片区	0.147	2	0.758	7	5↑
大别山片区	0.141	3	0.806	8	5↑
吕梁山片区	0.141	4	1.000	11	7↑
大兴安岭南麓片区	0.136	5	0.591	1	4↓
秦巴山片区	0.135	6	0.900	10	4↑
滇西边境片区	0.133	7	0.738	6	1↓
六盘山片区	0.120	8	0.710	4	4↓
武陵山片区	0.115	9	0.592	2	7↓
滇桂黔石漠化片区	0.110	10	0.736	5	5↓
乌蒙山片区	0.092	11	0.842	9	2↓

注：↑、↓分别表示前一排序相对于后一排序位次上升、下降的情形，此外，前一排序为降序排名，综合发展指数越高，贫困程度越轻，后一排序为升序排名，即国家级贫困县比例越高，贫困程度越严重。

四 基于综合发展指标体系的贫困程度比较

（一）基于指标层的比较分析

由表4不难发现，我国11个集中连片特困区各指标指数值普遍偏低。24项指标中，平均值超过0.5的仅有8项，分别为适龄儿童入学率、人口密度、森林覆盖率、青壮年文盲率、万元工业增加值用水量、村卫生室普及率、九年义务教育巩固率和合作医疗参与率,其中,适龄儿童入学率指数最高,为 0.756;另外 16 项指标平均值均低于 0.5,其中,人均 GDP、人均财政收入、农村居民人均纯收入、平均受教育年限、万人科技人员数和农村养老保险参与率 6 项指标的指数低于 0.2,人均财政收入和农村养老保险参与率指数最低,分别为 0.026 和 0.073。① 可见,在国家强力推行义务教育、扫盲行动、农村医疗保险改革等政策下,连片特困区与此相关指标的指数与全国平均水平差距不大,但与区域自身发展能力密切相关的指标指数则远远落后于全国平均水平。

虽同为连片特困区,但各连片特困区之间的差异也不容小觑。24 个指标指数的平均方差为 0.037,其中,森林覆盖率、建制村硬化公路通达率、万元工业增加值用水量、人口密度、九年义务教育巩固率、村卫生室普及率和青壮年文盲率 7 项指标指数方差较大,均超过 0.05,森林覆盖率和建制村硬化公路通达率两指数的方差最大,分别为 0.136、0.108;人均财政收入、人均 GDP、平均受教育年限、万人科技人员数、农村养老保险参与率 5 项指标指数的方差相对较小,均小于 0.01,方差最小的为人均财政收入和农村养老保险参与率两指标,分别为 0.0003 和 0.003。不难发现,指数值越小的指标其方差一般也较小,反之亦然。也就是说,在 11 个集中连片特困区中,贫困程度更严重的维度彼此间的差异相对较小。

表 8　11 个集中连片特困区指标层指标特征比较

连片特困区	指数值排名前三的指标	指数值排名后三的指标
大别山片区（8,6）	D_6（max）、D_7（max）、D_{12}（max）、D_{19}、D_{20}（max）、D_{21}、D_{22}、D_{23}	D_1、D_2（min）、D_3（min）、D_{13}（min）、D_{14}、D_{24}（min）
大兴安岭南麓片区（9,7）	D_1（max）、D_4（max）、D_6、D_8、D_{13}、D_{15}（max）、D_{21}（max）、D_{22}、D_{24}（max）	D_3、D_5（min）、D_9、D_{12}、D_{14}（min）、D_{16}（min）、D_{20}（min）
滇桂黔石漠化片区（5,11）	D_2、D_3、D_5、D_{15}、D_{20}（max）	D_4、D_7、D_9（min）、D_{10}（min）、D_{12}、D_{14}、D_{16}、D_{17}、D_{19}、D_{21}（min）、D_{23}

---

① 农村养老保险参与率指数与合作医疗参与率指数差距如此之大,可能与农村养老保险政策实施相对较晚以及农村传统的养老观念有关。

续表

连片特困区	指数值排名前三的指标	指数值排名后三的指标
滇西边境片区（11，7）	D_2（max）、D_5（max）、D_9（max）、D_{12}、D_{13}、D_{14}（max）、D_{15}、D_{16}、D_{17}（max）、D_{20}（max）、D_{24}	D_3、D_6、D_7、D_8（min）、D_{11}、D_{18}、D_{19}
六盘山片区（7，9）	D_3、D_8、D_{10}、D_{11}、D_{13}（max）、D_{14}、D_{17}	D_2、D_4、D_6、D_7（min）、D_{12}（min）、D_{18}、D_{20}、D_{21}、D_{22}
罗霄山片区（13，3）	D_2、D_3、D_4、D_7、D_9、D_{10}（max）、D_{12}、D_{16}（max）、D_{18}、D_{19}（max）、D_{20}、D_{21}、D_{22}（max）	D_5、D_6（min）、D_{24}
吕梁山片区（10，3）	D_3（max）、D_4、D_9、D_{10}（max）、D_{11}（max）、D_{12}、D_{16}、D_{18}（max）、D_{23}（max）、D_{24}	D_2、D_8、D_{20}
秦巴山片区（7，4）	D_1、D_3、D_5、D_6、D_7、D_{17}、D_{20}（max）	D_{10}、D_{15}、D_{18}（min）、D_{21}
乌蒙山片区（1，14）	D_{20}（max）	D_1（min）、D_4（min）、D_6、D_8、D_{10}、D_{11}（min）、D_{12}（min）、D_{13}、D_{15}（min）、D_{16}、D_{17}、D_{19}（min）、D_{22}（min）、D_{23}
燕山-太行山片区（6，3）	D_1、D_8（max）、D_{11}、D_{18}、D_{19}、D_{23}	D_9、D_{20}、D_{22}
武陵山片区（2，9）	D_{14}、D_{20}	D_1、D_5、D_{11}、D_{12}、D_{13}、D_{15}、D_{17}、D_{23}（min）、D_{24}

注：连片特困区名称后括号中两数字的含义分别为指数值排前三位和后三位的指标数量，指标代号后括号中max和min分别代表该指标值为最大、最小。

具体地，各连片特困区指标层指标指数值排名前三位、后三位的指标数量对比更直观地反映了各连片特困区的差异。表8显示，乌蒙山片区、武陵山片区、滇桂黔石漠化片区排前三位的指标数远远低于排后三位的指标数，其中，乌蒙山片区仅有森林覆盖率1项指标进入前三，有人均GDP、城镇化率等14项指标排名后三位；武陵山片区也仅有万人科技人员数和森林覆盖率2项指标排名前三，有人均GDP、城镇居民人均可支配收入等9项指标排名后三；滇桂黔石漠化片区虽有人均财政收入、二三产业占比等5项指标排名前三，但也有青壮年文盲率、平均受教育年限等11项指标排名后三位。因而，这3个连片特困区在较多维度发展相对滞后。与此截然相反的是，罗霄山片区、吕梁山片区、滇西边境片区，其中，罗霄山片区有人均财政收入、二三产业占比、城镇化率等13项指标排名前三，仅有农村居民人均纯收入等3项指标排名后三位；吕梁山片区有二三产业占比、城镇化率、高中毛入学率等10项指标排名前三，人均财政收入等3项指标排名后三位；滇西边境片区有11项指标排名前三，并有人均财政收入、城镇居民人均可支配收入等6项指标指数值排名第一，但也有适龄儿童入学率、城镇化率等7项指标排名后三位。可见，这3个片区则在较多指标上表现相对较好。而大别山片区、大兴安岭南麓片区、六盘山片区和秦巴山片区进入前三名和后三名的指标数相差不大，燕山-太行山片区则只有9项指标进入前三和后三名，并且进入前三名的指标数是后者的2倍，这5个片区在指标层各指标上表现一般，既没有明显的优势，也没有明显的劣势。

（二）基于解释层的比较分析

表5表明，在9个解释层指标中仅有基本教育、生态条件和生态负荷三个指标指数均值超过0.5，这意味着除了基本教育、生态条件、生态负荷以外，11个集中连片特困区的表现都十分糟糕。特别是经济发展总体水平的指数均值只有0.087，在所有指标指数均值中排名最后，表明连片特困区经济发展总体水平十分落后。此外，科教支持、收入状况的得分也较低，分别为0.223、0.234，基础设施、社会保障和经济结构特征虽然得分也不高，分别为0.418、0.402和0.334，但在国家西部大开发战略、扶贫政策支持以及新农村建设的推动下，连片特困区在基础设施和社会保障方面有了较大的改善。可见，在注重生态保护的前提下，增强科技支持、改善收入状况，提升经济发展总体水平是连片特困区的迫切需要。

除了上述共同特征以外，11个集中连片特困区间也存在明显的差异。经济发展总体水平最高的为大兴安岭南麓片区，其次为燕山-太行山片区和滇西边境片区，经济发展总体水平最低的则为乌蒙山片区和大别山片区；经济结构方面，吕梁山片区、罗霄山片区和秦巴山片区较为合理，大别山片区、乌蒙山片区和滇西边境片区经济结构最差；收入状况方面，大别山片区、秦巴山片区的收入水平相对较高，分别高出收入状况指数均值0.146、0.111，六盘山片区、乌蒙山片区和武陵山片区的收入水平最低，指数值分别为0.136、0.187和0.197，不过各片区间总体收入差距不大；基本教育方面，有大别山片区、六盘山片区、罗霄山片区、吕梁山片区、燕山-太行山片区的得分超过0.6，其中六盘山区最高，为0.644，滇桂黔石漠化片区、乌蒙山片区最低，分别为0.324、0.329；科教支持方面，滇西边境片区、六盘山片区、秦巴山片区的得分较高，均超过了0.3，其中，滇西边境片区最高，达到0.406，而大别山片区和乌蒙山片区得分最低，仅为0.027、0.081，片区之间的差距非常明显；社会保障方面，乌蒙山片区得分最低，仅为0.196，其次是武陵山片区，得分为0.330，其他片区得分与均值0.402较为接近，只有滇西边境片区达到0.540，可见，乌蒙山片区在社会保障方面与其他片区的差距较大；基础设施方面，各片区的差异更为明显，其中得分最高的罗霄山片区、燕山-太行山片区的得分达到0.729和0.724，而得分最低的滇西边境片区、乌蒙山片区、秦巴山片区仅为0.084、0.169和0.186，两者的差距达到0.5以上；生态条件方面，除六盘山片区、吕梁山片区以外，其他片区的生态条件整体较好，特别是罗霄山片区、大别山片区、武陵山片区和乌蒙山片区，得分都在0.7以上；生态负荷方面，除武陵山片区、乌蒙山片区以外，其他连片特困区的得分均在0.5以上，其中，大兴安岭南麓片区、吕梁山片区、滇西边境片区的得分较高，分别为0.839、0.788和0.737，而武陵山片区最低，为0.374。

综上可见，11个连片特困区的生态条件较好、生态负荷较小，但经济发展总体水平较低，并且在9个解释层指标上，各片区存在一定的差异。因而，在实施连片特困区区域发展与扶贫攻坚战略时，既要满足连片特困区的共性需求，又要实施差异化对策。

（三）基于结构层和目标层的比较分析

表6、表7给出了11个连片特困区在经济发展、社会服务和生态环境三个结构层指标指数值以及综合发展指数值与排名。其中，由表6可见，在经济发展、社会服务和生态环境三个结构层指标中，经济发展指数值最低，生态环境指数值居中，社会服务指数值最高，三者的指数均值分别为0.072、0.148和0.171，并且经济发展指数值不到生态环境、社会服务指数值的1/2，由于三个结构层指标权重均接近1/3，故连片特困区的贫困主要

是经济发展制约型贫困。进一步从各连片特困区的比较来看，经济发展方面，秦巴山片区、罗霄山片区和吕梁山片区的得分排在前三位，依次为 0.097、0.085 和 0.085，而得分排在后三位的乌蒙山片区、六盘山片区和滇西边境片区，得分依次为 0.050、0.060 和 0.065，其中，乌蒙山片区的得分仅为秦巴山片区得分的约 1/2；社会服务方面，燕山－太行山片区、罗霄山片区和吕梁山片区的指数值均高于 0.2，名列前三位，而乌蒙山片区、滇桂黔石漠化片区和武陵山片区三者的得分较低，特别是乌蒙山片区，得分仅为 0.086，不到社会服务指数均值的 1/2；生态环境方面，指数值较高的三个片区是罗霄山片区、滇西边境片区、大别山片区，分别为 0.190、0.171 和 0.165，得分最低的则为六盘山片区、吕梁山片区和滇桂黔石漠化片区，指数值分别为 0.110、0.126 和 0.131，不过，指数值最低和最高的片区间指数的差距不是太明显，这意味着各连片特困区之间在生态环境方面差异不大。

从综合发展指数及其排名来看，如表 7 所示，罗霄山片区指数值最高，为 0.163，其次为燕山－太行山片区、大别山片区，指数值分别为 0.147 和 0.141。不难发现，这三个连片特困区均位于东中部地区，这表明即便是在连片特困类型区域中，东中部地区仍然具有优势。指数值最低的三个片区为乌蒙山片区、滇桂黔石漠化片区和武陵山片区，指数值分别为 0.092、0.110 和 0.115，这三个连片特困区均位于西南腹地，属典型的喀斯特地质结构区，并且相互毗邻。可见，西南腹地是我国当前贫困的"重灾区"。值得一提的是，本章基于综合发展指数的 11 个集中连片特困区贫困程度排名与依据国家级贫困县比率所进行的排名不一致，只有罗霄山片区、滇西边境片区和乌蒙山片区三者的排名相对一致，而吕梁山片区和武陵山片区排名差距较大，排序差异达到 7。不过，这与两类排名采用的标准不同有关，国家级贫困县主要依据人均收入、人均 GDP 和人均财政收入加以确定。[①] 显

---

① 具体的操作是，首先依据"631 指数法"确定国家级贫困县数量及对应的人均收入、人均 GDP 和人均财政收入指标的标准值，然后，根据标准值划定具体的国家级贫困县。其中"631 指数法"，即贫困人口（占全国比例）占 60% 权重（其中绝对贫困人口与低收入人口各占 80% 与 20% 比例），农民人均纯收入较低的县数（占全国比例）占 30% 权重，人均 GDP 低的县数、人均财政收入低的县数占 10% 权重。

然，国家级贫困县划分标准简单易行，但指标有限，难以全面反映贫困程度。本章的综合发展指数涵盖经济、社会和生态三大维度的 24 个指标，且以连片特困区整体为考察对象，因而能更客观地反映各连片特困区的综合贫困程度。

（四）基于聚类分析的比较

为了进一步验证上述分析的合理性，本章采用类平均法对我国 11 个集中连片特困区的综合发展状况进行系统聚类分析，根据分析结果可将 11 个集中连片特困区的综合发展水平分为 3 个层次，每个层次包含不同的连片特困区（见表 9）。

表 9 我国 11 个集中连片特困区综合发展水平分类结果

类别	连片特困区	个数
一类	大别山片区、罗霄山片区	2
二类	大兴安岭南麓片区、六盘山片区、吕梁山片区、燕山 - 太行山片区	4
三类	滇桂黔石漠化片区、滇西边境片区、秦巴山片区、乌蒙山片区、武陵山片区	5

与表 7 比较不难发现，聚类分析的分类结果与综合发展指数排名结果大体一致，仅有六盘山区在综合发展指数排名中相对靠后，排在第 8 位。这表明，综合发展指数值较客观地反映了我国 11 个集中连片特困区的贫困状况。此外，从空间分布来看，三类连片特困区在地理上相互毗邻。按照地理区位，可以将一、二、三类贫困区划分为东部连片特困区、北部连片特困区和西南部连片特困区，并且贫困程度按"东部 - 北部 - 西南部"的空间走向依次递增。东部连片特困区呈插花状分布，面积小；北部连片特困区沿东北 - 西南走向呈带状分布，但彼此被非贫困地区分割，各连片特困区面积居中；西南部则 5 大连片特困区彼此毗邻，非贫困区呈插花状分布，各连片特困区不仅面积大、人口多且贫困程度深，是我国最为贫困的区域。这一贫困空间格局源于自然地理环境与经济发展水平的差异，一方面，西南和北部地区恶劣的自然地理条件是贫困空间差异的自然成因，相对封闭和传统的文化理念则是贫困空间差异的社会成因；另一方面，"东 - 中 - 西"

阶梯递减、沿海－沿江－内陆递减的经济发展差异格局则是贫困空间差异的经济成因。

五 结论与建议

本章通过构建涵盖经济、社会、生态三大系统的综合发展指数，测算和对比分析了我国 11 个集中连片特困区的贫困状况，得到如下结论：①在经济、社会和生态三大系统中，经济发展滞后最为严重，是我国 11 个连片特困区当前贫困中最突出的维度。社会发展水平也不高，但在西部大开发战略、扶贫攻坚政策以及新农村建设的推动下，有了较大的改善。此外，虽然经济活动强度低，生态条件总体较好、生态负荷较小，但生态脆弱性仍不容忽视。②11 个集中连片特困区的贫困程度在空间上呈"东部－北部－西南部"走向依次递增的特征，西南腹地是我国贫困的"重灾区"，不仅连片特困区数量多、分布密集，而且贫困程度最深。11 个连片特困区贫困程度的空间分布与我国经济发展水平"东部强、中部居中、西部弱"的空间格局大体一致，这意味着连片特困区并不是"孤岛"，周边区域的发展对其仍有一定的影响。③虽然连片特困区是一类具有诸多共性的特殊类型区域，但 11 个集中连片特困区仍各自具有自身的特殊性，特别是在森林覆盖率、建制村硬化公路通达率、万元工业增加值用水量、人口密度、九年义务教育巩固率、村卫生室普及率和青壮年文盲率等 7 项指标上差异明显。

鉴于上述结论，笔者认为在实施连片特困区区域发展与扶贫攻坚战略中，应注意以下方面：一是在注重生态保护的前提下加快经济发展。经济发展是基础，也是持续脱贫的根本出路，但连片特困区生态条件较好，是国家重要的战略生态屏障区，同时，连片特困区生态脆弱，传统的粗放型经济增长模式将造成极大的生态破坏。因而，在当前连片特困区经济贫困更为突出的背景下创新经济发展模式，走包容、绿色、可持续的发展道路是连片特困区加快发展的不二选择，也是 11 个连片特困区在区域发展与扶贫攻坚中必须遵循的共同原则。二是作为贫困"重灾区"的西南 5 大连片特困区应得到国家更多的支持。一方面，这 5 大连片特困区贫困面积广、贫困人口多、贫困程度深，对实现 2020 年全面脱贫意义重大；另一方面，这

5大连片特困区地域上彼此毗邻，贫困特征基本相似，对扶贫政策、扶贫援助的需求较为接近，便于国家实施统一的政策支持。具体地，国家可以从增强5大连片特困区内部发展要素激励和强化与周边中心城市区域、西南对外经贸大通道的对接方面给予更多的政策支持。三是依据各连片特困区自身的特殊情况实施差异化的区域发展与扶贫攻坚对策。特别地，当前各连片特困区应根据自身最严重的贫困维度采取更具针对性的减贫措施，如乌蒙山、六盘山和滇西边境片区要加大转移支付和产业扶贫力度，提高收入水平、改善经济结构；武陵山、秦巴山和滇桂黔石漠化片区则要在基本教育、科教支持、社会保障和基础设施建设等公共服务领域增加投资，推进公共服务均等化；吕梁山、大兴安岭南麓和燕山-太行山片区则应在生态保护、生态治理方面加大投入。

第三章 武陵山片区经济增长的益贫性与空间差异演变特征

——基于2000-2011年县域数据的实证分析

一 引言

20世纪80年代,华盛顿共识(Washington Consensus)成为全球主流的发展理念,该共识坚信经济增长所带来的经济利益会自动地扩散到社会各阶层,自动消除贫困,即坚信滴漏经济学(Trickle Down Economics)。然而,联合国《2005年世界社会状况报告》显示,很多国家在20世纪80年代以来经济增长迅速,贫富差距却不断扩大,在研究期内,只有5%的样本国家的收入差距略有缩小,而大多数国家不仅没有缩小,甚至有所扩大。这表明经济增长不一定有利于穷人,有可能是以牺牲穷人的利益为代价的。

在过去的30多年里,中国经济增长取得了举世瞩目的成绩,人均GDP平均每年以超过8%的速度增长,但同时也伴随着收入差距的扩大,基尼系数从1981年的0.31上升至2005年的0.561。① 然而,不可否认的是,过去30年里,中国的减贫事业也取得了"令人惊叹"的成就,自1981年以来中国的绝对贫困人口减少了6亿多。那么,中国经济增长是否为益贫增长呢?隋文娟等(2010)采用贫困增长曲线方法,研究了中国1994-2006年区域经济增长的规律,发现1998-2000年为贫困化增长,2003-2004年为减贫

---

① 该数据为联合国开发计划署的统计数据。西南财经大学2012年发布的《中国家庭调查报告》显示,2010年中国家庭的基尼系数为0.61,此外,官方公布的数据也显示我国基尼系数在2008年达到0.491的顶峰,之后呈下降趋势。

经济增长，而其余年份为涓滴式增长，即虽然绝对贫困得到缓解，但贫困地区人口收入份额下降，地区差距扩大。周华等（2008）也得到类似的结论，发现1981－2005年，中国仅在部分年份实现了收入维度的益贫式增长；王雪妮等（2011）基于中国县级市数据的研究发现，1996－2008年，西部地区县级市的增长属于减贫增长，经济增长不仅缓解了绝对贫困，也提高了贫困人口的收入份额，而东北、东部和中部地区县级市的经济增长属于涓滴式增长。徐丽萍等（2011）的研究则表明，从全国农村来看，2000－2010年中国经济增长基本上是非益贫的，十年间益贫增长区间仅出现在2003－2005年，特别是在此期间，国家扶贫重点县的增长基本上是益贫的。进而，她们得出益贫增长主要由政策驱动的结论。

面对伴随经济快速增长区域差距、城乡差距和贫富差距不断扩大的现实，自2000年以来，国家实施了一系列缩小差距的战略和政策，如西部大开发、中部崛起和东北老工业基地振兴战略等。2011年，国家更是针对14个集中连片特困区实施了片区扶贫攻坚战略，以期让穷人更多地分享经济增长的成果。然而，当前对连片特困区经济增长规律、经济增长的益贫性、经济增长益贫性时空特征等的研究尚为空白，涉及贫困地区经济增长益贫性的文献也十分有限，仅有徐丽萍等（2011）在研究中国经济增长益贫性时对国家扶贫重点县进行过分析，贺文惠等（2011）研究安徽省贫困县经济增长质量时对其益贫性进行了测度。

本章旨在以国家片区扶贫攻坚战略的主战场、"先行先试"试点区域——武陵山片区为样本，基于县域数据研究连片特困区在《中国农村扶贫开发纲要（2000－2010）》实施过程中经济增长的益贫性及空间差异演变，为连片特困区的扶贫开发提供参考。由于连片特困区多为跨省级行政区域的集中特殊困难区域，一方面，作为整体其经济增长规律具有一定的共性；另一方面，由于受各省发展战略、经济政策等的影响又将具有一定的特殊性。并且，经济增长益贫性的空间差异还将影响和重塑片区的空间格局。因而，本章首先考察武陵山片区整体2000－2011年经济增长的益贫性；然后对比分析湖南、湖北、重庆和贵州片区经济增长益贫性的差异，并进一步分析武陵山片区空间差异的演变趋势以及经济增长益贫性差异对片区空间差异的影响；最后，总结武陵山片区过去十余年经济增长和空间差异演变的规律，提出"先行先试"应注意的几个方面。

二 区域研究与研究方法

（一）研究区域

武陵山集中连片特困区（简称武陵山片区），地处湖南、湖北、重庆和贵州四省市交界处，是《中国农村扶贫开发纲要（2011－2020）》明确提出重点开发的 14 个集中连片特困区之一。武陵山片区涉及 11 个地州市，覆盖

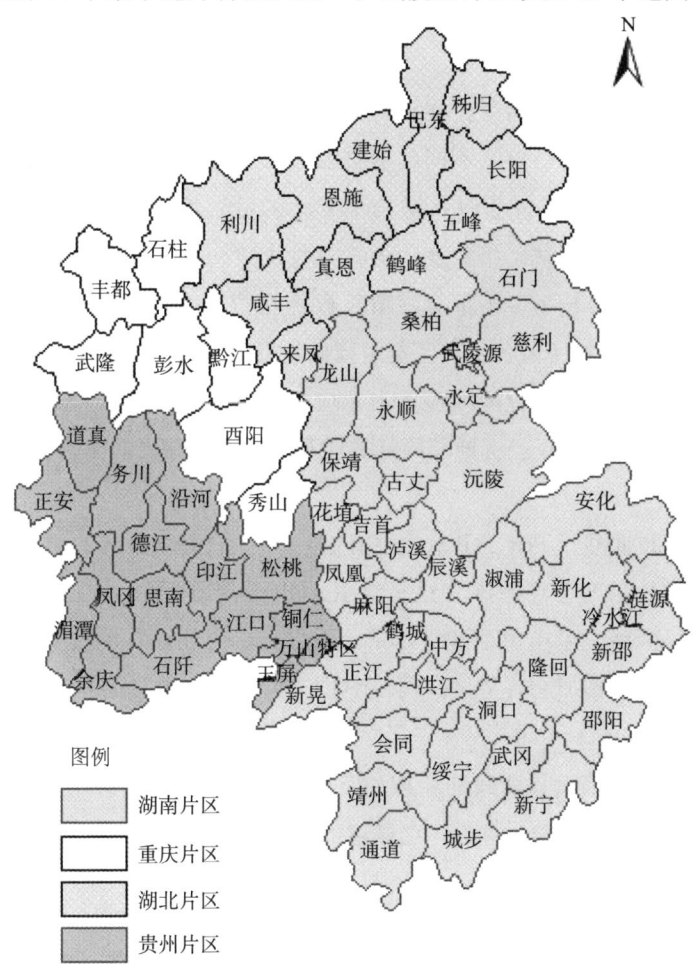

图 1　武陵山片区空间分布示意

71县市区（见图1），其中，湖南37县市区、贵州16县市区、湖北11县市、重庆7县区，面积17.18万平方公里，人口3645万，境内有土家族、苗族、侗族、白族等9个世居少数民族。该片区集革命老区、民族地区、贫困地区、山区于一体，是我国中西部地区跨省交界面大、少数民族聚集多、贫困人口分布广的连片特困区和经济协作区，也是我国首个编制区域发展与扶贫攻坚规划并被国务院扶贫办确立为集中连片特困区区域发展与扶贫攻坚"先行先试"的连片特困区。由于其典型性，该片区已成为连片特困区研究的首选样本。

（二）研究方法

经济增长是否益贫的争论在于穷人与富人收入增长绝对额和增长速度上的差异，据此，学者给出了不同的益贫性增长概念和测度方法。目前，主要的测度方法有两类，即基于收入增长率变动的益贫性测度（益贫增长率、益贫增长曲线）和基于贫困指数变动的益贫性测度（贫困增长弹性、益贫增长指数、减贫等值增长率、不平等－增长权衡指数、改进的不平等－增长权衡指数）。鉴于连片特困区各县市区贫困指数可获得性差以及本研究重点关注经济增长在区域尺度上的分配效应，本章应用改进的贫困增长曲线和基尼系数分解法分析武陵山片区经济增长的益贫性及其对空间差异的影响。

1. 贫困增长曲线

贫困增长曲线（PGC，Poverty Growth Curve）是Son（2004）提出的一种益贫性增长测度方法，该方法是对Ravallion等（2003）在Lorenz曲线的基础上提出的增长发生率曲线（Growth Incidence Curve）的改进，本质上是在增长发生率曲线基础上的累计，优势是在累计中削减了个别点可能出现的误差。

具体地，贫困增长曲线的原理如下：

假设$L(p)$是Lorenz曲线，它描述的是收入最低的$p\%$人口的收入份额，可以写成：

$$L(p) = \frac{u_p p}{u} \tag{1}$$

其中，p为累计人口比例（收入由低到高排序），u_p为相应比例人口的平均收入。两边取对数可得：

$$\ln(u_p) = \ln[uL(p)] - \ln(p) \tag{2}$$

差分后得到：

$$\Delta\ln(u_p) = \Delta\ln[uL(p)] \tag{3}$$

其中，$\Delta\ln(u_p) \approx \dfrac{\Delta u_p}{u_p}$，即 $\Delta\ln(u_p)$ 是人均收入排序最低的 $p\%$ 人口的平均收入增长率 $g(u_p)$，故：

$$g(u_p) = \Delta\ln[uL(p)] \tag{4}$$

随着 p 值从 0 变化到 100，$g(u_p)$ 的变化趋势就是贫困增长曲线。

贫困增长曲线的计算结果可以用于判别经济增长的益贫性。根据绝对贫困和收入差距随经济增长的变化趋势不同，可以将经济增长划分为减贫增长（Pro-poor Growth）、涓滴增长（Trickle-down Growth）和贫困化增长（Immiserizing Growth）三种类型。具体的判别条件和含义见表1。

表1 经济增长类型与益贫性判别

增长类型	判别条件	益贫特征
减贫增长	$g(u_p) > g(u) > 0$	绝对贫困得到缓解，并且贫困人口收入份额随之提高，经济增长是有利于穷人的增长，具有益贫性
涓滴增长	$g(u) > g(u_p) > 0$	绝对贫困虽然得到缓解，但贫困人口的收入份额随之降低，经济增长是有利于富人的增长，不具益贫性
贫困化增长	$g(u) > 0 > g(u_p)$	绝对贫困和收入差距都加剧，不具益贫性

注：$g(u)$ 为全社会的平均收入增长率。

需要强调的是，鉴于武陵山片区以家庭为单位的分组收入数据难以获得以及本研究关注经济增长区域分配效应的需要，笔者借鉴隋文娟等（2010）的思路，在贫困增长曲线计算时，采用以县域为单位的人口和GDP数据，代替以家庭为单位的数据，即按照县域人均GDP由低到高排序来计算贫困增长曲线。

2. 基尼系数子群分解

测度经济增长区域分配效应或表征区域差距的还有基尼系数、塞尔指数、变异系数等指标。不过,单纯的基尼系数、塞尔指数、变异系数等反映的信息有限,需要通过指数分解揭示各子群内部、子群之间差异对基尼系数的贡献,进而更深入地洞察经济增长的区域不平等性。

基尼系数子群分解大致有三种思路。第一种思路是先求出群内不平等的贡献额,然后将剩下部分归结为群间不平等的贡献额;第二种思路为先求出群间不平等的贡献额,然后将剩下部分归结为群内不平等的贡献额;第三种思路为分别求出群内和群间不平等的贡献额,再加上一个可能的剩余项 R,其中群内不平等的贡献额为群内基尼系数的加权,群间不平等的贡献额就是以各子群算术平均数计算出的群间基尼系数,剩余项 R 是由于各子群之间可能的交叠而产生的。20 世纪 80 年代以来,第三种分解思路得到多数学者的认同,不少文献应用该分解思路进行实证分析。本文也采用这一分解思路,具体的分解公式如下:

$$G = \sum_{k=1}^{s} V_k \theta_k G_k + \frac{1}{2} \sum_{k=1}^{s} \sum_{l=1}^{s} V_k V_l \left| \frac{u_k}{u} - \frac{u_l}{u} \right| + R \qquad (5)$$

其中,第一项为群内不平等贡献额,第二项为群间不平等贡献额,第三项 R 为剩余项,可以理解为收入分层程度的高低。① 公式中各字母的含义分别为:G 为总的基尼系数,G_k 为第 k 子群的基尼系数,$V_k(V_l)$、θ_k 分别为第 k (l) 子群的人口比重和收入比重,u、$u_k(u_l)$ 分别为总体平均收入和第 k (l) 子群的平均收入,s 为子群的总个数。

本研究中,笔者将武陵山片区按照所属省份分为 4 个子群,分别为湖南武陵山片区、湖北武陵山片区、贵州武陵山片区和重庆武陵山片区,并以人均 GDP 代替人均收入。此外,本研究主要涉及武陵山片区 71 县市区 2000 - 2011 年的人口、人均 GDP 数据,所有数据均来自 2001 - 2012 年湖南省、湖北省、重庆市和贵州省四省份的统计年鉴。

---

① 对剩余项的含义经历了一个从不了解到相对了解的过程,Mookherjee and Shorrocks(1982)、Silber(1989)、Yitzhaki and Lerman(1991)、Lambert and Aronson(1993)等都对其含义进行过探讨。

三 经济增长的益贫性及时空差异分析

2000年以来,国家实施了西部大开发战略,同时,以《中国农村扶贫开发纲要(2000-2010)》为蓝本,推进了21世纪第一个十年的扶贫开发战略。武陵山片区作为典型的"老少边穷"地区,享受了上述战略带来的双重利好,经济社会取得了较快的发展。

(一)经济增长总体概况

2000-2011年,武陵山片区经济增长态势和全国及四省份的经济增长态势大体一致,平均增速高于全国,但略低于各自所属省份[①]。武陵山片区内部,重庆片区增长最快,贵州片区次之,湖南、湖北片区较低,4个片区的平均增速分别为20.22%、17.46%、15.74%和13.67%。与所属省份进行比较,只有重庆片区的平均增速高于重庆市的平均增速,其余3个片区增速均低于所属省份的平均增速。不过,2008年以来,各片区的增速加快,多数年份经济增速超过所在省份的平均增速。这表明,在过去的10余年中,武陵山片区虽然享受了相关战略带来的优惠,取得了较快的增长,但在各省份中的发展情况仍继续"塌陷"(除重庆片区外),直到最近才有所好转。此外,武陵山片区经济增长速度的波动幅度总体较大,经济增长较为脆弱,受外界的影响较大。

从经济发展的绝对水平来看,2000-2011年,武陵山片区与全国及四省份的差距在不断拉大。其中,武陵山片区人均GDP与全国平均水平的绝对差距由2000年的4983.74元扩大到2011年的20526.58元。在武陵山片区内部,湖南、湖北和重庆片区之间的差距在2000-2004年不断收敛,特别是2004年三者的人均GDP几乎趋同,2004年后,差距又呈不断扩大趋势,重庆片区的优势日益明显,2011年,分别比湖南片区、湖北片区和贵州片区高出3381.53元、4404.79元和7892.01元,其间,湖北片区则相对衰落,由2000年片区内人均GDP排名第一降至片区内排名第三,仅高于贵

[①] 本文计算的均为名义人均GDP增长速度。

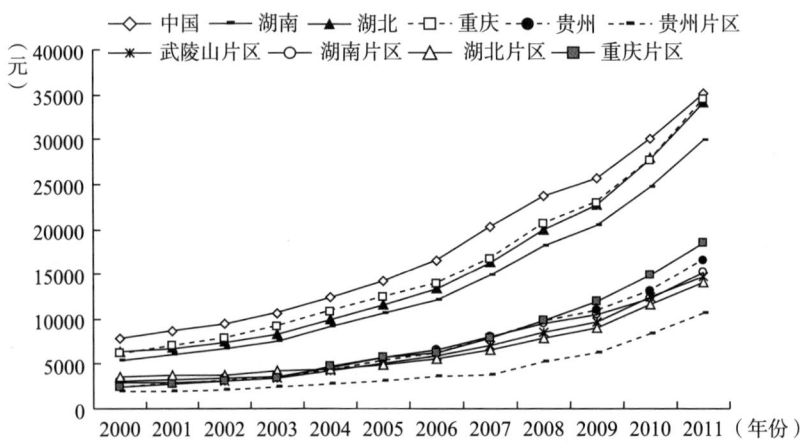

图 2 2000－2011 年武陵山片区人均 GDP 及与相关区域的对比

州片区。贵州片区的人均 GDP 一直为武陵山片区最低，2000－2007 年，与其他片区的差距不断扩大，2008 年后增速有所加快，差距扩大的趋势得到遏制。不过，从各片区与所在省份平均水平的差距比较来看，贵州片区人均 GDP 与贵州省平均水平的差距最小，2011 年，两者的差距为 5785.23 元，而重庆、湖南、湖北片区与各自省份平均水平的差距在 2011 年分别达到 15980.24 元、14741.77 元、20082.03 元，其中，湖北片区的差距最大。而且，四个片区与各省份平均水平的绝对差距仍在不断扩大。

综上可见，过去的十余年里，在西部大开发、扶贫开发战略等推动下，武陵山片区经济增长总体较快，但与全国及各自所属省份的平均水平比较绝对差距仍在扩大，同时，各分片区之间的相对差距也有明显的变化，重庆武陵山片区相对优势日益显著，湖北武陵山片区衰落相对严重。

（二）经济增长益贫性及其时空特征

为了进一步分析武陵山片区经济增长的特征及其内部差异，本章考察了 2000－2011 年片区整体、各分片区经济增长的益贫性（见图 3）以及片区整体 2000－2011 年各年经济增长的益贫性（见图 4）。

由图 3、图 4 不难发现，武陵山片区经济增长具有如下特征：①整体上具有益贫性，但在不同年份上存在明显的差异。2000－2011 年，武陵山片区经济相对落后的 40% 的县市区增长速度快于片区整体增长速度，特别是

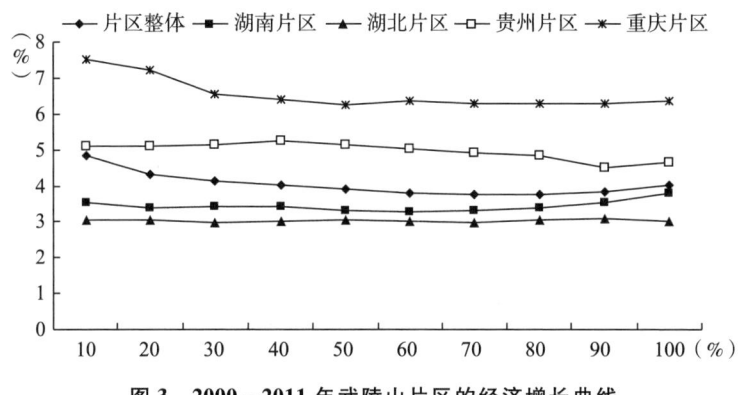

图3 2000—2011年武陵山片区的经济增长曲线

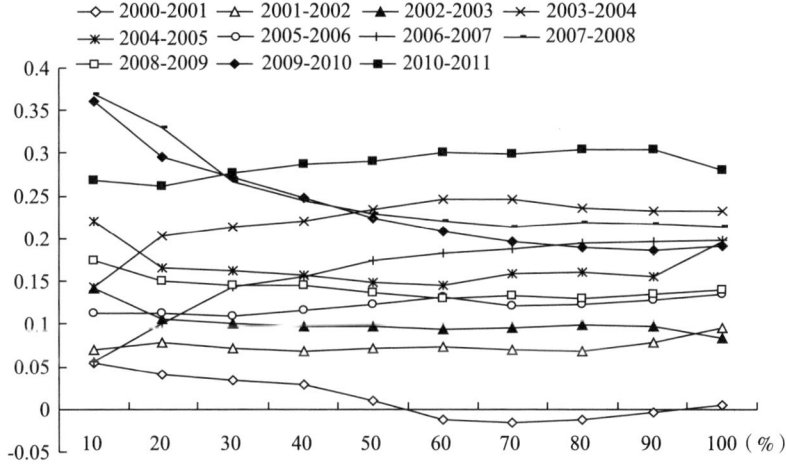

图4 2000—2011年武陵山片区各年份的贫困增长曲线

最为落后的10%的县市区,其平均增速高出片区整体水平约100个百分点。不过,处于中间水平的县市区经济增长速度相对较慢,相对发达的20%的县市区经济增长速度相对较快,使得贫困增长曲线在40%—100%的区段上呈对称的U形分布。而以1年为步长的各年度贫困增长曲线表明,武陵山片区的益贫性增长主要发生在西部大开发战略、扶贫攻坚战略实施的初期(2000—2001、2002—2003、2004—2005年)和末期(2007—2010年),并且初期经济增长的益贫性不稳定,总是出现益贫性与非益贫性相互更迭。其余年份则为涓滴式增长,不具备益贫性。与现有研究中中国经济益贫增长年份(2003—2005年)和西部县市区经济益贫增长年份(1996—2008

年）对比发现，武陵山片区经济增长具有自身的特殊性。②各分片区经济增长整体的益贫性、益贫增长年份以及益贫增长强度都存在明显的差异。整体益贫性方面，2000－2011 年，重庆片区和贵州片区经济增长大体符合减贫增长的条件，而且其经济增长速度也相对较快，在整个片区内分别列第一、二位；而湖南片区的贫困增长曲线略呈 U 形，但人均 GDP 排序较低的 $p\%$ 人口的平均 GDP 增长率 $g(u_p)$ 都小于当 $p\% =100\%$ 时的增长率 $g(u)$，符合涓滴式经济增长模式的条件 $g(u) > g(u_p) > 0$，即随着经济的增长，绝对贫困得到改善，但最贫困县市区的收入份额继续下降，片区内部的差距扩大；湖北片区的经济增长速度在整个片区内最低，而且贫困增长曲线几乎为直线，即不同十分位的人均 GDP 增速几乎相同，呈均衡增长的态势。益贫增长年份方面，各分片区益贫增长的年份和年数都存在差异（见表2）。没有 1 个年度所有分片区均为益贫增长，仅在 2003－2005 年同时有 3 个分片区实现了益贫增长。持续 3 年以上益贫增长的区域和年份也较少，仅有湖北片区在 2002－2006 年实现了持续 4 年的益贫增长，贵州片区在 2007－2010 年实现了持续 3 年的益贫增长。益贫增长年数方面，贵州片区最多为 6 年，其次是湖北片区益贫增长年份为 5 年，湖南片区和重庆片区经济益贫增长年份最少都为 4 年，仅占所考察时间的 36.37%。益贫增长强度方面，重庆片区虽只有 4 个年份的经济增长具有益贫性，但其益贫性增长曲线较陡峭，益贫效应十分明显，相反，其涓滴式增长曲线相对平缓，益富效应较弱，这使得重庆片区虽然经济益贫增长年份较少，但在 2000－2011 年经济增长总体上具有益贫特征。此外，湖北片区 2004－2005 和 2010－2011 年，贵州片区 2002－2003、2004－2005 和 2009－2010 年，以及湖南片区 2003－2004 年的益贫性增长曲线斜率较大，益贫效应明显；湖南片区 2004－2005 年和贵州片区 2007－2008 年的涓滴式增长曲线斜率较大，益富效应较强；其余年份贫困增长曲线则总体较为平缓，益贫、益富效应都相对较弱。

表2　武陵山片区 2000－2011 年经济增长益贫性的空间比较

区域	益贫性增长年份	涓滴式增长年份
湖南片区	2000－2001、2002－2004、2007－2008	2001－2002、2004－2007、2008－2011

续表

区域	益贫性增长年份	涓滴式增长年份
湖北片区	2002–2006、2010–2011	2000–2002、2006–2010
重庆片区	2003–2005、2008–2009、2010–2011	2000–2003、2005–2008、2009–2010
贵州片区	2001–2003、2004–2005、2007–2010	2003–2004、2005–2007、2010–2011
武陵山片区	2000–2001、2002–2003、2004–2005、2007–2010	2001–2002、2003–2004、2005–2007、2010–2011

（三）益贫性时空差异形成的原因

武陵山片区经济增长整体的益贫性与国家西部大开发战略和扶贫开发战略的实施密切相关，而战略实施初期对落后地区的直接投资项目、各类政策引致的预期效应以及战略实施末期实现预期目标的倒逼效应是武陵山片区益贫性增长年份集中在战略实施初期和末期的重要原因，其中，重庆片区、贵州片区经济增长的益贫性对整个片区经济增长的益贫性有直接贡献。各分片区经济增长益贫性的时空差异则是各分片区所处发展阶段、所属省份整体发展战略和政策等因素作用的结果。武陵山片区虽属同一自然区域和文化区域，但因行政区划分割，并没有形成紧密联系、分工协作的经济区域。各个分片区无论是在经济发展战略、发展思路还是具体的发展策略、政策方面都具有相对独立性。比如重庆市作为我国第四大直辖市，"大城市"和"大农村"兼具是其基本市情，因而城乡统筹改革与发展是其战略选择，在"成渝城市群""一体两翼"的整体空间布局下，以黔江区为中心的渝东南地区（覆盖重庆武陵山片区）作为"一体两翼"中的"一翼"被重庆市确定为加快发展的重要区域，在项目、政策上受到大力支持，同时，重庆片区 7 区县在行政级别上为平行关系，均由直辖市直管，"省直管县"财政模式激发了各县区经济发展活力，使重庆片区呈现比其他分片区更快的增长速度，并且在重庆市的强力支持和推动下，最为落后的县区增长更快，呈现高速和强益贫性的增长特征。贵州省是全国最落后的省份，贵州武陵山片区在省内经济发展中具有一定的潜力，在国家重点支持贵州经济社会发展的大背景下，起点低、基础薄弱的贵州片区得到不少的实惠，因而表现出较高的增长速度和较强的益贫效应。湖南、湖北省经济发展在全国属于中等靠后水平,长株潭城市群、武汉城市群仍是其增强省域竞争力和省域经济发展的重心,偏远的湖南武陵山片区、湖北武陵山片区的发展得到的实际支持有限,经济增长速度相对较低,并且由于这两个片区都存在具备一定集聚能力的地市级城市且处于集聚阶段的初期,对落后县市区的扶持不力以及要素相对集聚于区域中心城市共同导致了经济增长难以具备益贫性。①

四 空间差异及演变趋势分析

2000-2011年经济增长益贫性分析考察了武陵山片区经济增长空间分配的过程,但武陵山片区经济空间差异及演变趋势又如何呢?本部分应用基尼系数及其子群分解方法回答这一问题。在将各县市区的人均GDP按照由低到高的顺序排序后,我们应用基尼系数公式分别计算了2000-2011年武陵山片区以及湖南、湖北、重庆、贵州四个分片区的基尼系数,结果如图5所示。

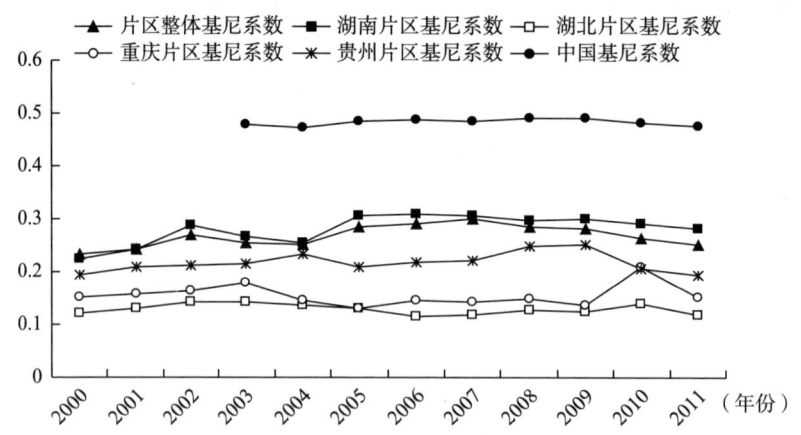

图5 2000-2011年武陵山片区及各分片区的基尼系数演变趋势

注:中国基尼系数来自2013年1月18日国家统计局公布的2003-2012年的居民收入基尼系数,而武陵山片区及各分片区的基尼系数是按照各县市区人均GDP加以计算的,故不能直接比较,在此,仅作为演变趋势的参考。

---

① 湖北片区表现出相对均衡的增长在于恩施市同吉首市一样是一个县级市,其要素集聚能力有限,因而恩施市和其他各县市区增长的差异并不明显,湖南片区则不同,除了吉首、冷水江、涟源、武冈等发展较好的县级市以外,还有怀化鹤城区、张家界永定区这些地级城市,它们的集聚能力都相对较强,与其他县市区经济增长差异明显。

(一) 空间差异及演变特征

由图 5 可知,武陵山片区及各分片区绝大多数年份的基尼系数低于 0.3,意味着片区内的区域差距不是十分突出。其中,湖南武陵山片区的区域差距最大,除 2000 年以外,所有年份基尼系数都最大,几乎为湖北片区和重庆片区基尼系数的 2 倍;① 片区整体的基尼系数略低于湖南武陵山片区,位列第二;贵州片区的基尼系数居中,重庆片区和湖北片区的基尼系数较低,所有年份在 0.1 - 0.2 之间,湖北片区的基尼系数一直最小,各县市区之间的发展更为均衡。从演变趋势看,片区整体和湖南武陵山片区基尼系数的走势几乎一致,呈不规则的"M"形,2000 - 2002 年,基尼系数较快上升,2002 - 2004 年,基尼系数短暂下降,2004 - 2007 年,基尼系数又开始反弹,2007 年以后,呈平缓下降趋势。其中,湖南武陵山片区基尼系数在 2006 年达到峰值,片区整体则滞后 1 年,在 2007 年达到峰值。这意味着,湖南武陵山片区和片区整体,在 2007 年以前处于极化增长阶段,2007 年以后,出现了相对均衡的增长。② 贵州片区的基尼系数则在 2000 - 2009 年几乎一直递增(2004 - 2005 年略有下降),2009 年以后,则出现了较快下降。贵州片区这种较长时期的极化增长可能与其经济增长起步更晚有一定的关系。重庆片区的基尼系数在 2000 - 2003 年略有上升,之后迅速下降并趋于平稳,2009 - 2011 年重新回到 0.15 以上。③ 湖北片区的基尼系数总体变动较小,2000 - 2006 年,略呈倒"U"形走势,2003 年是转折点,2006 - 2010 年,略呈上升趋势,2011 年开始回调。不过,由于其基尼系数绝对值很小,其波动的经济意义不明显。综上所述,武陵山片区内,湖南片区的区域差距最大,贵州片区次之,重庆片区第三,湖北片区最小,而且,片区整体、湖南片区、贵州片区基尼系数的演变趋势特征明显,均在 2007 年左右出现了"由升到降"的转变,与全国基尼系数的变化趋势大体

---

① 湖南武陵山片区的基尼系数最大可能与湖南武陵山片区覆盖的县市区最多有一定的关系,但县市区数量多不必然导致基尼系数更大,如武陵山片区整体的基尼系数低于湖南武陵山片区、重庆片区基尼系数高于湖北片区等。

② 不过,这是区域经济增长规律使然还是政策干预的结果需要进一步分析。然而,武陵山片区增长极化尚不突出的现实表明,出现均衡增长更可能是政策干预的结果。

③ 2010 年重庆片区基尼系数有一个较大的波动,这可能是数据统计口径不同导致的结果。

一致。

(二) 空间差异演变的影响因子及相对贡献

为了进一步考察武陵山片区空间差异形成的影响因子及其相对贡献，本文对其 2000 - 2011 年的基尼系数进行了子群分解，各分量之间的关系及演变趋势如图 6 所示。不难发现，在 2000 - 2011 年，各子群内部，即湖南、湖北、重庆、贵州片区内部的差距总体上是武陵山片区区域差距的主体，平均贡献率达到 44.3%；各子群之间，即 4 个分片区之间的差距对武陵山片区区域差距也有着重要贡献，平均贡献率为 36.94%；剩余项 R，即收入分层程度的贡献率为 18.83%。从各贡献分量的演变趋势来看，子群内部分量的贡献率总体上呈上升的趋势（2002 - 2004、2006 - 2007 年略有回调），2011 年达到最高值 48.14%；群间分量贡献率则呈 2000 - 2003 年下降、2003 - 2007 年上升、2007 - 2010 年下降、2010 - 2011 年上升的不规则"W"形，2007 年贡献率达到最高值 45.88%，2010 年达到最低值 28.43%；剩余项 R 的贡献率演变趋势与群间分量贡献率演变趋势大体相反，呈不规则的"M"形，2003 年达到最高值 25.88%，2007 年达到最低值 9.49%。

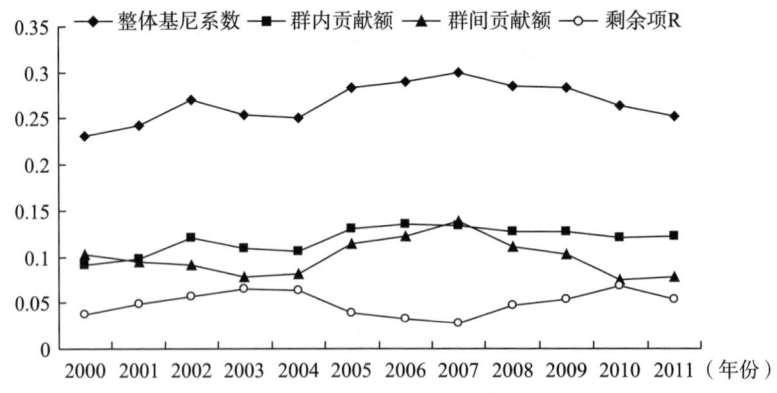

图 6　2000 - 2011 年武陵山片区基尼系数各贡献分量演变趋势

基尼系数是有效表征区域经济平衡性的重要指标，子群分解则进一步对区域不平衡的来源或影响因子进行了解释。区域经济平衡性测度是区域经济空间差异的抽象概括，而点、轴、网等空间元素是空间格局的具体表征。基尼系数子群分解表明，武陵山片区 4 个分片区内部的区域差距是片区整体区域差距的主要来源,并且这一因子的贡献越来越大。映射到具体的空间形态上表现为,在各个分片区内部少数中心城市如怀化市鹤城区、张家界市永定区、湘西州吉首市、娄底的冷水江市、铜仁市、恩施市、黔江区等由于发展基础、地理区位、行政资源等方面的相对优势而发展更快,处于与本片区内其他县市区拉大差距的极化增长阶段,在空间上呈现为各个分片区内部都有一个或多个相对隆起并逐渐增高的高地,即成长性区域增长极。各片区之间的差距是片区整体区域差距的第二大来源,这一差距在 2000—2003 年趋于缩小,2003—2007 年趋于扩大,2007—2010 年再度缩小,2011 年开始反弹,大体呈"W"形波动。类似地,这一片区间差距波动在空间上表现为 4 个分片区之间,特别是 4 分片区的主要增长极之间"你追我赶"的竞争态势。4 个分片区隶属于不同的省份,在行政分割和本位主义驱动下,4 个分片区的主要增长极之间竞争大于合作,都希望通过加快发展争当武陵山片区的中心和核心增长极,因而,主要区域性增长极之间的联系强度仍然有限,表现为相对孤立的点状发展。不过,4 个分片区的主要增长极之间的实力仍然相差不大,使得 4 个分片区在空间上表现出相对均衡,即片区间差距的贡献小于片区内部差距的贡献。可以预见,武陵山片区 4 分片区内差距扩大、4 分片区间差距起伏波动的空间差异演变趋势仍将持续一段时期。

五 经济增长益贫性对空间差异的影响

以县域人均 GDP 数据计算的贫困增长曲线动态地反映了武陵山片区经济增长的空间分配效应,而以县域人均 GDP 数据为基础的基尼系数揭示了武陵山片区经济的空间差异。那么,经济增长类型是如何影响经济空间差异的呢?

(一) 经济增长益贫性与空间差异的相关性

基于贫困增长曲线特征的经济增长类型有益贫性增长、涓滴式增长和贫困化增长三种。其中,益贫性增长情形下,经济增长更有利于穷人(贫困地区),贫困地区的经济增长速度更快,不仅绝对贫困下降,而且收入比重相对上升；涓滴式增长情形下，虽然绝对贫困也下降，但穷人（贫困地区）经济增长速度慢于富人（相对发达区域），穷人收入比重相对下降；贫困化增长情形下，经济增长反而使穷人（贫困地区）绝对贫困加深、收入比重下降。因而，由此容易推断益贫性增长有利于缩小区域差距，降低基尼系数，而涓滴式增长和贫困化增长都将加剧区域差距，增大基尼系数。不过，对特定区域特定年份而言，基尼系数最终上升还是下降还与经济增长类型的强度（贫困增长曲线的斜率）有关。

表3 武陵山片区经济增长类型与基尼系数演变趋势对比

年份	武陵山片区		湖南片区		湖北片区		重庆片区		贵州片区	
	增长类型	Gini趋势	增长类型	Gini趋势	增长类型	Gini趋势	增长类型	Gini趋势	增长类型	Gini趋势
2000-2001	益	上	益	上	涓	上	涓	上	涓	上
2001-2002	涓	上	涓	上	涓	上	涓	上	益	上
2002-2003	益	下	益	下	益	上	涓	上	益	下
2003-2004	涓	下	益	下	益	下	益	下	涓	下
2004-2005	益	上	益	上	益	上	涓	上	益	上
2005-2006	涓	上	涓	上	益	下	涓	上	涓	上
2006-2007	涓	上	涓	上	涓	上	涓	上	涓	上
2007-2008	益	下	益	下	涓	上	涓	上	益	下
2008-2009	益	下	涓	上	涓	下	涓	下	益	下
2009-2010	益	下	涓	下	涓	上	涓	下	益	下
2010-2011	涓	下	涓	下	益	下	涓	下	涓	下
匹配率	63.64%		63.64%		81.82%		90.91%		63.64%	

注："益"代表益贫性增长，"涓"代表涓滴式增长；"上"代表基尼系数上升，"下"代表基尼系数下降；匹配率指"益-下"、"涓-上"的年份数占总年份数的百分比。

表3归纳了武陵山片区及4个分片区2000-2011年各年经济增长的类型及基尼系数演变趋势。将经济增长类型与基尼系数演变趋势相一致（"益贫性增长-基尼系数下降"、"涓滴式/贫困化增长-基尼系数上升"）的年份数占总年份数的百分比定义为匹配率。不难发现，武陵山片区经济增长益贫与否与基尼系数的下降或上升有较高的相关度，匹配率达到63.64%。4个分片区中，重庆片区和湖北片区的匹配率最高，分别达到90.91%和

81.82%,而贵州片区和湖南片区相对较低,匹配率均为63.64%。而单从益贫性增长对基尼系数的降低效应来看,武陵山片区的6个益贫性增长年份中,有4个年份同时伴随基尼系数下降,即益贫性增长使基尼系数下降(或区域差距收敛)的概率是67.67%。而这一概率在湖南、湖北、重庆和贵州4个分片区中分别为75%、80%、100%和67.67%。上述两类百分比的差异表明,在武陵山片区益贫性增长曲线的斜率总体相对大于涓滴式/贫困化增长曲线的斜率,不过,除重庆片区以外,其他分片区还存在益贫效应不足以降低基尼系数、缩小区域差距的年份。

(二)经济增长益贫性的空间差异影响路径

虽然"贫困(Poverty)-经济增长(Growth)-收入不平等(Inequality)"三角理论(PGI Triangle)较早地关注了经济增长在不同收入阶层的分配效应,但对经济增长的空间分配效应鲜有阐述。前文的实证研究发现经济增长益贫性与空间差异演变高度相关,那么经济增长是如何影响空间差异的呢?

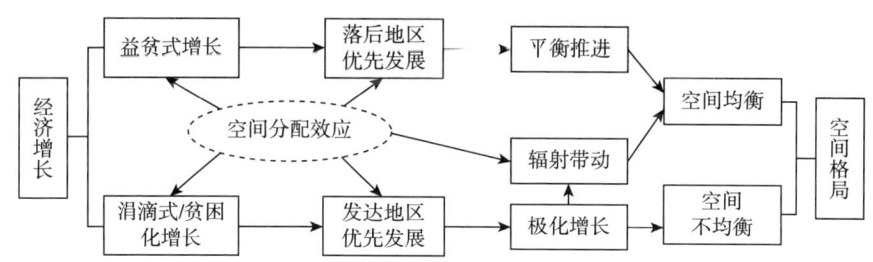

图7 经济增长的空间差异影响路径

图7对经济增长益贫性的空间差异影响路径进行了归纳。依据贫困增长曲线可以将经济增长划分为减贫增长(益贫式增长)、涓滴式增长和贫困化增长三种类型,而空间差异根据基尼系数也大致分为相对均衡和不均衡两种状态。于是,经济增长对空间差异的影响路径为:①益贫式增长-落后地区优先发展-平衡推进-基尼系数下降-空间相对均衡,这一路径属于均衡发展战略,强调每一发展阶段空间上的相对均衡,需要强有力的外部援助和政策支持;②涓滴式/贫困化增长-发达地区优先发展-极化增长-基尼系数上升-空间不均衡,相对前一路径而言,该路径属于非均衡增长

战略，强调要素的自由流动，遵循经济发展自身规律，不过，这一路径通常使区域差距扩大，空间不平衡问题突出；③涓滴式/贫困化增长－发达地区优先发展－极化增长－辐射带动－空间均衡。在路径2和路径3中，虽然涓滴式增长和贫困化增长都将导致区域差距进一步扩大，但两者的影响程度不同，贫困化增长带来的空间差异大于涓滴式增长。而路径3和路径2的区别在于，路径3在极化增长达到一定程度后，积极创造增长极辐射带动周边区域的条件，如建设交通轴线、给予优惠支持等，促进增长极带动周边区域发展，从而降低基尼系数，使空间格局由不均衡趋向相对均衡。显然，上述三条路径揭示了经济增长空间分配效应方向的差异对空间差异的影响，而空间分配效应强度则取决于贫困增长曲线的斜率，它同样对空间差异的演变有重要影响。

六 结论与建议

应用贫困增长曲线和基尼系数子群分解法，本章考察了连片特困区的典型代表——武陵山片区2000－2011年经济增长的益贫性特征、经济空间差异及演变趋势、片区内经济增长益贫性的空间差异以及经济增长益贫性对空间差异的影响，得到如下重要结论。

（1）2000－2011年，武陵山片区经济增长速度虽高于全国平均水平，但各分片区（除重庆片区外）的增速均低于所在省份的平均增速，且人均GDP水平与全国、四省份平均水平的绝对差距呈不断扩大的趋势，片区内部4分片区的差距也逐渐拉大。

（2）2000－2011年，武陵山片区经济增长总体上是益贫的，但在时空上存在一定的差异。空间上，片区内4个分片区中，重庆片区和贵州片区的益贫性最为明显，而湖南片区、湖北片区经济增长不具备益贫性，前者呈涓滴式增长特征，后者则为均衡增长①；时间上，经济益贫增长的年份出现在西部大开发战略、扶贫攻坚战略实施的初期（2000－2001、2002－2003、

---

① 均衡增长是处于"减贫增长"和"涓滴增长"之间的一种特殊类型，即绝对贫困虽然有所减缓，但贫困人口的收入份额不变，贫困增长曲线为平坦的直线。

2004 – 2005 年）和末期（2007 – 2010 年），共有 6 个年份出现了益贫性增长。片区内 4 分片区的益贫性增长年份不一致，益贫性增长年份数不同，益贫性增长曲线的斜率存在明显差异。

（3）2000 – 2011 年，武陵山片区内部区域经济差距总体上经历了先扩大后缩小的演变趋势，且各分片区的差异明显。4 个分片区中，湖南片区的区域差距最大，大于片区整体的区域差距；贵州片区的区域差距居中；重庆片区和湖北片区的区域差距最小，各年份基尼系数约为湖南片区的1/2。从区域差距的结构来看，各分片区内部的区域差距是武陵山片区区域差距的主要来源（平均贡献度为 44.3%），而且，这一差距的贡献总体上呈上升趋势，各分片区之间的差距是片区整体区域差距的第二来源（平均贡献度为 36.94%），其贡献程度的演变轨迹呈不规则的"W"形，剩余项 R，即收入分层程度的贡献率（平均贡献度为 18.83%）演变轨迹则大体呈不规则的"M"形。

（4）武陵山片区经济增长的益贫性特征对经济空间差异有着重要的影响。经济益贫性增长年份伴随着基尼系数下降、区域差距缩小的概率在片区整体、湖南片区、湖北片区、重庆片区和贵州片区分别为 67.67%、75%、80%、100% 和 67.67%。而益贫性增长曲线斜率不够大（益贫效应不够强）是影响其降低基尼系数的主要障碍。

上述结论表明，加快武陵山片区经济发展，推动连片特困区发展与扶贫攻坚"先行先试"任重道远。鉴于上述结论，本章对武陵山片区的发展提出如下建议。

（1）对武陵山片区整体而言，应充分利用第二轮西部大开发和连片特困区区域发展与扶贫攻坚的两大战略机遇期，增强区域经济发展的益贫性，优化区域空间格局，为未来的可持续发展、协同发展奠定坚实的基础。特别地，在借助外力提升经济增长益贫性的同时，要注重培育经济益贫增长的内生动力和能力，即通过极化增长形成多个区域性核心增长极，然后通过交通轴线连通、一体化建设等创造辐射带动条件，实现内生型益贫增长。在空间格局优化方面，一是要遵循经济增长本身对空间格局的影响，二是要前瞻性地进行空间形态创新，如优化区域性增长极空间布局、加快各增长极之间的廊道和网络建设，推进跨增长极的产业链开发等。

（2）对武陵山片区内部不同的分片区而言，它们应依据自身的差异明确近期工作重点。比如湖南片区内部区域差距最大、经济增长整体不具备益贫性，这可能与湖南片区处于极化增长阶段相关，因而应在继续推进区域性增长极快速发展的同时，积极创造增长极辐射带动周边区域发展的条件，并适当地借助外力扶持最落后的县市区，提升经济增长的益贫性。湖北片区增长相对缓慢、各县市区均衡增长且区域差距不大，不过，这是一种低水平的均衡态势，亟须打破，故强化恩施市等区域性增长极的加快发展是湖北片区当前的首要任务。重庆片区经济增长益贫性最强、速度最快且区域差距也相对较小，在武陵山片区中一枝独秀。除了保持这一趋势以外，重庆片区还应继续强化黔江区的核心增长极地位以及黔江区与其他县区之间的分工合作关系。贵州片区经济增长速度较快、益贫性较强、区域差距较大且整体水平最低，因而继续加快铜仁市等核心增长极的发展，提升片区整体发展水平应成为近期的工作重点。

可以预见，在"武陵山片区区域发展与扶贫攻坚"战略的推动下，若片区整体及4分片区采取上述建议，武陵山片区未来经济增长的益贫性将进一步增强，空间差异也将在各分片区、各县市区"你追我赶"的竞争中由波动趋向于收敛。

第二篇

连片特困区新型城镇化进程、路径与趋势

第四章 中国连片特困区城镇化进程、趋势与发展思路

新型城镇化是党的十八大以来国家重点推进的一项重大民生工程。2014年3月发布的《国家新型城镇化规划（2014－2020年）》指出，"积极稳妥扎实有序推进城镇化，对全面建成小康社会、加快社会主义现代化建设进程、实现中华民族伟大复兴的中国梦，具有重大现实意义和深远历史意义"。2014年9月，李克强总理在推进新型城镇化建设试点工作座谈会中进一步指出，"我国各地情况差别较大、发展不平衡，推进新型城镇化要因地制宜、分类实施、试点先行"。连片特困区是我国贫困程度最严重的地区、生态脆弱的山区、省际交界的边缘区、民族聚居区，城镇化发展滞后，既是我国新阶段扶贫攻坚的主战场，也是城镇化工作的难点地区，特殊的自然社会经济特征使得连片特困区的城镇化难以按平原地区、发达地区的同一模式推进。然而，连片特困区的城镇化是加快连片特困区发展不可逾越的阶段，是国家城镇化发展战略的重要组成部分，是国家实施片区扶贫攻坚战略的重要抓手，也是实现连片特困区与全国同步建成小康社会的关键所在。因而，研究连片特困区城镇化进程、趋势与特征，探索连片特困区新型城镇化发展道路，对于实现党的十八大提出的"生产空间集约高效、生活空间宜居适度、生态空间山清水秀"的目标以及推进连片特困区脱贫致富、可持续发展，具有重要的现实意义。

一 中国连片特困区城镇化进程

连片特困区在我国城镇化战略空间布局中处于"两横三纵"格局的外

围区域,不仅远离未来重点发展的20个城市群,而且分布在各省际交界地区,与各省会城市、省域次增长极城市距离较远,城镇数量少、分布密度低,城镇规模小、带动能力弱,集聚能力不强、缺乏内生动力,中心城市发展缓慢且片区间差异较大。

(一) 设市城市数量少,城镇化进程缓慢

1. 城市数量少,分布密度低

设市城市数量是反映一个地区城镇化发展潜力的重要指标。设市城市数量少、分布密度低表明一个地方城镇化滞后且发展潜力相对有限。11个连片特困区辖545个县市区,设市城市(含县级市)只有112个,其中中心城市39个,地级以上城市28个①。有10个及以上设市城市的连片特困区为6个,分别为秦巴山片区、六盘山片区、大别山片区、滇桂黔石漠化片区、武陵山片区和乌蒙山片区,其余5个片区设市城市个数低于10个,吕梁山片区和燕山-太行山片区尚没有地级或县级区域性中心城市。

从城市密度来看,11个连片特困区共占土地面积150.08万平方公里,城市密度为每万平方公里0.75个,略高于全国0.69个/万平方公里的平均水平。不过,若不考虑西藏、新疆、内蒙古、青海等几个地广人稀的省份,则平均城市密度将达到1.27个/万平方公里,而连片特困区的城市密度将大大低于这一水平。各连片特困区之间的城市密度也存在较大差异。其中,大别山片区、罗霄山片区、吕梁山片区、乌蒙山片区、六盘山片区和秦巴山片区等6个片区的城市密度都接近或达到0.9个/万平方公里以上,特别是大别山片区和罗霄山片区,城市密度接近1.8个/万平方公里。大兴安岭南麓片区、滇桂黔石漠化片区、滇西边境片区、武陵山片区和燕山-太行山片区的城市密度则很低,分别为0.35、0.53、0.38、0.64和0.65个/万平方公里。

可见,连片特困区总体上城市数量少,城市密度低。

---

① 其中,毕节市、铜仁市在2011年由县级市升格为地级市。

表1 连片特困区城市数量及城市密度概况

片区	中心城市（省份）	土地面积（万平方公里）	中心城市数（个）	设市城市数（个）	县市区总数（个）	城市密度（个/万平方公里）
大别山片区	六安（安徽）、信阳（河南）、麻城、黄冈（湖北）	6.7	4	12	36	1.79
大兴安岭南麓片区	乌兰浩特市（内蒙古）、白城（吉林）	14.5	2	5	22	0.35
滇桂黔石漠化片区	百色、河池（广西）；六盘水、安顺、凯里（贵州）；文山（云南）	22.8	6	12	91	0.53
滇西边境片区	保山、丽江、普洱、临沧、楚雄、大理、芒市（云南）	20.9	7	8	61	0.38
六盘山片区	天水、白银、平凉、庆阳、定西、临夏（甘肃）；海东（青海）；固原（宁夏）	16.6	8	15	69	0.90
罗霄山片区	赣州（江西）	5.3	1	9	24	1.7
吕梁山片区	—	3.6	—	4	20	1.11
秦巴山片区	十堰（湖北）；巴中（四川）；汉中（陕西）	22.5	3	20	80	0.89
乌蒙山片区	毕节（贵州）；昭通（云南）	10.7	2	10	38	0.93
武陵山片区	怀化、张家界、吉首（湖南）；恩施（湖北）；黔江（重庆）；铜仁（贵州）	17.18	6	11	71	0.64
燕山-太行山片区	—	9.3	—	6	33	0.65
合计/平均	—	150.08	39	112	545	0.75

资料来源：11个连片特困区的《区域发展与扶贫攻坚规划（2011-2020）》。

2. 远离"中心"，城镇化进程缓慢

通过查阅距离各省区中心城市（如省会）的公路里程数发现，11个连片特困区中心城市大多数远离省会等中心城市，处于省级行政区的边缘地带。39个中心城市中，仅有安顺市、海东市等5个城市距省会城市的公路里程数在100公里以内，麻城、凯里市距各省会城市的公路里程数在100公里左右，六盘水、毕节、汉中市等3市约为200公里,其他中心城市与所在省会城市的公路里程数都在300公里以上,部分城市甚至超过了500公里,如湖北恩施市距离武汉市约640公里,贵州铜仁市距离贵阳市约550公里。这些中心城市远离各省区中心,不仅体现在实际距离上,更体现在"时间距离"上。由于各连片特困区多为山区,交通基础设施建设滞后,航班、高铁、高速公路等高等级交通运输方式不仅量少,而且实际运行速度也受到限制,这使得在同样地理距离下所花费的通勤时间更长,即"时间距离"更大。

由于远离"中心",连片特困区的城镇化进程十分缓慢。图1显示了连片特困区2004－2014年城镇化的演进轨迹。不难发现,连片特困区城镇化进程有两个重要特征,一是水平低,直到2014年,城镇化率仍低于30%,为29.39%,才快达到快速城镇化阶段的临界线。二是进程缓慢。虽然连片特困区城镇化率有所上升,但进程十分缓慢,年均增长约1个百分点,慢于全国1.19个百分点的年均增速,因而城镇化率差距呈不断扩大趋势,2014年两者的差距达到25.5个百分点。差距扩大的过程大体可以分为三个阶段,一是2004－2005年,短暂差距缩小阶段;二是2005－2009年,差距快速拉大阶段,5年间差距扩大了约2个百分点;三是2009－2014年,差距缓慢扩大阶段,这一阶段虽然差距扩张速度下降了,但仍在缓慢扩大。

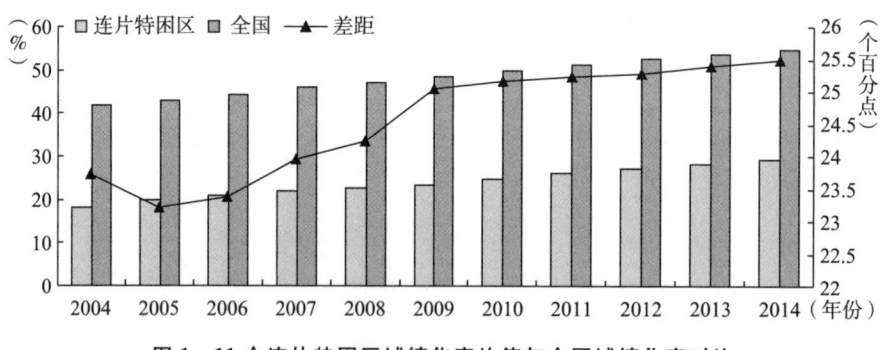

图1 11个连片特困区城镇化率均值与全国城镇化率对比

(二)城镇规模普遍较小,中心城市带动能力弱

连片特困区城镇规模总体偏小,城镇化带动能力不足。这可以从片区中心城市人口规模、建成区面积及其占比、市区GDP规模及其占比、市区人均GDP规模及与全市人均GDP之比等指标加以佐证。

1. 城镇人口规模小

2014年国务院印发的《关于调整城市规模划分标准的通知》确定了"五类七档"的新城市规模划分标准。新标准规定城区常住人口规模50万以下的为小城市,其中20万-50万为Ⅰ型小城市,20万以下的为Ⅱ型小城市;城区常住人口在50万-100万之间的为中等城市。与此标准对比,11个连片特困区的39个中心城市大多为Ⅰ型小城市,只有少数城市城区常住人口规模超过50万,进入中等城市行列,如六安、怀化、赣州等,极个别城市如信阳市等正在迈入Ⅱ型大城市(100万-300万)行列。112个设市城市中的其余73个城市及其他县城均为Ⅱ型小城市。

2. 建成区面积不大,占比总体较低

从建成区面积来看,连片特困区地级中心城市建成区面积平均值为41.67平方公里,县级中心城市则更低,仅为29.18平方公里,而全国地级及以上城市的建成区面积平均值为123.30平方公里。可见,片区中心城市

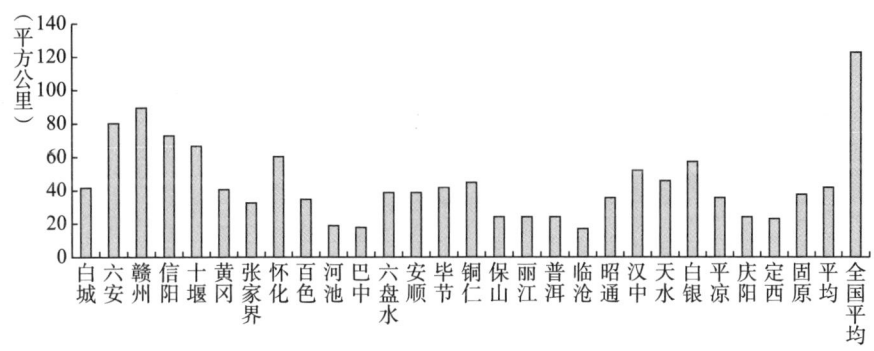

图2 2012年连片特困区地级中心城市建成区面积对比

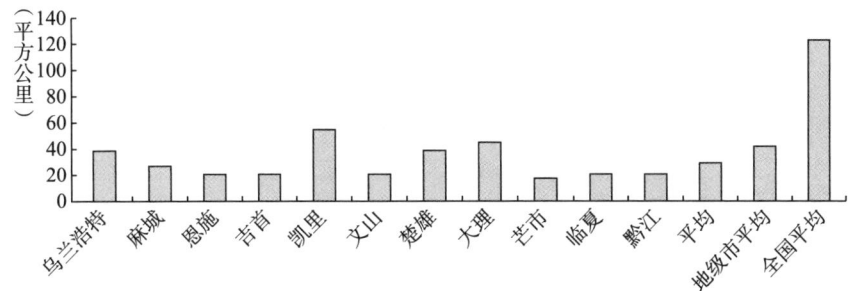

图3 2012年连片特困区县级中心城市建成区面积对比

的建成区面积均值仅为全国地级及以上城市建成区面积均值的 1/4～1/3。片区中，建成区面积较大的分别是六安市、赣州市、信阳市、十堰市和怀化市，超过了 60 平方公里；较小的则为河池、巴中、临沧、芒市，建成区面积不到 20 平方公里。

从建成区面积占比来看，连片特困区中心城市建成区面积占区域总面积的比重明显偏低。其中，地级中心城市建成区面积占比均值为 3.21%，县级中心城市建成区面积占比均值为 3.32%，均与全国地级及以上城市建成区面积占比均值 5.50% 存在较大差距。不过，片区中也有少数城市建成区面积占比较高，甚至远高于全国地级及以上城市的平均水平，如六安市、赣州市、黄冈市、怀化市、六盘水市和临夏市，其中，临夏市高达 22.47%，赣州市也达到 15.24%，当然这与两市总面积较小有关，如临夏市辖区面积仅为 89 平方公里，赣州市辖区面积为 479 平方公里。其他 33 个中心城市（占比 85%）的建成区面积占比则都低于全国地级及以上城市的

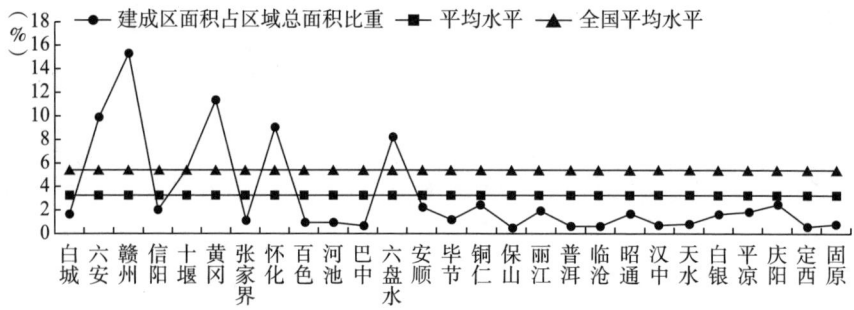

图 4　2012 年连片特困区地级中心城市建成区面积占比对比

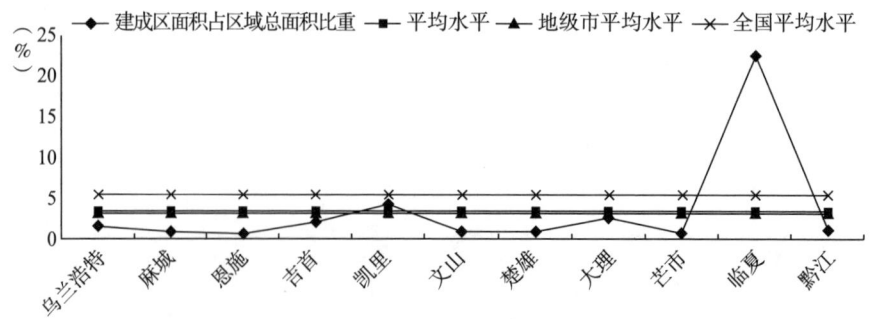

图 5　2012 年连片特困区县级中心城市建成区面积占比对比

平均水平，并且差距较大。百色、河池、巴中、保山、普洱、临沧、定西、麻城、恩施、芒市等都低于1%，有的仅为0.5%左右。

3. 市区 GDP 规模偏小，带动能力不强

GDP 规模是反映城市规模的一个重要经济指标，GDP 规模越大，表明该城市经济越活跃，与周边区域的经济联系和带动作用就更强。连片特困区中心城市市区经济规模总体较小，与全国地级及以上城市市区的平均 GDP 规模差距非常大。比如 2012 年，连片特困区的 27 个地级中心城市市区 GDP 均值仅为 179.86 亿元，而全国地级及以上城市市区 GDP 平均规模为 1132.81 亿元，前者仅为后者的 15.88%。其中，规模最大的地级中心城市是十堰市，其次是信阳市、赣州市、白银市、六盘水市和六安市，市区 GDP 分别为 576.68 亿、354.25 亿、336.85 亿、285.7 亿、256.76 亿和 247.3 亿元，可见，规模最大的十堰市市区 GDP 也仅为全国地级及以上城市市区 GDP 平均规模的一半左右。而规模最小的临沧市、定西市，其市区 GDP 总量仅为 55.84 亿和 46.41 亿元。

市区 GDP 占全市 GDP 的比重可以进一步表明城市的相对经济规模，也可以反映经济的集聚程度。图 6 中的曲线表明，连片特困区市区 GDP 占全市 GDP 的比重也明显低于全国地级及以上城市市区 GDP 的平均占比水平，前者为 0.31，后者为 0.57，即相差约一半。不过，与所有地级中心城市市区 GDP 总量均低于全国平均不同，个别地级中心城市的市区 GDP 占比高于全国平均，如十堰市、天水市和白银市，占比达到 0.6、0.6 和 0.65。占比非常低的有黄冈市、河池市和临沧市，三者分别为 0.12、0.17 和 0.16，远远低于全国平均水平。这意味着，连片特困区中心城市 GDP 总体规模和相对规模总体偏小，但不同片区之间也存在较大差异。如秦巴山、六盘山片区中心城市的相对经济规模明显高于滇桂黔、滇西和大别山片区中心城市的相对经济规模。

从市区人均 GDP 及其与全市人均 GDP 的比值来看，连片特困区地级中心城市的人均 GDP 及其与全市人均 GDP 的比值均低于全国平均水平，且前者的差距要大得多。以 2012 年为例，连片特困区 27 个地级中心城市市区人均 GDP 为 29327 元，全国地级及以上城市市区人均 GDP 则为 81200 元，两者相差 51873 元。市区人均 GDP 较高的十堰市、白银市与全国平均水平的

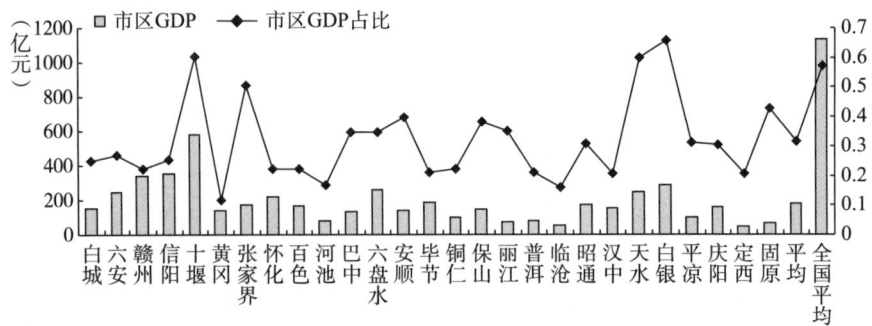

图6 2012年连片特困区地级中心城市市区GDP及其占全市比重对比

差距也达到7903元和23167元。而市区人均GDP最低的六安市、巴中市和定西市分别为13311元、12997元和10981元，更是远远低于全国地级及以上城市的平均水平。市区与全市人均GDP比值的差距则要小得多，连片特困区27个地级中心城市的均值是1.59，全国地级及以上城市的均值为1.8。虽然两者差距不大，但连片特困区是低水平的相对均衡，即市区的人均GDP水平不高且与非市区人均GDP的差距也不大。显然这不是理想的城乡、区域协调状态，地级中心城市市区的带动效应太弱。而且，不难发现连片特困区中，市区人均GDP水平较高的城市，其市区人均GDP与全市人均GDP的比值也较高，如十堰市、白银市市区人均GDP水平较高，其市区与全市人均GDP比达到2.58和2.3。这进一步表明，连片特困区地级中心城市市区与非市区人均GDP之比尚处于"倒U形"曲线的左端，处于极化阶段，且大多数城市的极化效应还很弱。

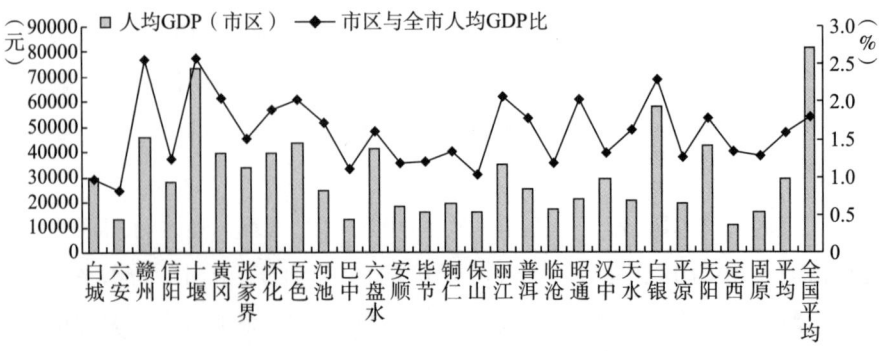

图7 2012年连片特困区地级中心城市市区人均GDP及其与全市人均GDP之比对比

（三）城镇化集聚能力不强，缺乏内生动力

连片特困区城市数量少、规模小的原因在于城市的要素集聚能力不强，产业结构不合理，特别是二三产业欠发达，使得城市缺乏发展的内生集聚动力。

1. 人口密度不高，劳动要素集聚能力不强

人既是生产者，也是消费者，因而是经济活动中最重要的要素，人口密度一方面揭示了市场潜力，另一方面也能反映特定区域的劳动力要素集聚水平。连片特困区39个中心城市的人口密度明显低于全国地级及以上城市区域的人口密度。比如2012年全国地级及以上城市区域的平均人口密度为662人/平方公里，而连片特困区中27个地级中心城市的人口密度为每平方公里371人，县级中心城市平均人口密度为451人/平方公里①。11个连片特困区中，除六安、赣州、黄冈、六盘水和临夏等5市外，其余34个中心城市的人口密度都低于全国地级及以上城市的平均人口密度。其中，低于每平方公里200人的中心城市有百色、张家界、河池、保山、丽江、普洱、临沧、汉中、白银、定西、固原、乌兰浩特、文山、楚雄、芒市等15市，占全部中心城市的38.5%，人口密度最低的普洱市，人口密度仅为54人/平方公里。可见，除了六安、赣州、黄冈、六盘水和临夏市等少数中心城市的劳动力集聚能力较强外，连片特困区中大多数中心城市的劳动力要素集聚能力太弱。

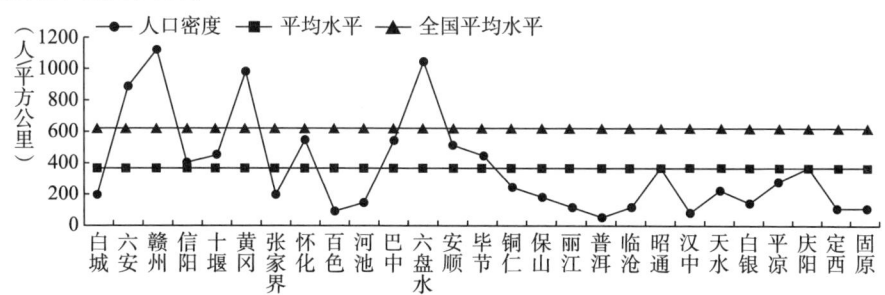

图8　2012年连片特困区地级中心城市人口密度对比

---

① 导致县级中心城市人口密度高于地级中心城市人口密度的原因是，在11个县级中心城市中，临夏市市区面积很小（只有89平方公里）、人口密度高达2696人/平方公里。不包含该县级中心，则城市人口密度降为226人/平方公里。

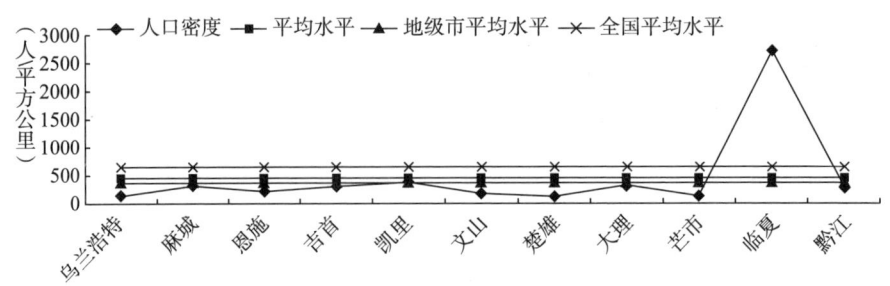

图 9　2012 年连片特困区县级中心城市人口密度对比

2. 贷存比偏低，资金集聚能力弱

资金是又一重要的生产要素，而人均贷款余额、总贷款余额与总存款余额之比（简称"贷存比"）是反映一个地区资金要素集聚能力的重要指标。由图 10 不难发现，连片特困区 27 个地级中心城市的人均贷款余额均值及贷存比均值都低于全国地级及以上城市的平均值，而且前者的差距非常大。以 2012 年为例，连片特困区 27 个地级中心城市的人均贷款余额平均值为 26446.02 元，而全国地级及以上城市的平均值高达 114259.8 元，后者是前者的 4 倍多。连片特困区中不同地级中心城市的人均贷款余额也存在明显的差异，丽江、赣州、怀化、六盘水、普洱、十堰等 6 市的人均贷款余额较高，均高于 60000 元，特别是丽江市人均贷款余额达到 143543.5 元，高于全国地级及以上城市的平均值。而巴中、毕节、保山、固原等市的人均贷款余额都在 20000 元以下，特别是巴中市和毕节市，仅有 6499 元和 9533 元。

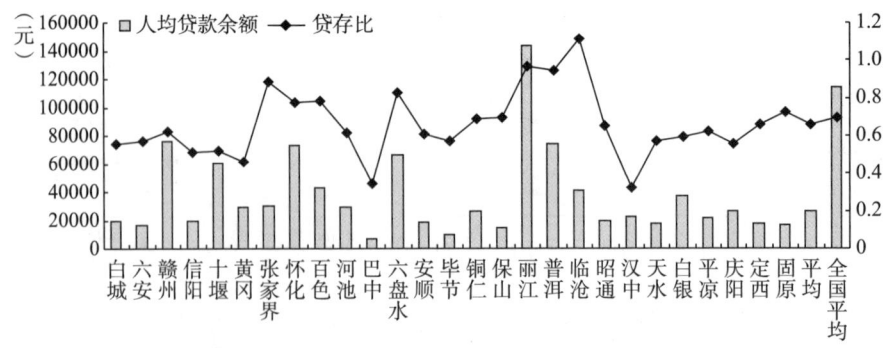

图 10　2012 年连片特困区地级中心城市人均贷款余额及贷存比对比

贷存比反映了本地资金在本地使用的情况，若贷存比大于 1 意味着资金净流入，是资金的集聚地，若贷存比小于 1 则表明资金净流出。图 10 显示，全国地级及以上城市的贷存比均值为 0.70①，连片特困区 27 个地级中心城市的贷存比均值为 0.66，后者仍低于前者。这表明虽然都是资金净流出，但后者更严重，或者说连片特困区的中心城市总体上存在较严重的资金外流，"劫贫济富"效应仍然非常突出。连片特困区各地级中心城市中，临沧市是唯一的资金净流入地，但其人均贷款余额非常低，显然是一种"帮扶"下的资金输入，丽江、普洱、张家界、六盘水、百色等 5 市的贷存比值也相对较高，这与上述城市旅游业或工业快速发展有一定关系。可见，资金集聚需要有产业载体，而当前连片特困区产业发展滞后，使得资金无"用武之地"，反过来，没有资金的支持，连片特困区的产业更难发展，这种恶性循环仍制约着大多数连片特困区中心城市的发展。

3. 二三产业发展滞后，内生发展动力不足

劳动力、资金是产业发展的重要因素，只有足够的要素集聚才能支撑产业的发展，同时，产业又是劳动力、资金等要素集聚的载体，没有吸纳劳动力和资金的二三产业，便是"皮之不存，毛将焉附"。图 11、12 分别显示了连片特困区地级中心城市和县级中心城市的产业结构概况。总体而言，县级中心城市二三产业占比均值略低于地级中心城市均值，二者都低于全国地级及以上城市的均值，县中心城市、地级中心城市、全国地级及以上城市二三产业占比均值分别为 87.16%、88.06% 和 97.19%，即连片特困区中心城市二三产业占比均值比全国地级及以上城市均值低约 10 个百分点，其中，第二产业占比低 5 - 6 个百分点，第三产业占比则低 4 - 5 个百分点。

连片特困区各中心城市的产业发展状况也存在明显差异。赣州、十堰、六盘水、怀化、丽江、白银等市的产业基础相对较好，不仅经济总量较大，而且二三产业占比达到 94% 以上，超过或接近全国地级及以上城市二三产业占比的平均水平。这类中心城市已经具备一定的内生发展动力和自我发展能力。然而，巴中、保山、六安、临沧、定西、麻城、芒市等中心城市

---

① 全国地级及以上城市的贷存比均值小于 1，意味着我国大多数地级城市也是资金净流出地，这与当前我国省会等大城市、特大城市具有很强的资金集聚能力有关。比如湖南省各地级市的资金仍主要流向省会城市长沙市，甚至长株潭地区的株洲市、湘潭市也不例外。

不仅经济规模小而且二三产业占比低于80%，与全国地级及以上城市均值相差约20个百分点。这类中心城市缺乏足够的内生发展动力，难以自我持续发展。此外，连片特困区39个中心城市中有21个已呈现"三二一"的产业结构虚高状态，占比54%，这种"未工业化就进入后工业化"的畸形发展路径和畸形产业结构也影响了片区的内生发展动力和自我发展能力。

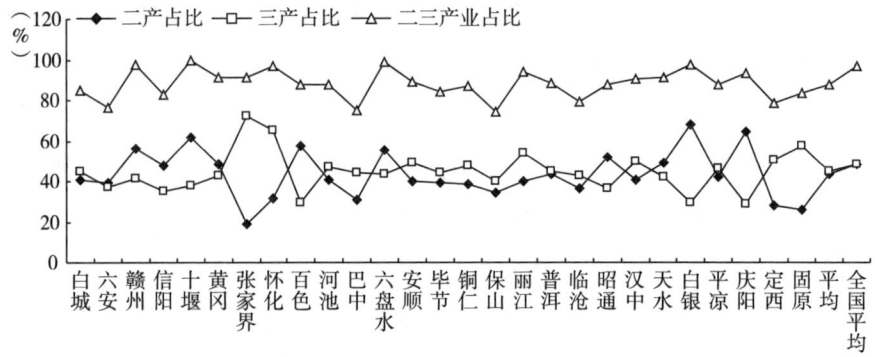

图11 2012年连片特困区地级中心城市二三产业占比对比

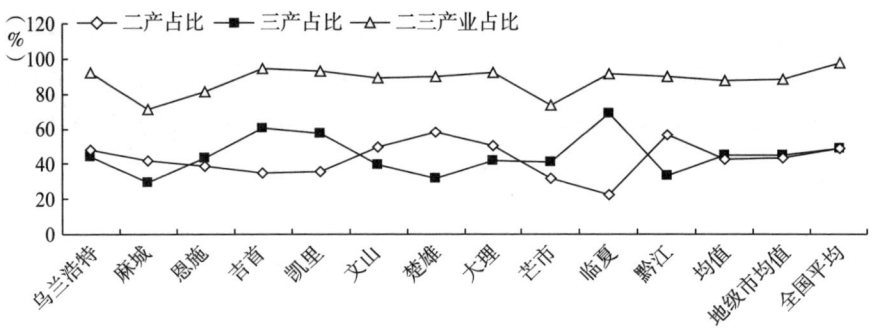

图12 2012年连片特困区县级中心城市二三产业占比对比

（四）中心城市发展缓慢，且不同片区差异较大

前文以2012年为截面，横向比较了连片特困区中心城市关键指标均值与全国地级及以上城市均值，总结了连片特困区城镇化的特征。本部分通过计算2004-2008、2008-2012年两个时间段连片特困区中心城市关键指标的平均增速并与全国地级及以上城市的相应值进行对比分析，进一步挖掘连片特困区城镇化特征。计算结果如表2、3、4所示。

表 2　2004－2012 年连片特困区地级中心城市关键指标平均增速对比

单位：%

片区	地级中心城市	建成区面积增速		人口密度增速		建成区面积占比增速（个百分点）	
		2004－2008 年	2008－2012 年	2004－2008 年	2008－2012 年	2004－2008 年	2008－2012 年
大兴安岭南麓片区	白城	3.03	2.11	-4.54	-0.13	-3.00	2.11
大别山片区	六安	-4.78	11.76	0.70	14.73	-4.78	118.63
	信阳	6.98	5.17	0.88	0.74	6.98	5.17
	黄冈	0.77	10.37	-0.01	-1.06	0.77	9.62
罗霄山片区	赣州	8.95	12.36	2.58	-3.19	8.95	6.54
秦巴山片区	十堰	6.04	-0.87	0.68	0.60	6.04	-0.87
	巴中	0.00	2.50	1.98	-0.47	0.00	2.55
	汉中	-0.71	18.52	0.57	-18.42	-0.71	-16.96
武陵山片区	张家界	3.16	9.09	1.37	0.62	3.16	9.10
	怀化	5.00	10.00	1.41	4.23	5.00	14.82
	铜仁	—	—	1.31	-0.13	—	—
滇黔桂石漠化片区	百色	1.33	1.88	0.64	0.19	1.33	1.78
	河池	2.67	2.35	1.03	1.29	2.67	2.35
	六盘水	18.87	-12.43	2.70	0.41	17.91	-12.24
	安顺	5.60	4.38	1.17	0.86	5.60	4.46
乌蒙山片区	毕节	—	—	1.32	2.05	—	—
	昭通	5.88	12.73	0.31	1.17	5.04	12.73
滇西边境片区	保山	2.50	7.78	0.65	0.67	2.50	7.78
	丽江	5.88	2.73	1.37	-0.31	5.88	2.73
	普洱	6.67	4.00	1.34	-0.15	6.67	3.03
	临沧	4.00	8.33	0.82	1.84	4.00	8.33
六盘山片区	天水	14.44	-5.16	0.47	1.15	14.38	-5.15
	白银	0.00	2.75	0.90	-0.10	0.00	2.75
	平凉	20.00	-5.00	0.48	1.72	20.00	-5.00
	庆阳	1.54	15.71	0.93	1.59	1.54	15.71
	定西	72.00	0.00	-0.48	0.00	72.00	0.00
	固原	0.65	3.13	-6.11	1.21	-3.88	3.13
	均值	5.55	2.87	0.95	-0.92	6.64	0.79
	全国均值	4.56	4.24	0.03	0.72	2.94	3.43

表 2 表明，2004 - 2012 年，连片特困区地级中心城市建成区面积在前一阶段的年平均增速高于全国地级及以上城市均值约 1 个百分点，但在后一阶段增速放缓并低于全国地级及以上城市均值 1.37 个百分点，建成区面积占比也呈现类似的特点，即前期快后期慢，且增速变化差异更大。人口密度方面，全国地级及以上城市人口密度年均增速由前期的 0.03% 上升到后期的 0.72%，而连片特困区地级中心城市人口密度年均增速不升反降，由前期的 0.95% 下降到 - 0.92%，即 2008 - 2012 年连片特困区地级中心城市的人口密度均值在下降。具体到各城市则存在明显差异，如大兴安岭南麓片区的白城市在 2004 - 2012 年人口密度持续下降，而大别山片区的六安市则持续上升，且后期上升速度明显加快，年均增速达到 14.73%。

表 3 2004 - 2012 年连片特困区地级中心城市关键指标平均增速对比

单位：%

片区	地级中心城市	市区 GDP 增速		市区 GDP 占比增速（个百分点）		市区人均 GDP 增速		市区人均 GDP 占全市人均 GDP 比重的增速（个百分点）	
		2004 - 2008 年	2008 - 2012 年	2004 - 2008 年	2008 - 2012 年	2004 - 2008 年	2008 - 2012 年	2004 - 2008 年	2008 - 2012 年
大兴安岭南麓片区	白城	16.02	17.95	- 3.03	- 2.07	14.84	17.81	- 3.44	- 2.29
大别山片区	六安	22.43	23.37	0.11	5.22	17.70	26.48	- 1.01	1.38
	信阳	18.19	10.97	- 0.87	- 0.79	- 1.89	14.74	- 12.27	0.23
	黄冈	18.86	18.55	7.97	- 0.58	14.38	24.71	11.42	- 4.83
罗霄山片区	赣州	26.62	23.47	2.22	4.06	25.25	13.04	2.46	- 1.48
秦巴山片区	十堰	12.11	19.53	- 0.84	0.17	8.96	8.26	- 2.26	- 6.21
	巴中	14.10	12.84	- 0.11	- 2.02	17.15	15.35	2.71	0.35
	汉中	9.52	20.87	- 3.88	- 0.90	20.94	21.79	- 8.49	- 0.98
武陵山片区	张家界	43.02	17.31	12.92	0.25	41.52	14.04	13.35	- 1.46
	怀化	18.65	21.13	2.34	0.70	12.12	11.21	- 2.72	- 3.74
	铜仁	—	—	—	—	—	—	—	—
滇黔桂石漠化片区	百色	29.87	12.93	4.70	- 1.85	22.77	13.48	3.71	- 4.40
	河池	25.38	5.97	1.55	- 0.64	13.95	12.20	- 3.97	1.51
	六盘水	29.50	15.77	- 0.54	- 1.39	22.89	8.57	- 3.26	- 5.71
	安顺	13.10	21.42	- 2.66	- 0.31	13.43	24.66	- 3.02	- 0.88

续表

片区	地级中心城市	市区 GDP 增速		市区 GDP 占比增速（个百分点）		市区人均 GDP 增速		市区人均 GDP 占全市人均 GDP 比重的增速（个百分点）	
		2004-2008 年	2008-2012 年	2004-2008 年	2008-2012 年	2004-2008 年	2008-2012 年	2004-2008 年	2008-2012 年
乌蒙山片区	毕节	—	—	—	—	—	—	—	—
	昭通	27.51	18.54	5.42	-1.11	11.43	18.46	11.42	-1.14
滇西边境片区	保山	21.66	16.18	1.05	-1.99	20.01	13.87	0.69	-2.62
	丽江	24.24	22.00	2.03	0.02	16.74	13.72	-0.14	-3.41
	普洱	26.70	19.13	2.98	-0.82	25.80	13.01	2.88	-3.88
	临沧	18.07	27.37	0.36	1.05	25.00	24.13	4.77	0.28
六盘山片区	天水	15.25	16.82	-0.48	0.21	15.48	16.62	-0.62	-0.73
	白银	19.47	15.20	0.41	-0.18	17.69	15.39	-0.49	-0.46
	平凉	12.63	13.67	-2.04	-1.83	11.97	12.49	-2.69	-3.38
	庆阳	29.05	35.15	1.38	5.89	26.52	30.16	-0.08	0.74
	定西	13.90	21.37	—	-0.43	15.43	24.65	0.91	-0.28
	固原	18.59	23.01	-1.74	0.57	23.26	24.37	0.15	-2.04
片区均值		19.37	17.23	0.53	-0.62	15.98	14.11	-0.70	-2.64
全国均值		28.56		0.18		23.41		-0.50	

从城市经济规模及发展水平的关键指标来看，在 2004-2012 年间，连片特困区地级中心城市市区 GDP 年均增速低于全国地级及以上城市市区 GDP 年均增速约 10 个百分点，且增速有放缓的趋势。人均 GDP 年均增速变化的特点与之类似，后期较前期年均增速下降了 1.87 个百分点，且低于全国地级及以上城市市区人均 GDP 年均增速约 8 个百分点。市区 GDP 占比方面，全国地级及以上城市市区 GDP 占全市 GDP 的比重呈上升趋势，年均增速为 0.18 个百分点，而连片特困区地级中心城市市区 GDP 占比前期上升，后期下降，年均增速分别为 0.53 个百分点和 -0.62 个百分点。市区人均 GDP 与全市人均 GDP 比值方面，全国地级及以上城市和连片特困区地级中心城市人均 GDP 总体上都呈下降趋势，即市区人均 GDP 与非市区人均 GDP 的差距趋于缩小，不过连片特困区地级中心城市的缩小速度更快，并且后期快于前期。当然，这并不意味着连片特困区中心城市已发展到扩散阶段，相反是一种低水平的相对均衡，或者说中心城市的极化效应不强。同样，具体到各中心城市，各指标的差异都较明显。如同为六盘山

片区的平凉市和庆阳市，前者的市区 GDP 占比持续下降，而后者则持续上升，并且上升速度加快。

表 4　2004－2012 年连片特困区地级中心城市关键指标平均增速对比

单位：%

片区	地级中心城市	二三产业占比增速(个百分点)		人均贷款余额增速		贷存比增速	
		2004－2008 年	2008－2012 年	2004－2008 年	2008－2012 年	2004－2008 年	2008－2012 年
大兴安岭南麓片区	白城	0.71	-0.08	6.90	8.86	-2.94	-4.84
大别山片区	六安	2.61	0.06	5.71	25.97	-7.73	-1.27
	信阳	0.38	-0.78	0.63	16.91	-6.98	-2.81
	黄冈	0.36	0.18	25.05	2.06	11.39	-12.16
罗霄山片区	赣州	0.27	0.18	8.18	31.99	-2.92	-2.73
秦巴山片区	十堰	0.06	0.00	10.07	17.35	2.14	1.03
	巴中	0.75	4.13	0.10	27.16	-11.14	-1.52
	汉中	0.10	0.26	-0.23	20.48	-8.66	1.13
武陵山片区	张家界	2.92	0.23	6.29	20.96	-6.30	-1.39
	怀化	-0.07	0.35	10.46	21.77	-1.00	1.43
	铜仁	0.00	2.59	—	—	—	—
滇黔桂石漠化片区	百色	1.74	0.09	8.41	20.67	-3.99	0.00
	河池	1.77	-0.75	5.51	11.50	-5.67	-1.19
	六盘水	0.07	0.09	11.12	27.35	0.60	1.37
	安顺	0.74	0.82	0.68	26.36	-8.01	1.89
乌蒙山片区	毕节	0.00	2.70	—	—	—	—
	昭通	-0.03	0.48	34.13	26.11	6.27	1.24
滇西边境片区	保山	0.90	1.27	6.85	17.77	-3.94	-2.29
	丽江	0.33	0.36	11.02	28.22	-1.08	1.05
	普洱	0.52	0.29	53.56	18.23	18.16	-1.94
	临沧	0.33	1.99	2.41	45.20	-8.06	6.77
六盘山片区	天水	0.05	0.05	5.57	45.08	-5.76	11.40
	白银	0.15	0.05	-2.32	38.58	-12.04	18.87
	平凉	0.00	-0.15	-5.86	17.88	-10.29	-1.93
	庆阳	1.37	0.99	3.50	56.22	-7.77	13.13
	定西	2.39	1.50	12.33	44.68	-5.10	6.52
	固原	0.54	1.06	10.83	47.82	-6.34	8.32

续表

片区	地级中心城市	二三产业占比增速（个百分点）		人均贷款余额增速		贷存比增速	
		2004－2008年	2008－2012年	2004－2008年	2008－2012年	2004－2008年	2008－2012年
均值		0.85	0.38	7.13	21.28	-4.38	0.12
全国均值		0.18		31.60	5.77	0.29	0.58

表4显示，连片特困区地级中心城市市区二三产业占比的年均增速快于全国地级及以上城市市区的年均增速，并且后期增速低于前期增速。原因在于连片特困区地级中心城市的二三产业占比还比较低，有较大的提升空间，而全国地级及以上城市市区二三产业占比已经很高，提升空间不大。人均贷款余额方面，连片特困区地级中心城市的年均增速"前期慢后期快"，全国地级及以上城市则恰好相反，年均增速表现为"前期快后期慢"，两者对比则是前者前期慢于后者，后者后期慢于前者。贷存比方面，连片特困区地级中心城市在2004－2008年，贷存比呈下降趋势，年均增速为-4.38%，2008－2012年由负增长向正增长转变，但增速只有0.12%，而全国地级及以上城市的贷存比表现为持续增长，并且增速加快，由前期的年均0.29%上升到0.58%。同样，具体到不同的中心城市和片区，彼此间的差异仍然较大。比如乌蒙山片区中心城市的贷存比持续上升，而大别山片区中心城市的贷存比则大多呈下降趋势。

二 中国连片特困区城镇化发展趋势

（一）产业城镇化发展趋势

产业城镇化是新型城镇化的重要方面，具体表现为产业类型的特色化和规模化、产业结构的多样化和高级化、产业空间的集中化和集群化。基于这一标准，下文将对连片特困区的产业城镇化趋势加以分析。

1. 产业的特色化、规模化特征明显增强

产业基础薄弱、产业类型单一、产业链条偏短、产业结构水平偏低是连片特困区产业城镇化进程中面临的共同困境，也是制约连片特困区区域发展与扶贫攻坚的重要瓶颈。自片区扶贫攻坚战略实施以来，产业开发、产业扶贫成为各连片特困区扶贫攻坚的重点,并在产业发展的特色化和多样化方面取得了明显的进展。产业特色化方面,各个连片特困区都基于自身的产业基础、自然地理条件和比较优势,加大了特色产业发展力度,如大别山片区的皖西白鹅、江淮黑猪、樱桃谷鸭、固始鸡、大别山黑山羊、鸿翔肉鸭等地方特色畜禽品种养殖产业,大兴安岭南麓片区的乳制品加工业、农业机械和石油机械装备制造业、湿地科考旅游业,滇桂黔石漠化片区的糖料蔗等热带作物和中药材种植业、山地生态畜牧业、矿产品深加工业、喀斯特山水风光旅游和民族文化产业,滇西边境片区的天然橡胶和珍贵林木业、傣药等民族药物和名医名药产业、热带风光和民族文化旅游产业,六盘山片区的马铃薯、苹果和红枣种植加工业、清真牛羊加工业、能源化工和盐化工产业、皮革制品业和文化旅游产业,罗霄山片区的脐橙、油茶和竹木产业、钨和稀土等矿产品深加工业、电子新兴产业、井冈山红色文化旅游产业,吕梁山片区的红枣核桃和黄芪产业、煤炭和煤化工产业、岩盐化工产业、轻纺产业、黄河和黄土风情文化旅游产业,秦巴山片区的山地杂粮等富硒农产品加工业、生物医药产业、汽车和装备制造业、新型建材产业和旅游文化产业,乌蒙山片区的山地特色有机食品产业、煤炭和铝土深加工产业、民族生物制药业、旅游和民族文化产业,武陵山片区的生态文化旅游产业、茶叶烤烟和油茶等特色农业种植加工业、百合和金银花等生物医药产业、锰和铝等矿产品深加工业、山地机械制造业,燕山-太行山片区的错季蔬菜、黄花菜和万寿菊种植业、獭兔绒加工和羊绒絮片加工业、宗教历史文化和生态休闲旅游业等。产业的规模化则体现为大量种植、加工基地的建设。大兴安岭南麓片区建立了杂粮杂豆、红辣椒等10大特色种植基地,其中杂粮杂豆种植基地覆盖16个县市,大别山片区建立了茶叶、中药材等9大种植基地,罗霄山片区、秦巴山片区、乌蒙山片区的基地种类数更是高达16、16和15个。这些种植基地分别覆盖各片区内主要适宜种植地,目前,各类种植基地中单个种植区面积超过百亩的种植基地数大幅增加,产业的规模化程度明显增强。比如武陵山片区中,仅湘西自治州8县市2013年椪柑种植面积就达到91.14万亩,产量60多万吨[①]。

---

① 资料来源于湘西自治州柑橘产业办公室。

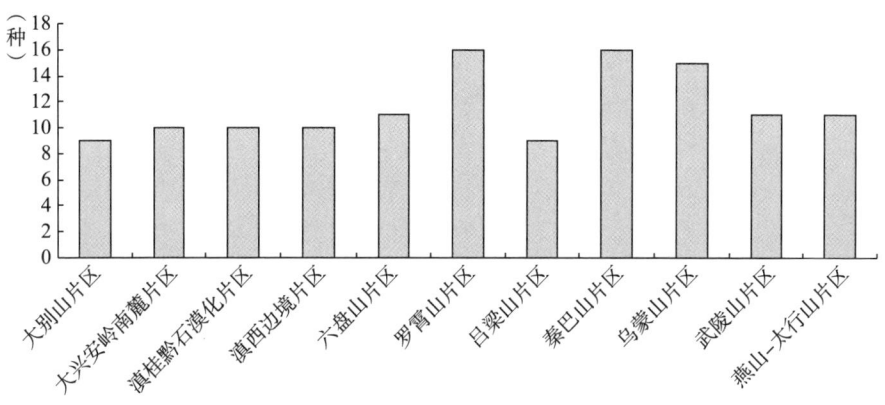

图 13 连片特困区特色农业基地类别数对比

2. 产业的多样化、高级化程度不断提升

产业多样化方面，各连片特困区都在特色产业发展的基础上实施了多元化发展。

（1）农业的多样化。农业一般从粮油种植、经济作物种植、中药材种植、特色畜牧养殖等方面因地制宜地选择多种产品类别，如图 13 所示，就特色农业种植和加工方面而言，各连片特困区的产业类别达到 9 种以上，罗霄山片区和秦巴山片区更是高达 16 种。

（2）工业的多样化。工业则覆盖特色农产品加工、矿产资源深加工、生物制药、特色轻纺、山地机械、民族用品制造、汽车和装备制造业等领域。以秦巴山片区为例，在汽车和装备制造业方面，依托十堰的汽车产业基础，商用汽车整车制造、微型车、新能源汽车、专用汽车制造以及关键零部件生产得到快速发展，汉中的飞机制造和大型数控机床制造业也被作为发展的重点。生物产业方面，一是深化杜仲、天麻、连翘、丹参、绞股蓝、当归、黄姜、山茱萸、金银花、西洋参、秦艽等中药材的加工。二是发挥生物资源优势，大力发展食品、保健品、化妆品、化工原料、肥料、饲料等相关产业。冶金、化工与新材料产业方面，铝材、钒、钼、镍、钛等冶炼加工产业是发展的重点，尾矿资源综合利用产业、精细磷化工产业、天然气精细化工业、生态环保节能新型建材产业也得到快速发展。

（3）服务业的多样化。服务业则呈现以旅游、文化产业为龙头，现代物流、商贸服务、金融、科技和信息服务、养老休闲服务等共同发展的良好局面。以武陵山片区为例，旅游业方面，构建5大旅游组团和12条精品旅游路线，实施旅游产品多元化开发；民族文化方面，实施民族文化保护工程、民族文化精品工程、民族工艺品发展工程；现代物流业、商贸服务业、家庭服务业、金融、信息和科技服务业方面，积极引导各类细分产业竞合发展。

产业高级化方面，各连片特困区二、三产业的占比不断提升，产业链条不断拉升，产业配套服务能力不断增强。在特色农产品种植、矿产资源开发方面深加工程度明显提高，产前、产中和产后服务体系逐渐完善，物流配送效率不断提升。同时，动植物疫病防控、农机安全监理、农产品质量安全检验检测、农业环境监测等农业现代技术、环保技术、现代信息科学技术、循环经济工艺流程等在产业发展中得到更广泛的应用，产业的科技含量和附加值得到提升。比如罗霄山片区，借助军工企业的技术优势在赣州等地发展军民结合高技术产业，新能源汽车产业，新材料、节能环保、高端制造业等战略性新兴产业，进一步提升了片区的产业结构水平。此外，现代物流业、金融、信息和科技服务业的加快发展，既拓展了片区产业发展领域，也促进了传统产业的升级改造，使得片区的产业高级化程度明显提升。

3. 产业集中、集聚趋势更加明显

产业空间布局的集中和集聚趋势更加明显。一方面，各连片特困区都制定了特色农业基地空间分布规划，并通过扶贫政策、扶贫资金引导农户在规划区域内规模化种植，促进了原本相对分散的种植业逐渐向基地集中。同时，特色农产品加工企业也趋向于种植基地所在的中心城镇集聚，正逐渐形成农产品加工企业产业集群。另一方面，二、三产业相对于第一产业而言，对集中和集聚的要求更为迫切，然而，由于长期以来的行政分割及重复建设，二、三产业分散于各个县域的中心城镇，不仅规模小而且彼此同质恶性竞争。近年来，在各连片特困区区域发展与扶贫攻坚的统一规划下，这一问题得到明显改善。统一规划、合作共建、承接产业转移，使得重点发展的产业园区、中心城市成为二、三产业的集中和集聚中心，二、三产业的总体集聚程度有所提升。比如六盘山片区的庆阳、定西、白银、固原和乐都的特色产业集聚区，罗霄山片区的赣南承接产业转移示范区、赣南综合保税区，吕梁山片区的绥德石雕、兴县根雕、清涧石版画、岢岚手工地毯和砂岩雕刻等工艺美术产业集聚区，秦巴山片区的十堰、汉中、巴中、广元、安康、商洛、陇南等地的特色产业集聚区，武陵山片区的黔江、恩施、怀化和铜仁等地的特色产业集聚区，燕山-太行山片区的蔚县剪纸、广灵剪纸和平泉契丹文化等特色文化产业集聚区得到较快发展，成为相应片区内重要的产业集中和集聚区。此外，各连片特困区积极争取和周边中心城市联合共建产业园区，并通过"强强联合"的片区内产业园区整合筹划申报国家级产业园区，这些都将进一步提升连片特困区的产业集聚能力。

（二）空间城镇化发展趋势

1. 城镇体系与空间格局趋向明确

长期以来，由于行政分割以及远离省会等中心城市，各连片特困区不仅城镇化水平低，而且片区内各城镇的发展大多各自为政，远未形成有序的城镇体系。不过，在国家实施连片特困区区域发展与扶贫攻坚战略之后，在各连片特困区发展规划的指引下，连片特困区城镇化的空间趋向逐渐明确，建立相对独立、完整城镇体系的共识基本达成，"点轴发展"理念得到有效贯彻。特别是，各片区内中心城市的"中心地位"得到进一步强化，其增长极效应逐渐凸显，同时，重要城镇带、经济走廊建设也得到地方政府的支持和市场的响应。总体上，连片特困区城镇化空间趋向可以分为两大类型：一是没有明确的中心城市支撑的空间趋势，这类连片特困区内各城镇的行政级别较低、综合实力较弱和中心潜能不强而且彼此间的差异不明显，难以形成带动效应较强的增长极，如大别山片区、吕梁山片区和燕山-太行山片区，因而连接各城镇的"圈""带""走廊"式相对均衡的发展战略为比较现实的选择；二是有一个或多个中心城市支撑的"点-轴"网络式空间发展趋势，这类连片特困区通常面积相对较大，片区内有一个或多个行政级别较高、综合实力较强、中心潜能较大的中心城市，并在一定的范围内具有潜在的带动效应，同时，各中心城市之间日渐增强的联系能有效激发"轴"上的经济活力，形成活跃的经济带、经济走廊。如表5所示，大多数连片特困区属于这一类，其中，罗霄山片区、大兴安岭南麓片区、乌蒙山片区和秦巴山片区的中心城市较少，不超过3个，而武陵山片区、滇西边境片区、滇桂黔石漠化片区、六盘山片区的中心城市较多，有6-8个。滇西边境片区甚至出现了以大理、隆阳、芒市和瑞丽为中心的滇西城市群雏形，武陵山片区以铜仁、吉首和怀化为支点的"铜吉怀"成长三角也日趋成形。

2. 对外联系大通道建设加速

连片特困区大多处于生态相对脆弱、地理区位相对偏远的山区、石漠化区、少数民族聚居区和多省交界区，交通落后、信息闭塞，与外界尤其是经济相对发达地区联系有限，这制约了片区的经济发展和城镇化进程。建立外向联系大通道，解除边缘锁定是连片特困区发展的必然选择。自西部大开发，特别是连片特困区区域发展与扶贫攻坚战略实施以来，各连片特困区都加快了对外联系大通道的建设，如表5所示。一方面，这些大通道或者本身是连接国家重要城市群且经过片区的通道，或者是片区对接周边城市群的重要通道，通过纵向、横向大通道的布局有效地缩短了"边缘"与"中心"的距离，必将增强各连片特困区与经济发达地区的互动，进而促进片区融入区域、全国甚至全球经济大循环中。比如西南地区的连片特困区——乌蒙山片区、武陵山片区、滇西边境片区、滇桂黔石漠化片区等通过大通道建设加强了与武汉城市群、长株潭城市群、成渝城市群、黔中城市群、滇中城市群、北部湾城市群之间的联系。另一方面，大通道的建设也加快了沿线城镇带、经济带的建设，拓展了连片特困区城镇发展的空间张力，是片区城镇化的重要动力来源。大通道上的节点城镇是片区城镇化的重要"生长点"，有较强的产业城镇化、人口城镇化发展潜力，将成为片区城镇化的热点区域。同时，大通道建设也在客观上强化了片区内通道沿线节点城镇之间的分工和联系，是片区城镇化空间格局和城镇体系塑造的重要力量之一。

表5　连片特困区城镇空间格局趋向与对外大通道建设

序号	片区	空间格局趋向	对外大通道
1	大别山片区	"一圈四走廊"	"两纵四横"
2	大兴安岭南麓片区	"两中心四走廊"	"两横三纵"

续表

序号	片区	空间格局趋向	对外大通道
3	滇桂黔石漠化片区	"八中心六走廊"	"三横五纵"
4	滇西边境片区	"七中心三带四走廊"	"四横三纵"
5	六盘山片区	"八中心四走廊"	"两纵两横两联"
6	罗霄山片区	"一中心五走廊"	"三纵两横"
7	吕梁山片区	"一带两走廊"	"两纵两横"
8	秦巴山片区	"一带三中心五走廊"	"三横六纵"
9	乌蒙山片区	"两中心四走廊"	"四纵两横"
10	武陵山片区	"六中心四轴线"	"两环四横五纵"
11	燕山-太行山片区	"一圈三带四走廊"	"三射两横两纵"

资料来源：11 个连片特困区的《区域发展与扶贫攻坚规划（2011-2020）》。

3. 对内分工与联系逐渐增强

各连片特困区空间城镇化内部分工和联系增强体现在如下方面。

（1）由中心城市、重点县城、中心镇组成的三级城镇分工体系基本形成。除了大别山片区、吕梁山片区和燕山-太行山片区 3 个片区只有"重点县城-中心镇"两级城镇分工外，其他连片特困区都形成了"中心城市-重点县城-中心镇"三级城镇分工体系。其中，中心城市是片区较大地域范围内的政治、经济、文化和社会服务中心，具有较强的综合服务功能，并且在某一个或多个细分产业上具有明显的比较优势或竞争优势，是连片特困区对外联系的重要节点或门户，也是连片特困区的核心增长极；重点县城则是在片区内规模较大、基础较好、县域经济发展潜能较大的县城或县级市，其职能主要是面向县域经济、城乡协调发展提供产业集中、人口集聚的空间以及基础设施、基本公共服务等，同时也是农副产品的集散中心和初级加工中心，并在特定资源型产业上具有一定的发展规模和产业基础；中心镇除了最基本的公共服务职能外，主要谋求某一特色产业的发展，如旅游休闲、民俗文化、商贸流通、加工制造等，通过专业化的发展带动农民增收和农民就地城镇化。

（2）同一层级城镇之间的分工也更加明确。在大兴安岭南麓片区等 8 个片区中除罗霄山片区只有 1 个中心城市以外，其他片区都有 2 个以上的中心城市，特别是六盘山片区、滇桂黔石漠化片区都有 8 个中心城市。随着各连片特困区区域发展与扶贫攻坚规划的实施，片区内中心城市之间的职能、产业分工日趋明确。以滇桂黔石漠化片区为例，8 个中心城市中，百色市的定位是建成全国生态型铝产业示范基地，重点发展能源、煤电铝一体化等产业；河池市则重点发展有色金属、水电等产业，目标是建成有色金属产业基地；安顺市重点发展航空装备制造业、商贸物流业，旨在建成民用航空产业基地和商贸物流中心；六盘水市重点发展能源、煤化工、商贸物流等产业，定位为重要能源基地和区域综合交通枢纽；兴义市重点发展商贸物流等，拟建成区域性商贸物流中心；凯里市重点发展生物医药、农林产品加工等产业，目标是建成西南林产业基地、中药材集散地；都匀市重点发展高新技术、电子技术与信息、特色轻工业等产业；文山市则重点发展生物医药、矿产资源加工、商贸物流业等，旨在建成生物医药产业基地和商贸物流中心。

（3）不同层级、同一层级城镇之间的联系更加紧密。由于纵向和横向分工逐渐加深，不同层级、同一层级城镇之间的联系也明显增强。这种联系一方面体现在产业联系方面，如不同特色旅游城镇组成的精品旅游线路等；另一方面则体现在承载人流、物流、信息流等各种"流"的载体，即交通设施、信息设施等基础设施上，如武陵山片区"内环线""外环线"建设加大了 6 个中心城市、外围县城之间各种"流"的强度。

（三）人口城镇化发展趋势

人口城镇化是"以人为本"的新型城镇化的根本要求，具体体现为农民向市民的身份转变、农村生活习惯向城市生活方式的转变以及获得同等的"市民待遇"。然而，人口城镇化需要一个过程，除了产业的带动、空间的支撑外，还需要农民素质的提升、城镇包容性的增强以及农民市民化通道的畅通。自片区扶贫攻坚战略实施以来，连片特困区农民市民化能力、城镇的包容性以及农民市民化通道都有所改善，为更快的人口城镇化进程奠定了基础。

1. 农民市民化能力不断提升

为了提升农民的综合素质，各连片特困区除了继续巩固"两基"（基本实施九年义务教育和基本扫除青壮年文盲）成果以外，还实施了系列有针对性的农村劳动力素质提升措施,如农村劳动力转移就业技能培训、贫困家庭劳动力职业教育与培训、乡土人才培训、农村实用技术培训等。农村劳动力转移就业培训通过支持片区内各类职业院校、职业培训机构根据市场需求开展订单、定向、定岗的技能培养和培训,以及鼓励企业"工学结合、半工半读"等形式的岗前技能培训、转岗转业技能培训等提高农民进城务工、从事非农产业的能力,为其通过劳务输出实现"异地城镇化"创造了条件;贫困家庭劳动力职业教育与培训则通过给予生活补贴、免除学费、国家助奖学金和"雨露计划"等鼓励和支持贫困家庭的新成长劳动力接受中等职业教育,以提升贫困家庭的减贫、脱贫以及进城生存和发展或就地致富的能力;乡土人才培养以及农村实用技术培训则通过项目、资金、培训等方式扶持农村致富带头人、技术能人、农村经纪人、优秀乡土人才到大中专院校和发达地区接受培训,加强农村生产经营型人才、技能服务型人才、管理型人才和创业型人才的培养,提升农村非农化产业发展能力和农民"就地城镇化"的能力。调查发现,接受过上述教育或培训的年轻人有更强的"市民化"意愿,并且对在城市立足、适应城市生活以及将家人接到城市生活更有信心。可见,各级各类培训提升了片区农民的综合素质,增强了其市民化的意愿和能力,这与连片特困区进入快速城镇化阶段将拥有更快的城镇化速度相吻合。

2. 人口城镇化途径更加灵活与多样化

连片特困区人口城镇化水平低,与各片区规划中的城镇化目标有着较大的差距,人口城镇化压力较大。近年来,各连片特困区除了大力提升农民市民化素质以外,还在农民市民化途径方面进行了积极的探索。目前,各连片特困区人口城镇化的主要通道大体上有三条,即异地城镇化、就地城镇化和移民搬迁城镇化。

(1)异地城镇化。该通道一直以来都是连片特困区人口城镇化的重要通道,即通过"考学""打工"等劳务输出的方式在片区外发达地区和城市实现城镇化。片区扶贫攻坚战略实施以来,在劳动力综合素质提升政策支持下,各连片特困区接受过中等职业教育并通过劳务输出进入发达地区的各级各类城市的年轻人数量继续呈上升趋势,并且长期定居或有意向定居在务工城镇实现"异地城镇化"的比例也呈上升趋势。不过,通过该通道实现城镇化的人口规模仍然有限。此外,"异地城镇化"通过净输出青壮年劳动力、地方精英等人力资本的方式来实现城镇化,给连片特困区的扶贫与发展带来了较大的负面影响,也影响了片区内的就地城镇化进程。

(2) 就地城镇化。通过加强中心城市、重点县城和中心镇的建设以吸引更多的农民市民化进而实现就地城镇化是各连片特困区支持力度更大的城镇化通道。近年来,各片区在规划的指引下,加快中心城市的"扩城"行动,如武陵山片区6中心城市怀化、黔江、恩施、张家界、吉首和铜仁都加快了城市建设步伐,分别朝着到2020年实现新增城市人口39万、30万、14万、12万、13万和30万的目标而努力。同时,各连片特困区加快了小城镇建设进程,通过"特色立镇、特色兴镇"的方式以支持特色产业发展带动农民的就地城镇化。不过,虽然各连片特困区在中心城市、重点城镇、特色小镇的建设上加大了投入,城镇建设也明显加速,但带动人口就地城镇化效应与预期还存在较大差距。

(3) 移民搬迁城镇化。移民搬迁是各连片特困区区域发展与扶贫攻坚规划中支持的一种扶贫方式,部分连片特困区将其与新型城镇化结合起来,通过整合生态移民、地质灾害移民、扶贫移民项目,将居住在生存环境恶劣、自然灾害频发、基础设施极差、居住十分分散的贫困人口整体搬迁,并且以对口培训、定向定点招工等形式引导其向周边中小城镇、工业园区移民,进而实现整体就地城镇化。目前,武陵山片区、乌蒙山片区、滇桂黔石漠化片区、滇西边境片区、六盘山片区等都在积极探索移民搬迁城镇化模式,并涌现了"正安模式"等成功范例。不过,移民搬迁城镇化模式虽然在实现自然条件恶劣区、深山区农民的就地城镇化方面有较大的潜力,但在解决"被市民化"后的可持续生计、享受"市民待遇"等方面仍存在较多的问题亟待解决。

3. 人口城镇化包容性逐渐增强

人口城镇化是一个"推力"和"拉力"相互作用的过程,而"拉力"主要来自城市的软硬件方面的吸引力。近年来,连片特困区通过大规模的基础设施建设,中心城市、重点城镇、特色小城镇的硬件条件如道路、电力、供水、供气、污水和垃圾处理等市政基础设施都得到明显的改善,城镇的承载能力、吸纳能力明显增强。不过,更值得一提的是,连片特困区城镇的软环境也有了较大的改善，特别是人口城镇化的包容性不断增强。这种包容性的变化主要体现在三个方面。

（1）经济发展方式和产业创造出更多适合于农民就业的岗位。近年来，连片特困区在重点城镇、特色小城镇的建设中，重点支持就业门槛相对较低的劳动密集型产业的发展，如各种特色农产品加工业、特色食品加工业、传统手工艺品加工业、特色旅游配套产业、家政服务业、商品零售业等。这些产业具有较强的就业吸纳能力且就业门槛较低，给周边农户提供了大量的就业机会。

（2）更完善的创业、就业服务环境。一是立足本地开发就业岗位，通过招商引资、鼓励返乡农民工创业等方式拓宽本地农民的非农就业渠道。同时，创造宽松的自主创业、自谋职业，以创业带就业的外部环境，并开辟大量公益性就业岗位。二是通过构建覆盖城乡的公共就业服务人才资源市场信息网络平台，针对不同就业群体的特点开展就业服务，使农民能便捷地在本地城镇找到合适的就业岗位。

（3）更公平的"市民待遇"。目前，各连片特困区的中心城市、重点城镇和中心镇都放开了户籍限制，部分城镇还制定了鼓励进城落户的政策。同时，各城镇还积极推动缩小农村转移就业劳动者与城镇居民在享受子女入学、就医、住房和社会保障等城市公共服务方面的差距，让"进城落户"的农民享有同等的"市民待遇"。值得注意的是，虽然各连片特困区有意识地采取多种措施提升片区城镇化进程中的包容性，并也取得一定的成效，但不同连片特困区、同一连片特困区内不同城镇之间还存在较大差异，大多数片区人口城镇化的包容性还很不理想。

三 中国连片特困区城镇化发展思路与对策

（一）遵循"人－业－地"耦合互动原理，走因地制宜的多元城镇化道路

城镇化从其直观表现来看，是人口和产业在地理上的集中与集聚，而其内在机理则是"人－业－地"的相互耦合和动态均衡过程。连片特困区

虽是一类具有诸多共性的特殊类型区域，但不同连片特困区、同一片区内不同地区之间的人口特征、产业基础和自然地理条件仍存在差异，因而在城镇化类型、城镇化路径和城镇化政策需求方面也会各不相同，需要因地制宜地推进城镇化进程。

1. 城镇化的"人-业-地"耦合互动原理

一般意义上，城镇化是指人口由农村向城或镇转移的过程，也是经济社会分工深化和发展的必然结果，这一转移过程伴随着产业的集聚、人口的集中和土地的集约利用。首先，专业化分工促进了效率提升，加快了一、二、三产业的分离，也瓦解了传统的"自给自足"式生计模式，使得人与人之间、家庭与家庭之间的依赖程度、商品交换程度更高，更高的依赖程度和频繁的贸易往来使得人口在空间上趋于集中。其次，人口的相对集中扩大了市场范围，进一步深化产业分工，在一、二、三产业分离的基础上拉长和拓展产业链，产业的专业化、规模化、集聚化程度继续增强，并形成了产业集聚、人口（市场）集中在特定地域空间不断循环累积的过程，即著名的斯密-杨格定理在特定地域空间的一次实现。不过，在"人"和"业"的互动过程中，"地"并非像主流经济学那样可以被抽象为一个"点"，处于次要的地位。事实上，"地"是"人"和"业"的载体，也是"人-业"互动循环的起点和"场"。"地"的属性在一定程度上决定了"业"的类型以及"人"和"业"的规模，同时，"地"的空间结构影响着"人-业"互动的方式和效率。人口集中、产业集聚也可以重塑"地"的属性，使其更具效率并且更有利于"人-业"的互动循环，但这种重塑是有边界的，受到自然规律、经济社会成本等的制约。因而，"地"的属性差异较大程度上决定了"人-业-地"耦合和互动过程的差异，也就决定了特定地域城镇化类型、过程等的差异。

2. 城镇化类型的多样化

从城镇化类型多样化的角度来看，在"人-业-地"的互动耦合下，连片特困区可以加快旅游拉动型、资源集聚型、边贸繁荣型、交通节点型和综合服务型城镇化发展。

（1）旅游拉动型城镇化。各连片特困区都具有丰富的自然和人文旅游资源，随着交通设施和区位条件的改善，旅游产业有很大的发展潜力，同时，连片特困区中大部分地区为限制和禁止开发区、生态脆弱区，这意味着旅游产业相对于工业而言是连片特困区城镇化更为现实的主导动力。因而，大力发展"有利于贫困人口发展的旅游"（Pro-poor Tourism，PPT）、以旅游及其关联产业为主导动力的城镇化是连片特困区城镇化的首要选择。

（2）资源集聚型城镇化。连片特困区多为山区，矿产资源、生物资源、特色农业资源也十分丰富，但分布相对分散，资源开发的程度很低，而且多为粗放式开发，但随着开发技术的提升、绿色开发意识的增强，资源的开发潜力较大，通过规模化和集约化开发特色资源，建立特色产业基地、特色产业园区、特色产业集群能促进特色资源型城镇建设。

（3）边贸繁荣型城镇化。连片特困区多为省际交界区，省际频繁的商业往来，形成了繁华的边贸小镇，良好的商业基础、物流配送条件有助于其进一步集聚经济和人口，通过商业繁荣促进城镇化。此外，滇西边境片区还与老挝、越南、缅甸等东南亚国家接壤，具有更好的发展边境贸易的条件，边贸繁荣型城镇化发展模式可以有效推广。

（4）交通节点型城镇化。交通等基础设施建设是各连片特困区区域发展与扶贫攻坚规划中的重要举措，随着大通道、主干线以及重要支线的高等级铁路、公路建设，一批新的交通节点将形成，这为片区的城镇化提供了新的机遇和空间载体，以交通节点为依托，以现代物流业为支撑，可以加快交通节点型城镇建设。

（5）综合服务型城镇化。推进基本公共服务均等化是连片特困区扶贫攻坚和区域发展的重要任务，而分层级的集中供给有利于提高公共服务的供给效率，公共服务的集中供给则为城镇化提供了新的动力，进而推进不同层级的综合服务型城镇化发展。

3. 城镇化路径的多元化

连片特困区推进城镇化发展应遵循不同的路径，如移民搬迁、产城融合和组团发展等。

（1）移民搬迁型城镇化路径。与其他地区的城镇化不同，移民搬迁是连片特困区城镇化的一条重要途径，可以在提升城镇化水平、优化城镇空间格局中做出重要贡献。连片特困区存在大量自然环境恶劣区、生态脆弱敏感区、自然灾害频发区，这些地区不适宜人类居住，更不可能进行城镇化开发，因而，移民搬迁是这些地区城镇化的唯一选择。统筹移民搬迁资金、生态补偿资金、扶贫资金等，将居民向适宜城镇化的地区或现有城镇集中搬迁，能同时实现生态修复、推进公共服务均等化和加快城镇化进程多重目标。

（2）产城融合型城镇化路径。城镇密度低、规模小、吸纳就业能力不强是连片特困区城镇化进程中普遍面临的问题。因而，适当扩大已有城镇特别是中心城市和重点县城的规模、增加小城镇数量是连片特困区城镇化发展的重要方向，而"产城融合"的产业新城建设、产业园区引领的特色小城镇建设则是基本的城镇化路径。

（3）组团发展型城镇化。连片特困区复杂的地形地貌条件、脆弱的生态环境、有限的自然承载能力使得片区的城镇化难以像平原地区的城镇化一样，走"摊大饼式"的城镇规模扩张之路。为了突破规模偏小、集聚能力偏弱的不足，连片特困区的中心城市、重点县城应走组团型城镇化发展道路，以快速交通网络连接相互毗邻的城镇，实现"抱团"发展，组建系列具有活力的"成长三角"，使其发展成为片区城镇化的引擎。

4. 城镇化政策的多样化

连片特困区城镇化滞后，自组织城镇化进程缓慢，需要他组织城镇化方式的大力支持，但不同类型、不同发展阶段、不同发展路径的城镇对外部支持特别是城镇化政策的需求不同。因而，国家在推进连片特困区城镇化时应给予多维度的政策选项，满足其最迫切的需求。

（1）政策优惠型。连片特困区部分发展基础较好、发展潜力较大且进入快速城镇化阶段的城镇面临的阻力或瓶颈可能主要是来自现有行政区划、行政级别或其他制度的束缚，若能前瞻性地消除这些障碍或者给予其足够的创新空间，便能促进这些城镇快速发展。

（2）产业支持型。对于连片特困区中大多数的小城镇而言，缺乏产业支撑是城镇化发展面临的最大困难，因而，有针对性地给予产业引导、产业培育甚至承接产业转移等方面的支持能达到推进这些城镇快速发展事半功倍的效果。

（3）资金援助型。部分城镇拥有特色的产业资源和较好发展前景的产业项目，但缺乏进行产业开发的资金支持。对于这些城镇，国家一方面要帮助当地政府进行招商引资；另一方面，也可以通过筹建产业发展基金等方式给予适当的资金支持。

（4）设施完善型。对于基础设施十分薄弱，严重制约城镇人口集中、产业集聚以及居民享受基本公共服务功能的城镇，在当地政府完全没有资金建设基础设施的情形下，国家可提供基础设施完善型政策支持。总之，对于连片特困区城镇化的支持和援助政策应该是一个具有多种选项的"政策篮子"，让片区内各城镇根据自身的需要进行选择。

（二）加大产业培育、集聚力度，走有产业根基的可持续城镇化道路

产业既是城镇化的动力，也是城镇化的根基，没有产业的城镇化必然是"无源之水""无本之木"。产业基础薄弱、产业规模不大、产业结构不合理、产业竞争力不强是连片特困区城镇化滞后的重要原因，也是其新型城镇化所面临的最大瓶颈。可以说，连片特困区的城镇化建设关键在于产业的城镇化。然而，连片特困区地理区位的边缘性、经济活动的外围性使其难以对接现有的产业分工，难以融入区域性、全国性产业链。因而，连片特困区的产业发展必须突破这种边缘锁定，走特色化、集群化、精品化之路，一方面加快形成连片特困区次级区域产业链；另一方面，力争以特色融入区域、全国甚至全球产业链。具体地，连片特困区可以从以下四个方面夯实城镇化的产业基础。

1. 挖掘特色资源，培育特色产业

"特色"是连片特困区产业发展的"立命"之本。无论是规模经济、劳动力素质、运输成本，还是产业基础、科技创新能力等，连片特困区相对于其他地区而言都具有明显的劣势，因而，在一般性产业发展竞争中，连片特困区不可能胜出，即便通过扶持、保护也难以持续发展。鉴于这一规律，连片特困区必须"靠山吃山、靠水吃水"，挖掘特色资源，培育特色产业。事实上，连片特困区独特的自然地理、气候条件以及丰富的生物资源、矿产资源和旅游资源，为其发展特色产业提供了坚实的产业基础。此外，消费者需求多样化、个性化、绿色化的发展趋势也为连片特困区特色产业

的发展带来了机遇。各连片特困区要抓住国家片区扶贫攻坚战略实施的机遇期以及良好的特色产业发展外部环境，充分挖掘特色资源，做大做强特色产业。一方面，各连片特困区要重点发展生态文化旅游产业、特色农产品深加工产业、绿色食品产业、特色畜牧养殖和加工产业、中药材种植和加工产业、矿产资源深加工产业、山地机械制造业等特色产业；另一方面，也要积极发展服务于特色产业发展和满足本地市场需求的物流产业、金融产业、商品零售业、家庭服务业、养老产业等现代服务业。逐渐建立相对完整的产业体系和分工合作的次区域产业链。

2. 优化营商环境，加快产业集聚

连片特困区虽然有着丰富的特色资源，但特色产业发展严重滞后。近年来，各连片特困区也加大了招商引资力度，国家也实施了税收减免的优惠政策，但实际成效远不理想，究其原因在于营商环境很不理想。营商环境是产业发展的软环境，在硬环境先天不足的前提下，软环境的改善对于连片特困区的产业发展而言显得更为重要。一方面，富有竞争力的营商环境有利于吸引外部资金、劳动力、技术等产业发展要素，特别是高层次人才等高级生产要素，这些要素正是连片特困区特色产业发展十分稀缺的；另一方面，良好的营商环境也能为本土精英提供宽松的创业环境、创业氛围，激发本地生产要素的活力。当然，营商环境所覆盖的内容较多，如审批程序的速度、合同执行的效率、投资者保护程度、税务处理效率和税率水平、金融服务效率、配套服务完整性以及法治程度等。连片特困区虽然整体的营商环境较差，也难以在短时期内有足够大的改善，但各连片特困区可以借助国家扶贫攻坚战略实施契机，大胆创新营销环境改善方式，加快特色产业集聚发展。比如，连片特困区可以借鉴上海自贸区的改革思路，整合各类扶贫政策，申请国家级特色产业园区，并在产业园区内提供富有竞争力的营商环境，如一站式办理企业注册、减税免税、零利息贷款等。通过这种非常规的营商环境优化措施，提升连片特困区的高等级要素集聚能力，进而加快特色资源向特色产业转化。

3. 创新发展模式，提升产业竞争力

连片特困区产业发展一方面要体现"特色"，做到"人无我有"；另一方面要充分提升产业效率，做到"人有我优"。只有这样，连片特困区的产业才能在激烈的区域竞争中占得"一席之地",实现可持续发展。在产业发展的规模经济效应方面,连片特困区的产业类型、产业区位具有先天劣势,需要创新产业发展模式以弥补这一不足。具体地,可以借鉴如下模式来提高产业竞争力。

(1) 专业村模式。山东、河南等平原地区的农业专业村发展成功经验表明,农业种植业、养殖业、食品加工产业等适宜于"农户+合作社"的专业村发展模式,对山区的特色农业发展也适宜。近年来连片特困区的专业村产业扶贫模式取得的不错成效,也表明专业村模式可以在连片特困区的特色资源型产业发展中加以推广。

(2) 产业集群模式。如果说专业村模式有利于提升加工程度相对较低的产业环节、产业类型的规模经济和产业效率的话,产业集群模式则是提升加工程度较高的产业环节、产业类型的规模经济和产业效率的有效方式。而且,产业集群的形式较为灵活,既可以是大量小企业的集群,也可以是由某一"龙头"企业带动的产业集群,因而具有较强的适用性。此外,产业集群内部的创新能力也保障了产业的竞争力。

(3) "合纵"+"连横"模式。一方面,通过"后期工厂+前期工厂+合作社+农户"的"合纵"方式将低加工环节的"专业村模式"与高加工环节的"产业集群"模式有机结合起来,充分挖掘生产链条上的规模经济效应;另一方面,通过与战略合作伙伴共享销售网络的"连横"方式发挥范围经济效应。这种模式能极大地提高特色产业的效率和竞争力,并且能实现产业的快速成长,在连片特困区特色产业开发中有较好的推广前景。

4. 走绿色精品路线,提升产业附加值

低成本导向的竞争战略不适合连片特困区的产业发展,相反,连片特困区在产业开发中要立足于特色、立足于生态,走高附加值的绿色精品路线。一方面,通过"精耕细作",在产品"质"上而不单纯在"量"上追求突破,如利用没有重金属污染的土壤种植绿色有机农产品、高山蔬菜、中药材及其他果类等经济作物,养殖天然健康的禽类、畜类,提供高品质的农产品及深加工的原材料;另一方面,通过提高科技含量和深加工程度,不断延伸产业链条,充分挖掘原材料的附加值,形成系列高科技含量、高附加值的深加工产品，放大单位原材料的经济价值。实施绿色精品产业发展战略，不仅能弥补连片特困区产业类型和地理区位等方面的生产成本、运输成本缺陷，而且很少对良好的生态环境造成负面影响，能够留住"青山绿水"，实现可持续发展。此外，更长的产业链条和更高的附加值能带来更多的就业和更高的工资收入、财政收入，从而为连片特困区的城镇化建设提供更坚实的经济基础。

（三）继续推进空间整合优化，走土地集约和环境友好型城镇化道路

连片特困区以山地为主，且在国家主体功能区规划中多为限制开发和禁止开发区，生态条件脆弱，适宜城镇化的土地面积十分有限。同时，连片特困区多为省际交界区，行政区经济及边界效应使城镇空间缺乏有效整合，合理的城镇体系尚未形成，空间结构制约了区域发展。因而，连片特困区的城镇化必须一方面进行空间整合，优化城镇结构；另一方面要坚持走土地集约和环境友好发展道路，最终实现集约和高效的城镇化。

1. 积极探索山地城镇化模式

从地理形态来看，连片特困区的城镇化是典型的山地城镇化。山地复杂的地质结构、地形地貌特征以及生态敏感性使得山地城镇化与平原地区的城镇化有着显著的差异。然而，山地城镇化的特征、发展模式等直到最近才引起理论界和实务工作者的重视。中科院山地研究所以及重庆大学等少数科研机构探讨了山地城镇化的战略影响、发展导向以及空间组织模式特点等，云南省、重庆市则开展了山地城镇化的系列实践。不过，这些探索仍然十分不够，特别是对于连片特困区中的山地城镇化模式探讨十分有限。可以说，目前山地城镇化，特别是连片特困区的山地城镇化缺乏科学的理论指导和经典的模式借鉴。因而，各连片特困区要"摸着石头过河"，要从资源环境承载力、空间关系、产业区位、文化特色等方面探索总体布局、中心体系、国土格局和国土品质构建的重点和途径以及相应的政策支撑和体制保障，要突出山地城镇化的特色导向、嵌套导向、质量和效益导向、安全导向等四大发展导向。最终探索出符合自身特色的山地城镇化空

间组织模式。

2. 推进空心村整治与合村并社工程

人口居住高度分散是连片特困区的又一特征，城镇化难度最大的贫困人口多分布在交通闭塞、环境恶劣、资源匮乏的深山区。这种分散分布不仅增大了扶贫、脱贫难度，降低了公共服务供给效率，也对原本脆弱的生态环境造成了压力，更与城镇化的发展方向不一致。因而，在自愿的基础上，政府引导和帮助高度分散的居民适当集中居住，推进空心村整治和合村并社工程应成为连片特困区城镇化的一项重要工作。当然，在空心村整治与合村并社过程中，一是要遵循自愿的原则，通过政治游说、利益诱导等方式引导和鼓励村民向中心社区、周边城镇等地迁移；二是要统筹生态补偿、扶贫救助、移民搬迁等各项资金，发挥这些资金在空心村整治和合村并社工程中的最大效用；三是要科学规划中心社区、合村并社工程的实施，特别是在空间布局上要遵循环境承载力、交通便利性、产业发展条件等原则；四是要解决村民集中居住后的生计问题，为他们创造可持续的生计方式，特别是非农生计方式。

3. 促进边界区域空间整合与精明增长

行政分割和边界效应导致连片特困区城镇空间效率较低，既浪费了稀缺的土地资源，也不利于片区内部的协作和一体化。因而，连片特困区的城镇化一方面要加快省际边界地区城镇空间的整合，另一方面所有的城镇建设要以精明增长理念为指引。省际边界城镇空间整合方面大体上有三种方式可以借鉴，分别为邻域整合型、离心整合型和成长三角形。各连片特困区可以根据本片区内省际边界城镇之间的距离、经济联系强度、经济发展差距、文化习俗、资源要素禀赋、产业基础和产业类型等灵活地选择空间整合模式。省际边界城镇空间整合旨在避免重复建设、恶性竞争，同时强化跨省协作和经济联系，提升城镇空间的集约程度和效率。精明增长理念则要求连片特困区的城镇化要用足现有城镇的存量空间，减少盲目扩张，加强对现有社区的重建，节约基础设施和公共服务成本，城镇建设空间紧凑，混合用地功能，重点发展公共交通设施，鼓励乘坐公共交通工具和步行，以鼓励、限制和保护措施实现城镇的紧凑、集约和高效发展。

4. 构建"内整外联"的次区域城镇体系

2013年12月的中央城镇化工作会议指出,在"两横三纵"的城市化战略格局下,未来的城镇化将分三个层面展开。其中,第一个层面是长三角、珠三角、环渤海三个超大城市群的继续优化发展,第二个层面是以省会为中心的"次区域城市群"的发展,第三个层面则是以县城为中心、小城市为基础的就地城镇化。显然,连片特困区的城镇化处于第二、三层面之间,并以第三层面为主。不过,连片特困区各城镇若仍各自为政、孤立开发,显然不利于片区的发展。因而,连片特困区的城镇化要在国家城市化战略布局下找准自身的定位,对内通过协调整合形成相对独立且完整的城镇体系,对外通过连接周边"次区域城市群"的大通道实现"上位"对接。具体地,连片特困区要打破以往的行政区划分割,从统一经济区的视角来统筹城镇体系构建,如优化城镇等级划分、城镇职能分工、城镇交通网络规划等,将原本游离于现有城镇体系之外的省际边界地区的城镇进行"收编"整合,充分发挥其支撑和优化片区经济社会发展的功能。另外,连片特困区的城镇体系是次区域城镇体系,是国家城镇体系中不可分割的一部分,虽然其在空间战略布局和支撑国家经济社会发展中的贡献不及第一、二层面的城市群区域,却是第一、二层面城市群空间布局的有益补充,应接受第一、二层面城市群经济社会发展的辐射带动效应,输出片区的产能,并借助交通大通道实现有序互动,融入全国乃至全球经济大循环。

5. 创新投融资模式,破解城镇化资金瓶颈

对于连片特困区而言,资金是城镇化建设的重要瓶颈。无论是中心城市的提质扩容、空心村整治和合村并社,还是边界区域空间整合、与周边"次区域城市群"的大通道建设都需要投入大量的资金。众所周知,连片特困区自身的财力十分有限,而省级政府和中央政府城镇化建设的重心是"两横三纵"上的重要城市群区域,同样,商业资本也更青睐投资回报率更高、投资回收速度更快的发达地区。在此背景下,连片特困区必须创新投融资模式,多渠道寻求城镇化建设资金。一是继续寻求上级政府援助,各连片特困区以片区的名义联合申请中央政府和相关省份政府的城镇化专项资金,争取"大资金"对应"大项目",解决片区城镇化发展中战略环节,特别是重大基础设施建设的资金需求问题。当然,这需要连片特困区内不同地区有很好的前期沟通，并从片区整体城镇化的高度来达成一致。二是每个连片特困区筹建一项城镇化建设基金。基金来自中央政府、相关省份政府、连片特困区内部地方政府、联系各连片特困区的相关中央部委、对口支援连片特困区内部各地区的相关发达地区政府、社会扶贫资金、商业资本、政策性银行贷款等多种渠道，实行股份制管理，以定向贷款的形式支持连片特困区城镇化项目建设。三是鼓励民间资本以灵活多样的形式参与连片特困区城镇化建设，特别是一些特色专业镇的建设。比如引入华夏幸福基业这样的战略投资者，以 BOT 的方式建设和经营某一特色城镇，在合同期满以后再移交给当地政府。

（四）创新农民进城、人口迁移模式，走分类推进的包容性城镇化道路

人口城镇化是城镇化的本质要求，也是连片特困区解决贫困问题、实现城乡统筹发展的根本出路。然而，当前连片特困区城镇吸引力有限、非农产业就业吸纳能力不强、农民市民化素质偏低且进城意愿不强、农民市民化进城通道有限且成本过高等严重制约了人口的城镇化。要突破上述限制，连片特困区必须创新农民进城、人口迁移模式，走分类推进的包容性城镇化道路。

1. 统筹各类移民搬迁方式，攻克自主城镇化难度最大人群的城镇化难题

移民搬迁既是连片特困区城镇空间格局优化的重要方式，也是片区人口城镇化的重要途径，特别是对于那些自主城镇化难度很大的人群而言，移民搬迁或许是最有效的城镇化方式。不过，在移民搬迁城镇化战略实施过程中，各连片特困区必须统筹规划。第一，各连片特困区要进行深入的实地调研，全面了解在未来 5-10 年有必要实施移民搬迁人群的数量、人口特征、区位分布、搬迁意向等基础信息，为移民搬迁对象建卡立档。第二，在综合考虑移民搬迁对象的人口特征、搬迁意向等因素的基础上，确定移民搬迁目的地和移民搬迁方式，在确定移民搬迁城镇化目的地时遵循"区内就地城镇化为主，区外异地城镇化为辅，区内区外相结合；现有城镇吸纳为主，新建社区吸纳为辅，新旧城镇相结合；小城镇吸纳为主，中心城

市吸纳为辅，中小城镇相结合"的原则，制定具体的移民搬迁方案。第三，各连片特困区制定《移民搬迁城镇化规划》以及年度计划，制定移民搬迁城镇化预算，统筹各级各类移民搬迁经费，如退耕还林资金、灾害补偿资金、生态移民资金、生态补偿资金、工程移民资金、扶贫到户资金等。第四，制定《移民搬迁户可持续生计模式帮扶计划》，实施面向移民搬迁城镇户的就业岗位创建工程，为移民搬迁城镇户提供公益性社会岗位、准入门槛较低的就业岗位等。第五，成立片区层面的移民搬迁城镇化办公室，挂靠联系连片特困区的各相关中央部委，如武陵山片区移民搬迁城镇化办公室挂靠国家民委，由其统筹、指导和监督移民搬迁城镇化工作。

2. 创新"推、拉"政策和进城通道，引导农民进城

对于连片特困区而言，当前人口城镇化的核心任务便是农民进城。而在农民进城过程中，农民进城的动力、农民进城的方式或者说通道又是最核心的问题。动力方面，农民进城既要有来自城镇的"拉力"，也要有来自农村的"推力"。当前连片特困区农民进城尤其是本地城镇化意愿不强的原因突出地表现为本地城镇的"拉力"不强，具体表现为就业机会相对有限、工资水平不高、基础设施和公共服务与发达地区的大城市存在较大差距等。同时，农村现有的土地制度、农业补贴政策等不但没有形成"推力"，反而在一定程度上阻碍了农民进城。因而，连片特困区要加快诸如土地制度、户籍制度、福利制度、财政制度等方面的改革，如创新农村土地确权制度、流转制度，使农户的土地收益权和土地实际经营权相分离，鼓励农村土地流转和"带资进城"，调整农业补贴政策，创新农业补贴方式，使农业补贴与农户身份相脱钩，鼓励农民摘掉"农户帽"；继续深化户籍制度改革，不仅仅是让进城农民从名义上转变为市民，更要让其享受更多的与原有市民同等的社会福利，如子女教育、医疗保险、养老保险和就业保险等。同时，连片特困区要进一步完善城镇尤其是小城镇的基础设施和公共服务，特别是教育、医疗等老百姓特别关注的公共服务，提升城镇的吸引力。总之，通过不断释放农村的"推力"和城镇的"拉力"来强化农民进城的动力。农民进城通道方面，一是要疏通现有通道，二是要创造新的通道。农民进城的传统通道主要是考学、入伍、招工等方式，而且往往只能是农村中少数精英能够通过这些通道进城，实现市民身份的转变。显然，这些通道无

法满足大多数农民进城的需要。一方面,要进一步畅通考学、入伍和招工的进城通道,如在考学、入伍和招工指标上给予连片特困区农村更多的倾斜,鼓励父母等跟随子女进城落户等;另一方面,支持和鼓励社会帮扶力量创造更多的农民进城通道,如成立连片特困区农民进城帮扶协会、农民进城帮扶基金等,充分发挥社会公众在推进和带动农民进城中的创造性。

3. 加大人力资本培育,提升农民市民化能力

连片特困区农民进城除了需要外部的帮扶、引导以外,还需要自身进城能力、市民化能力的提升,加快自主城镇化进程。在农民市民化能力提升方面,连片特困区已实施一系列措施,如加大对农民的各种培训等,起到一定的成效。不过,连片特困区农民市民化能力提升、人力资本培育任务仍十分艰巨,不能寄希望于"先培训后进城""培训好了再进城",同时,农民市民化能力培训对象要分层次,培训方式要分对象,培训内容要实事求是。首先,连片特困区农民市民化能力培育是一个长期的过程,更是一个"干中学"的过程,要建立相应的制度加以保障,制定相应的政策加以扶持,在农民进城后也要有相应的跟踪培训,以保障农民在社会权利、角色意识、思想观念、行为模式上向市民转变。其次,政府要有高度的责任感,充分发挥农民市民化素质提升的推动、引导和鼓励作用。一方面做好宣传引导,使农民对提升自身素质有清晰的认识和正确的定位,充分调动他们自身的内在动力;另一方面要多渠道、多层次、多形式地开展素质教育和培训,提高农民的非农就业技能和各方面的综合素质。再次,对不同的主体要采取多种形式,提升培训的实际效果。根据农民的文化程度、年龄层次、就业意向等制定不同的培训内容和培训形式,如对于即将进入劳动力队伍的年轻人,由于有过九年义务教育的基础,可以引导其就读职校进行系统的职业教育,以培养高素质的产业工人;对于年龄35岁以上且文化程度相对较低的中老年人则可以开展一些相对简单的专业技能培训,以满足其进城从事一般的流水线作业或生活性服务业就业需求等。

4. 强化人口城镇化考核,分类推进农民进城

连片特困区地方政府政绩不能以GDP增长作为考核的指挥棒,要以片区减贫成效、发展能力等为考核导向,而人口城镇化进程可以作为一个重

要的考核维度。首先，各连片特困区要制定详细的人口城镇化发展中长期规划和年度计划，并将年度计划分解到各县市区，由各县市区落实人口城镇化指标。其次，在各县市区政府政绩的考核中，将人口城镇化数量和质量作为重要的考核指标，从而激发地方政府推进农民进城、实施人口城镇化战略的积极性和创造性，使人口城镇化战略得到真正的贯彻和落实。此外，各连片特困区要根据片区内深山区、浅山区、平坝区等居住环境下的人口数量，"离土又离乡""离土不离乡""离乡不离土""迂回发展"等非农就业空间模式的农民工数量以及所拥有自然资本、物质资本、金融资本、人力资本和社会资本等生计资本的差异来制定和实施差异化的农民进城方案，有计划、有步骤地分类推进人口城镇化，做到既保证人口城镇化的速度，又提高人口城镇化的质量。

第五章 武陵山片区城镇化特征、趋势与发展战略

一 武陵山片区概况

武陵山片区是《中国农村扶贫开发纲要（2011-2020）》中确定的14个集中连片特困区之一，也是首个编制区域发展与扶贫攻坚规划并率先启动区域发展与扶贫攻坚试点的连片特困区。该片区地处湖南、湖北、重庆和贵州四省交界处，国土面积17.18万平方公里，共有71县（市、区），其中，湖南37个、贵州16个、湖北11个、重庆7个（见图1）。2014年末，常住人口3080万，其中城镇人口1108万，乡村人口1972万，城镇化率36%，境内有土家族、苗族、侗族、白族等9个世居少数民族。该片区集贫困地区、民族地区和革命老区于一体，是贫困人口分布广、跨省交界面大、少数民族聚集多的连片特困区和经济协作区。

武陵山片区水能资源、山地资源、矿产资源、文化资源和旅游资源丰富，是我国亚热带森林系统核心区、长江流域重要的水源涵养区和生态屏障，森林覆盖率53%，生物物种多样，素有"华中动植物基因库"之称。不过，该片区经济社会发展滞后。

（1）贫困面广量大，贫困程度深。片区71县市区中有42个国家扶贫开发工作重点县，13个省级重点县。2014年，农民人均纯收入6120元，仅相当于当年全国平均水平的61.1%，就医难、上学难、饮用水不安全、社会保障水平低等问题仍未解决。

（2）基础设施薄弱，片区内主干道网络尚未建成，基层公路建设欠账

较多，水利设施薄弱且老化，电力和通信设施相对落后，区内仓储、包装、运输等基础条件较差；市场体系不完善，特别是金融、技术、信息、产权和房地产等高端市场体系不健全，产品要素交换和对外开放程度低，物流成本高。

（3）经济发展滞后，特色产业规模小且竞争力不强。2014年，片区人均地区生产总值约为23870元，远低于全国平均水平，片区内缺乏核心增长极和具有明显区域特色的大企业、大基地，产业链条不完整，没有形成具有核心竞争力的产业或产业集群。

（4）社会事业发展滞后，基本公共服务水平低。文化、教育、体育、卫生等方面软硬件建设严重滞后，城乡居民就业不充分。人均教育、卫生支出仅相当于全国平均水平的一半多，中高级专业技术人员十分缺乏，经济增长中的科技贡献程度低。

（5）生态环境相对脆弱，承载能力不强。片区平均海拔高，气候相对

图1　武陵山片区空间分布示意

恶劣，旱涝灾害并存，泥石流、风灾、雨雪冰冻等灾害易发。部分地区石漠化、水土流失现象严重。土壤贫瘠且人均耕地面积少，仅为全国平均水平的60%。发展与生态保护矛盾突出，产业结构调整受生态环境制约较大。

（6）区域发展不平衡，城乡差距非常大。2014年片区人均GDP和农民人均纯收入分别是全国平均水平的51.33%和61.1%，与2010年33.7%和59.1%相比，差距有所缩小，但片区内城乡居民收入比为3.35∶1，不仅比2010年的3.04∶1有所上升，而且远高于2013年全国3.03∶1的平均水平。

二 武陵山片区城镇化进程及特征

（一）人口城镇化进程及特征

1. 城镇化进程较快，但城镇化水平偏低

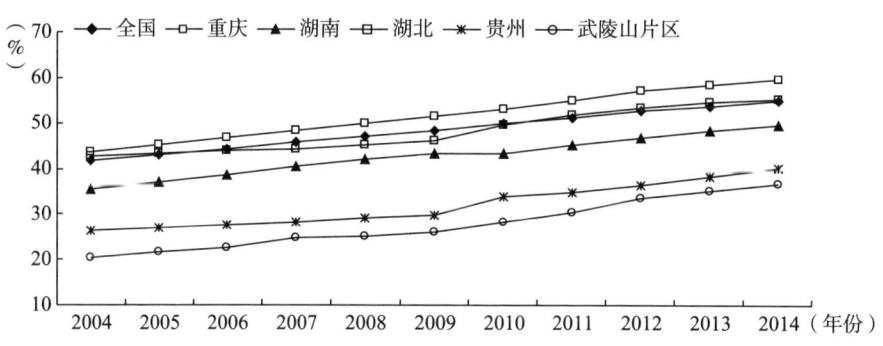

图2 武陵山片区与全国及周边省份人口城镇化进程对比

自2004年以来，武陵山片区人口城镇化率由20.47%上升到36.62%，年均增长1.47个百分点，比该期间内全国人口城镇化率年均增速1.2个百分点略高，城镇化率差距约缩小3个百分点，进入城镇化快速增长阶段。不过，2014年，武陵山片区的人口城镇化率仍仅相当于全国2000年的水平，城镇化进程比全国滞后14年。武陵山片区与周边4省份的城镇化进程相比，年均增速也是最高，分别比重庆、湖南、湖北、贵州高出0.01、0.18、0.31和0.21个百分点，不过，差距仍然十分明显，2014年城镇化率差距分别是23、13、19和4个百分点。

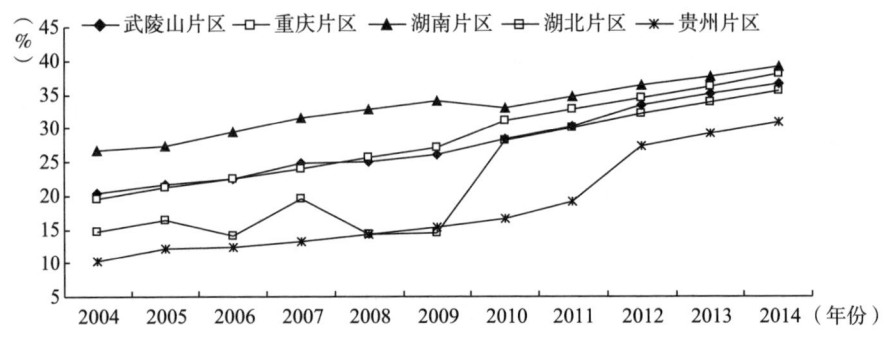

图3 武陵山片区内各分片区人口城镇化进程对比①

武陵山片区内，湖南片区、重庆片区的城镇化率略高于片区平均水平，其中，湖南武陵山片区城镇化率最高；湖北片区、贵州片区的城镇化水平低于片区平均水平，贵州片区最低并且差距较大。2014年，重庆、湖南、湖北和贵州4个分片区的城镇化率分别为38.08%、39.12%、35.57%和30.92%，与各自所在省份城镇化水平的差距分别为21.40、10.52、19.70和9.18个百分点。可见，重庆武陵山片区、湖北武陵山片区与省内其他地区的城镇化水平差距巨大，湖南武陵山片区、贵州武陵山片区与省内其他地区城镇化水平的差距则相对较小，当然，这也与湖南、贵州两省本身的城镇化水平偏低有关。

2. 片区内各县市区城镇化水平差距较大

虽然武陵山片区人口城镇化水平偏低，但片区内71县市区城镇化率差异十分明显。如图4和表1所示，我们可以将武陵山片区71县市区分为高人口城镇化区、较高人口城镇化区、中等人口城镇化区、较低人口城镇化区和低人口城镇化区5类。吉首市、鹤城区和冷水江市人口城镇化率在65%以上，分别为74.86%、79.41%和92.95%，进入城镇化稳定阶段。恩施市、黔江区、永定区、武陵源区、碧江区、万山区、靖州县的人口城镇化率也较高，均超过了45%。显然，除靖州县以外，人口城镇化率超过45%的基本上为武陵山片区的中心城市区域。人口城镇化率在30%~45%

---

① 部分年份出现城镇化率的较大波动是由于统计口径不同所导致。其中，重庆片区人口城镇化率计算口径在整个研究期间内一致，均为城镇常住人口/总常住人口，湖南、湖北片区则从2010年后，贵州片区从2012年后采取这一口径。

之间的较低和中等人口城镇化程度县市区数量最多,有武隆、丰都等 42 个,占片区全部县市区的 59.15%。人口城镇化率低于 30% 的有安化、隆回等 19 个县,占 26.76%。

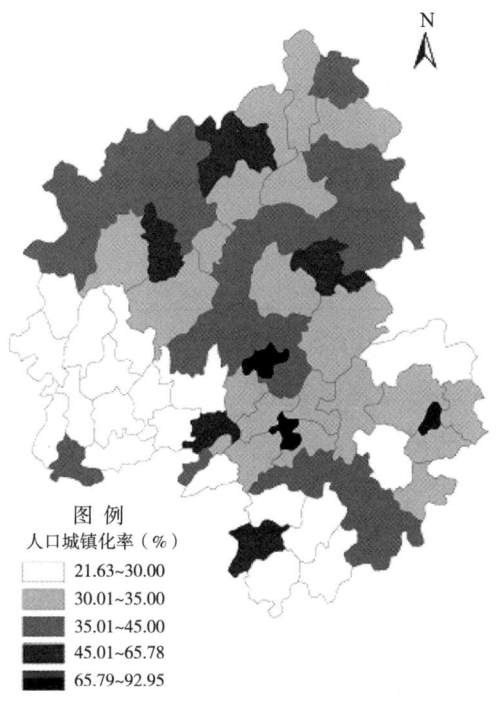

图 4　2014 年武陵山片区 71 县市区人口城镇化水平分类示意

根据美国城市学者诺瑟姆(Ray. M. Northam)1979 年提出的"城市化过程曲线"(也称为"诺瑟姆曲线"),武陵山片区处于城镇化初始阶段(<30%)、加速阶段(30%－60%)、稳定阶段(>60%)的县市区占比分别为 26.76%、66.2% 和 7.04%[①],即 1/4 多的县市区尚未进入快速城镇化阶段,超过一半的县市区正处于快速城镇化阶段。而从总体空间分布来看,如图 4 所示,武陵山片区西南部(贵州片区和怀化市境内)、东南部(邵阳、娄底境内以及益阳市安化县)的人口城镇化水平偏低,人口城镇化率较高区域则分散分布。

---

① 还有碧江区、武陵源区的人口城镇化率达到 60% 以上。

表1　武陵山片区71县市区人口城镇化水平分类

类型	县市区名称
高人口城镇化区（65%以上）	吉首、鹤城、冷水江
较高人口城镇化区（45%－65%）	恩施、黔江、武陵源、永定、碧江、万山、靖州
中等人口城镇化区（35%－45%）	武隆、丰都、石柱、利川、咸丰、秭归、五峰、石门、慈利、桑植、龙山、保靖、秀山、花垣、古丈、泸溪、余庆、玉屏、洪江、洞口、武冈、新宁
较低人口城镇化区（30%－35%）	建始、巴东、长阳、宣恩、鹤峰、来凤、彭水、酉阳、永顺、沅陵、凤凰、麻阳、辰溪、溆浦、新化、涟源、新邵、邵阳、中方、芷江
低人口城镇化区（30%以下）	安化、隆回、会同、绥宁、城步、通道、新晃、道真、正安、务川、沿河、德江、凤冈、湄潭、思南、印江、松桃、江口、石阡

（二）产业城镇化进程及特征

1. 城镇化水平差距大且增速放缓

自2004年以来，武陵山片区产业城镇化率上升了12.65个百分点，年均增速提升1.15个百分点，快于全国及周边4省份的平均增速。同时，2009年是该期间内增速的一个转折点，2004－2009年，年均增速提升1.46个百分点，2009－2014年降为0.65个百分点。虽然武陵山片区的产业城镇化率总体上有较快的增长，但与全国及周边4省份的差距仍然非常明显。2014年，武陵山片区产业城镇化率与全国及重庆、湖南、湖北、贵州的差距分别是11.99、13.99、13.29、9.59和9.29个百分点。

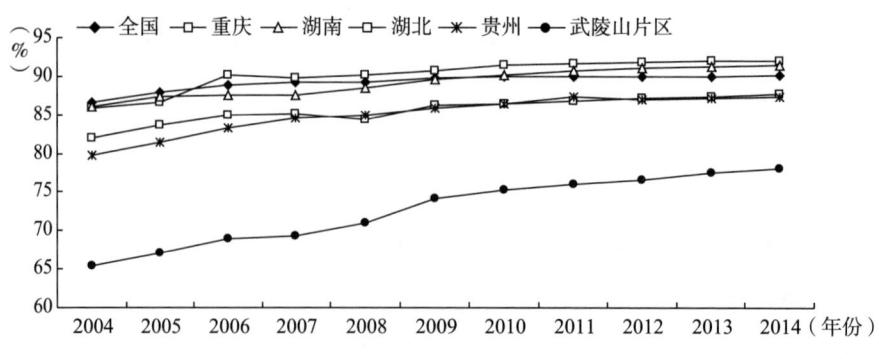

图5　武陵山片区与全国及周边省份产业城镇化进程对比

武陵山片区内，产业城镇化率分为两个梯队。其中，重庆片区和湖南片区为第一梯队，产业城镇化率高于片区平均水平，2014年分别达到83.45%、80.52%，分别高于片区平均水平78.11%5.34和2.41个百分点；湖北片区、贵州片区则为第二梯队，2014年产业城镇化率分别为74.2%、72.87%，低于片区平均水平3.91和5.24个百分点。在第二梯队中，贵州片区与湖北片区的差距总体上呈缩小的趋势。

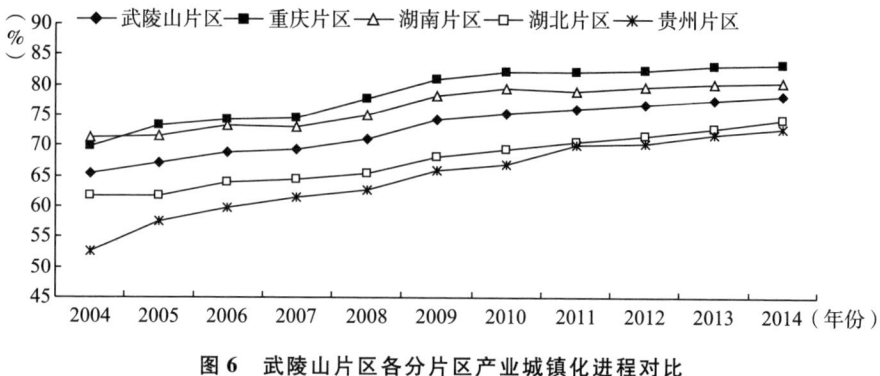

图6 武陵山片区各分片区产业城镇化进程对比

2. 片区内各县市区产业城镇化空间差异明显

图7和表2将武陵山片区分为高产业城镇化区、较高产业城镇化区、中等产业城镇化区、较低产业城镇化区和低产业城镇化区5类。其中，吉首市、鹤城区、永定区、黔江区、碧江区、冷水江市、万山区、武陵源区、沅陵县和花垣县的产业城镇化率均高于90%，与全国及重庆、湖南的产业城镇化水平相当，高于湖北、贵州的产业城镇化水平。这些县市区中除沅陵县、花垣县以外均为片区的中心城市所在地，而沅陵县、花垣县较高则与其工业化水平尤其是矿产品加工业占比较高相关。产业城镇化率较高的区域有恩施市、秀山县、凤凰县、石门县等17县市区，其产业城镇化率高于80%，这些县市区或者工业经济，或者旅游经济相对发达。建始、巴东、秭归等18县市区为中等产业城镇化区域，产业城镇化率为75%-80%；利川、长阳、宣恩等22县市区的产业城镇化率高于65%，低于75%，处于较低水平；正安、洞口、武冈、五峰等4县市的产业城镇化率最低，低于65%。产业城镇化率由高到低的5类县市区数量占比分别为14.08%、23.94%、25.35%、30.99%和5.63%。

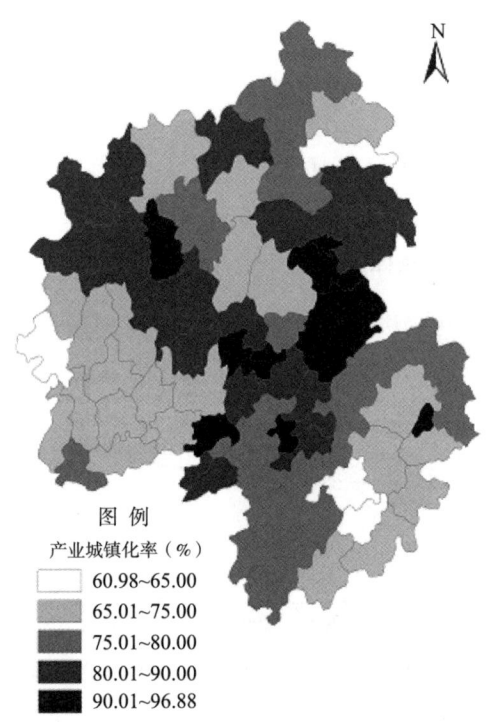

图 7　2014 年武陵山片区 71 县市区产业城镇化水平分类

从总体空间分布来看，武陵山片区产业城镇化率较高的区域近似地呈西北－东南、东北－西南走向的"X"分布，片区内中心城市所在区域则是这一分布上的重要支撑点。而处于"X"分布轴线之外的贵州片区大部分县市、湖南片区中的邵阳和娄底部分县市、湖北片区与湖南片区和重庆片区交界部分的县市的产业城镇化水平较低。

表 2　武陵山片区 71 县市区产业城镇化水平分类

类型	县市区名称
高产业城镇化区（90% 以上）	吉首、鹤城、冷水江、黔江、碧江、万山、永定、武陵源、沅陵、花垣
较高产业城镇化区（80% - 90%）	恩施、石柱、丰都、武隆、彭水、酉阳、秀山、保靖、凤凰、泸溪、辰溪、中方、玉屏、新晃、桑植、石门、慈利
中等产业城镇化区（75% - 80%）	建始、巴东、秭归、鹤峰、咸丰、来凤、古丈、麻阳、芷江、洪江、会同、靖州、绥宁、通道、溆浦、安化、涟源
较低产业城镇化区（65% - 75%）	利川、长阳、宣恩、龙山、永顺、道真、务川、沿河、德江、印江、松桃、凤冈、思南、江口、湄潭、石阡、新化、隆回、新邵、邵阳、新宁、城步

续表

类型	县市区名称
低产业城镇化区（65%以下）	正安、洞口、武冈、五峰

（三）土地城镇化进程及特征

1. 城区面积"一家独大"，部分城市扩张较快

土地城镇化率是考察城镇化进程中建成区面积扩张速度、土地利用效率的重要指标，以建成区面积占土地面积的百分比来衡量。由于武陵山片区大多数县没有统计建成区面积数据，故选择11个城市区域（地级市、县级市）作为代表分析武陵山片区土地城镇化概况。图8表明，在11个城市中怀化市的城区建成面积最大，2012年达到60平方公里，而且扩张速度也比较快，自2004年以来，以年均2.55平方公里的速度在扩张；建成区面积较大的还有张家界市，2012年为32平方公里；铜仁市则从2011年的25平方公里迅速增长到45平方公里①，成为武陵山片区内建成区面积第二大的中心城市。此外，吉首市、冷水江市、恩施市、黔江区的建成区面积也相对较大，均在20平方公里左右，吉首市2012年扩张较快，增加了8.8平方公里，恩施市则在近5年来基本保持不变，黔江区持续较快增长，近11年

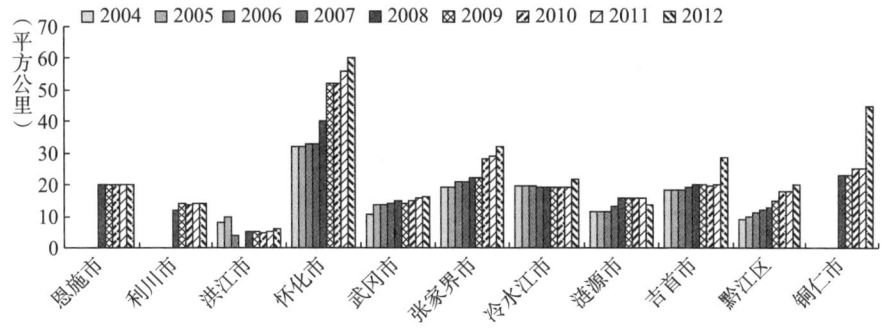

图8 武陵山片区代表性城市建成区面积演变对比

---

① 这与2011年10月22日，撤销铜仁地区设地级铜仁市的区划调整有关，原县级铜仁市改为碧江区，万山特区改为万山区。

来年均扩张 0.99 平方公里，并获批了 2016 年城区建成面积达到 38 平方公里的规划目标。综上所述，不难发现，武陵山片区城区面积中怀化市"一家独大"，超过排名第二的铜仁市 15 平方公里，其他城市除洪江市以外城区面积相差不大，均在 20 平方公里左右。

2. 建成区面积占比怀化市最高，各城市差异较大

从建成区面积占比（土地城镇化率）角度来看，武陵山片区建成区面积占比最高的城市为怀化市，2012 年达到 7.76%，低于同期武汉市（19.13%）、长沙市（16.54%）和贵阳市（9.57%），以及周边娄底市（10.75%）、邵阳市（12.39%），但高于重庆市（3.56%）、常德市（3.26%）、益阳市（3.51%）（见表 3）。其次为冷水江市，2012 年土地城镇化率为 4.94%，也高于周边的常德市、益阳市；建成区面积占比排在第三、四位的为吉首市、铜仁市，2012 年达到 2.72% 和 2.43%，但已低于所有对比的周边城市；黔江、张家界、武冈、涟源等市的土地城镇化率更低，均在 1% 左右，恩施、利川、洪江三市则处于 0.2% - 0.5% 之间。

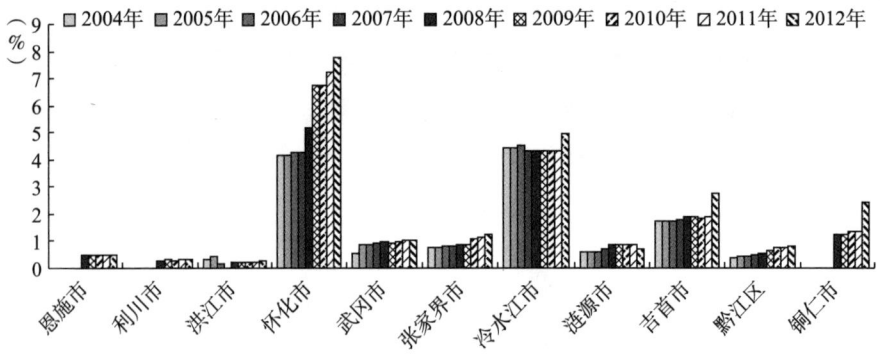

图 9 武陵山片区代表性城市建成区面积占比演变对比

从 2004 - 2012 年间建成区面积占比变动幅度的对比来看，武陵山片区中怀化市变动幅度最大，达到 3.62 个百分点；其次是吉首市，为 0.99 个百分点；张家界、武冈、冷水江市均为 0.5 个百分点，黔江为 0.45 个百分点，最小的是涟源，仅有 0.1 个百分点。而与周边城市相比，只有怀化市超过了常德、益阳、娄底和邵阳市，但慢于贵阳市。其他城市与上述周边城市的变动幅度相比都存在较大差距。这意味着，武陵山片区中除怀化市以外，其他城市的土地城镇化速度都相对较慢。

表 3　武陵山片区 11 城市与周边 4 省份代表性城市土地城镇化比较

单位：km², %

城市	2004 年			2012 年			2004 – 2012 年
	市区面积	建成区面积	建成区面积占比	市区面积	建成区面积	建成区面积占比	变动幅度（个百分点）
恩施	—	—	—	3972	20	0.50	—
怀化	773	32	4.14	773	60	7.76	3.62
张家界	2572	19	0.74	2572	32	1.24	0.51
铜仁	—	—	—	1854	45	2.43	—
黔江	2402	9.12	0.38	2402	20	0.83	0.45
吉首	1057	18.25	1.73	1058	28.8	2.72	0.99
利川	—	—	—	4603	14	0.30	—
洪江*	2611	8.21	0.31	2289	6	0.26	-0.05
武冈	1937	10.5	0.54	1549	16.1	1.04	0.50
冷水江	439	19.51	4.44	439	21.69	4.94	0.50
涟源	1895	11.5	0.61	1912	13.5	0.71	0.10
对比城市							
重庆*	7152	431	6.03	29590	1052	3.56	-2.47
武汉*	8494	218	2.57	2718	520	19.13	16.57
长沙*	556	142	25.54	1910	316	16.54	-9.00
贵阳	2404	129	5.37	2403	230	9.57	4.21
常德	2749	57	2.07	2510	82	3.27	1.19
益阳	1935	42	2.17	1851	65	3.51	1.34
娄底	426	40	9.39	428	46	10.75	1.36
邵阳	436	40	9.17	436	54	12.39	3.21

注：带 * 的城市表示市区面积有过较大的调整，因而其变动幅度不具备可比性；"—"则表示没有数据或没有计算。

（四）城镇化质量及特征

1. 人口城镇化与经济发展总体上低水平协调

应用象限图法①可以发现，武陵山片区人口城镇化与经济发展总体上处于

---

① 象限图法的具体做法是，先计算得到各县市区的人口城镇化率、人均 GDP 数据，然后应用公式，$z = (x_i - \bar{x})/s, s = \sqrt{\sum (x_i - \bar{x})^2/(n-1)}, \bar{x} = \sum x/n$ 求得人口城镇化率、人均 GDP 的标准化值，进而分别以人口城镇化率、人均 GDP 标准化值为 0 作为纵向、横向轴线划分四个象限。

低水平均衡状态。如图 10 所示，1-4 象限分别为高人口城镇化 - 高经济发展区、高人口城镇化 - 低经济发展区、低人口城镇化 - 低经济发展区和低人口城镇化 - 高经济发展区。显然，武陵山片区只有少数县市区处于高人口密度 - 高经济密度区。大多数县市区处于第 3 象限，即低人口城镇化 - 低经济发展区，只有鹤城、冷水江、吉首、武陵源、碧江、永定、黔江等十余个县市区处于第 1 象限，具有相对较高的人口城镇化率和较高的经济发展水平，6 个中心城市中恩施市处于第 2 象限，具有较高的人口城镇化率，但经济发展明显滞后。

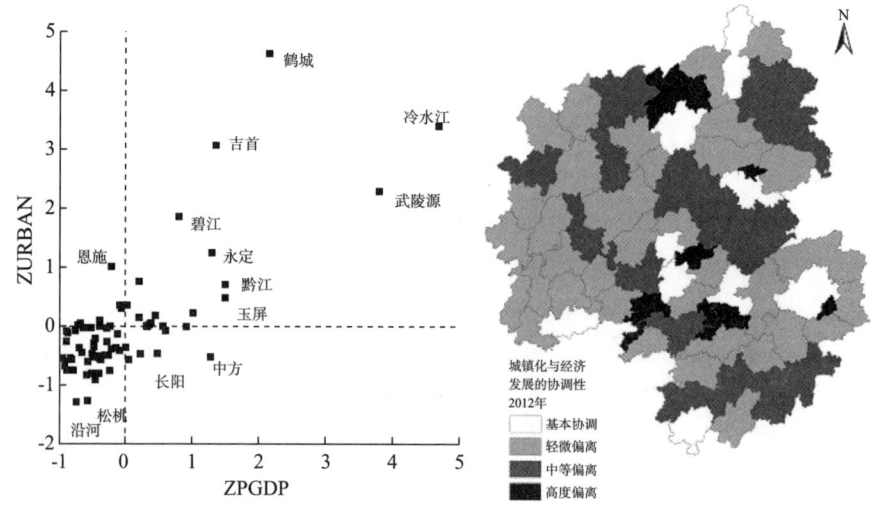

图 10　武陵山片区 71 县市区城镇化与经济发展协调程度（2012 年）

进一步地，以人口城镇化率标准化值与人均 GDP 标准化值之差的绝对值考察人口城镇化与经济发展水平的协调程度，值越大，偏离程度越高；值越小，协调程度越高。图 10 将武陵山片区 71 县市区划分为 4 类，即绝对值处于 0-0.1 之间的基本协调区、0.1-0.5 之间的轻度偏离区、0.5-1 之间的中度偏离区、大于 1 的高度偏离区。不难发现，武陵山片区大多数县市区处于基本协调和轻微偏离区，占比达到 61.97%，其中，基本协调区占 12.68%，轻微偏离区占 49.29%。高度偏离区主要有恩施、武陵源、吉首、碧江、玉屏、鹤城、中方、冷水江等 8 县市，其中，鹤城、吉首、碧江、恩施的人口城镇化率相对于人均 GDP 过高，属于城镇化超前于经济发展水平的区域,而冷水江、武陵源、中方、玉屏则人口城镇化率相对于人均GDP过低,属于城镇化滞后于经济发展水平的区域。中心城市中永定区的人口城镇化进程与经济发展程度基本协调,黔江区人口城镇化滞后于经济发展水平,但偏离程度较小。

需要特别强调的是,目前武陵山片区人口城镇化与经济发展总体上的协调是一种低水平的协调,需要同时促进经济发展和提升城镇化水平。

2. 产业城镇化的带动效应偏弱

众所周知,产业是城镇化的基础,产业集聚促进人口集中进而实现人口的城镇化。因而,人口产业城镇化相对指数①可在一定程度上揭示产业城镇化的带动效应。

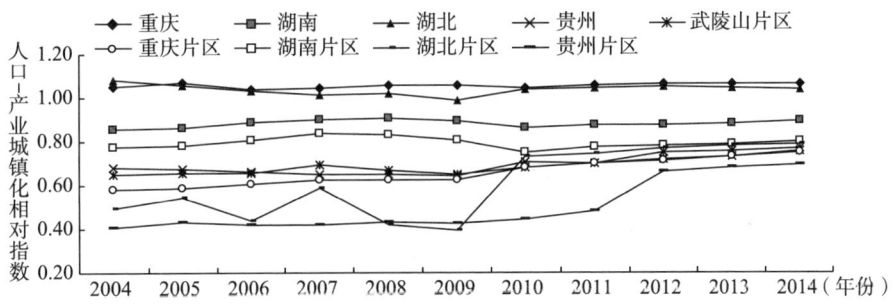

图11 武陵山片区产业城镇化带动效应的演变比较

注:部分年份出现较大波动是由于人口城镇化统计口径不同所导致。

图11反映了武陵山片区产业城镇化带动效应的演变及与周边4省份的差异。虽然自2004年以来,武陵山片区产业城镇化的带动效应呈逐渐增强的趋势,但总体水平仍然较低,人口—产业城镇化相对指数基本维持在0.65-0.77之间,即仅为全国平均水平的65%-77%,略高于贵州省的平均水平,但与重庆、湖北、湖南三省份存在较大差距。在武陵山片区内部,湖南片区的产业城镇化带动效应最强,2014年接近0.80,其次是湖北片区、重庆片区,分别为0.79和0.75,贵州片区最低,仅为0.70,但总体上各分

---

① 计算公式为:$R-urban_{i,I-P} = \dfrac{urban_{i,P}/urban_{i,I}}{urban_{G,P}/urban_{G,I}}$,其中 $R-urban_{i,I-P}$ 为人口-产业城镇化相对指数,$urban_{i,P}$、$urban_{i,I}$ 分别为 i 县市区的人口城镇化率和产业城镇化率,$urban_{G,P}$、$urban_{G,I}$ 分别为全国的人口城镇化率和产业城镇化率。

片区产业城镇化带动效应的差距呈逐渐缩小的趋势。

不过，武陵山片区各县市区的产业城镇化带动效应差异明显。图 12 将 71 县市区产业城镇化的带动效应分为弱带动效应（指数 < 0.70）、中带动效应（指数处于 0.70 - 1 之间）、强带动效应（指数 > 1）三类。不难发现，片区内大多数县市区属于弱带动效应和中带动效应区域，两者的占比分别达到 42.25% 和 49.30%，高带动效应区域仅有武陵源、吉首、鹤城、碧江、冷水江、武冈等 6 市区，占比 8.45%。这再次表明，武陵山片区除了少数中心城市区域外，大多数县市区产业城镇化带动效应偏弱。

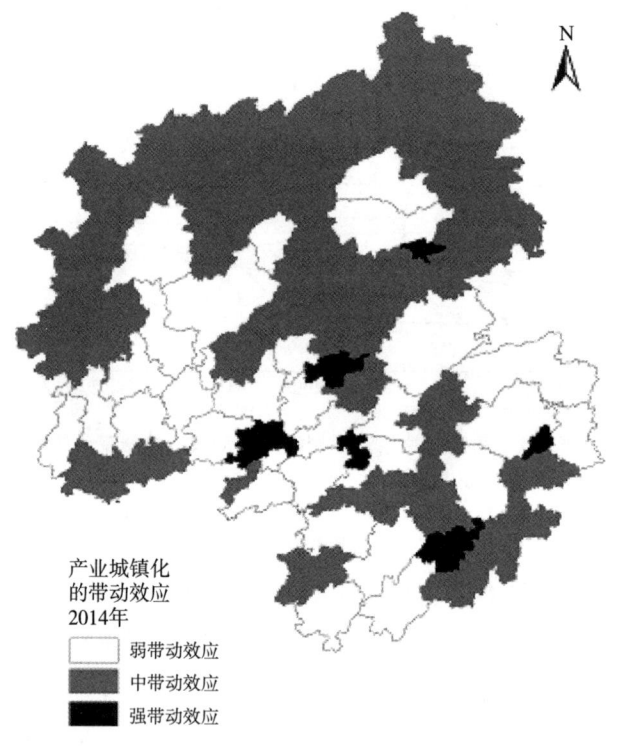

图 12　武陵山片区产业城镇化的带动效应分类

3. 城镇体系不合理

武陵山片区受四省份行政区划分割的影响，合理的城镇体系尚未建立，具体表现为城镇数量少、密度低；城镇规模不大，中心城市不强；城镇之间的联系不够紧密等。由表 4 可知，武陵山片区的面积与湖南、湖北、贵州相当，比重庆市大一倍多，但城市数量最少，将县级市包括在内，片区仅有城市11个，远远低于湖南、湖北的29和36个；城市密度为每万平方公里0.64个，不及湖北省的1/3、湖南省的1/2，比贵州省城市密度也低0.1个/万平方公里；建城区面积则更低，仅为277.09平方公里，远远低于湖南、湖北、重庆的1465、1701和1324.94平方公里，也不及贵州省的1/2；建城区绿化率也最低，为31.4%，比四省份低5-11个百分点。

表4 2012年武陵山片区与四省份、全国的城市建设情况比较

	土地面积（万平方公里）	城市数（个）	城市密度（个/万平方公里）	建成区面积（平方公里）	建成区绿化覆盖率（%）
武陵山片区	17.18	11	0.64	277.09	31.4
湖南	21.18	29	1.37	1465	37
湖北	18.59	36	1.94	1701.0	37.7
贵州	17.62	13	0.74	586.06	40.14
重庆	8.24	—	—	1324.94	42.34
全国	960	657	0.68	45565.8	39.59

资料来源：《中国城市统计年鉴（2013）》。

从片区内11个城市来看，规模最大的为怀化市，城区常住人口约为51.24万，建城区面积60平方公里，是片区内的首位城市。此外，人口在30万以上的只有恩施市，11城市城区平均常住人口规模为26.44万；城区人口密度最大的是洪江市，高达每平方公里2.58万人，涟源、恩施、利川、武冈、冷水江市人口密度也超过了1万人/平方公里，人口密度最低的是铜仁市，不到5000人/平方公里。建城区面积最大的是怀化市，为60平方公里，其次是铜仁市（45平方公里）、张家界市（32平方公里），平均建成区面积为25.19平方公里（见表5）。

表5 2012年武陵山片区11个城市人口和建城区面积对比

城市	城区常住人口（万人）	城区人口密度（人/平方公里）	建成区面积（平方公里）
怀化（鹤城区）	51.24	8540	60
铜仁	20.21	4491	45
张家界	25.78	8056	32

续表

城市	城区常住人口（万人）	城区人口密度（人/平方公里）	建成区面积（平方公里）
黔江	19.1	9550	20
恩施	35.41	17705	20
吉首	22.14	7688	28.8
利川	22.25	15893	14
武冈	24.94	15491	16.1
洪江	15.49	25817	6
冷水江	25.42	11720	21.69
涟源	28.89	21400	13.5

为了进一步考察武陵山片区城镇规模等级结构，可采用 M. Jefferson 等提出的城市首位律理论中的"2 城市指数"以及后来出现的"4 城市指数"和"11 城市指数"加以定量分析①。分别以城区常住人口和建成区面积计算得到的 2、4、11 城市指数分别为：1.45、0.57、0.43 和 1.33、0.57、0.55，显然两者的差别并不明显。而根据城市首位律理论，较为合理的城市首位度结构为 $S_2 = 2, S_4 = S_{11} = 1$。将武陵山片区的 2、4、11 城市指数与合理的指数值比较，发现武陵山片区 3 个指数都与合理值存在较大差距，这表明武陵山片区的城镇规模等级体系还很不合理，中心城市过小，城镇等级过于扁平化，缺乏辐射能力强的中心城市。

4. 人口－产业－土地城镇化的耦合度、协调度偏低

借鉴容量耦合概念和容量耦合系数模型推广得到的多个系统（要素）相互作用耦合模型，进一步考察武陵山片区 11 个代表性城市人口、产业和土地城镇化的耦合系数与协调程度②。以 2012 年为例，11 个代表性城市的

---

① 计算公式分别为：$S_2 = P_1/P_2$、$S_4 = P_1/(P_2 + P_3 + P_4)$、$S_{11} = 2 \times P_1/(P_2 + P_3 + P_4 + P_5 + P_6 + P_7 + P_8 + P_9 + P_{10} + P_{11})$，其中，$S_2$、$S_4$、$S_{11}$ 分别为 2、4、11 城市指数，P_1、P_2、$P_3 \cdots P_{11}$ 则分别为人口（面积）规模前 11 位城市的人口（面积）。

② 耦合系数计算公式：$C_i = \{(u_{p,i} \times u_{I,i} \times u_{L,i})/[(u_{p,i} + u_{I,i}) \times (u_{p,i} + u_{L,i}) \times (u_{I,i} + u_{L,i})]\}^{\wedge}(1/3)$，其中 $u_{p,i}$、$u_{I,i}$ 和 $u_{L,i}$ 分别为人口、产业和土地城镇化，C_i 为 i 区域的耦合系数；协调度系数计算公式为：$D_i = \sqrt{C_i \times T_i}$，$T_i = a \times u_{p,i} + b \times u_{I,i} + c \times u_{L,i}$，$D_i$ 为协调度，a、b、c 为三个待定系数，本文中均取值 1/3。

人口－产业－土地城镇化耦合度和协调度系数如图 13 所示。

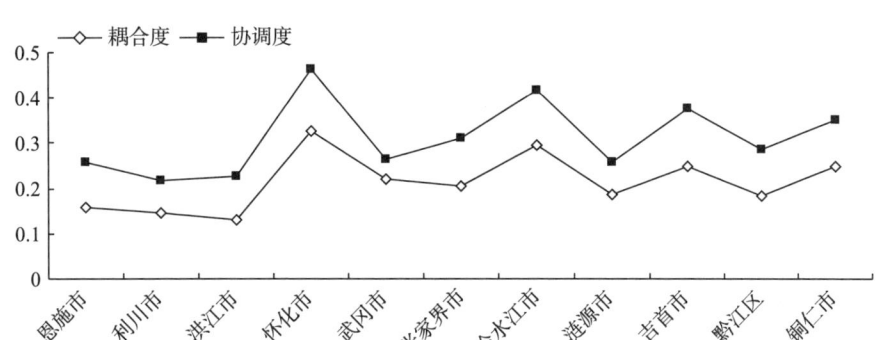

图 13　武陵山片区 11 城市人口－产业－土地城镇化耦合度系数与协调度系数比较（2012 年）

由已有研究可知，根据耦合度值的变化可以分为 6 种阶段，即无序发展阶段（C＝0）、较低水平耦合阶段（0＜C＜0.3）、颉颃阶段（0.3＜C＜0.5）、磨合阶段（0.5＜C＜0.8）、高水平耦合阶段（0.8＜C＜1）和良性共振耦合阶段（C＝1）；类似地，协调度可以划分为 4 个层次，依次是低度协调（0＜D＜0.4）、中度协调（0.4＜D＜0.5）、高度协调（0.5＜D＜0.8）和极度协调（0.8＜D＜1）。图 13 表明，武陵山片区 11 个代表性城市的人口－产业－土地城镇化耦合度、协调度系数均偏低，基本上处于较低水平耦合阶段，协调度低。怀化市的耦合度、协调度系数都最高，是唯一进入颉颃阶段的城市。处于中等协调的城市有两个，即怀化市和冷水江市。此外，吉首市、铜仁市城镇化中人口、产业和土地三个维度的耦合、协调程度也相对较高。

鉴于上述 11 个代表性城市是武陵山片区城镇化的"领头羊"，其耦合度、协调度系数偏低意味着武陵山片区人口城镇化、产业城镇化和土地城镇化整体上还处于低水平耦合、低协调推进阶段。

三　武陵山片区城镇化发展趋势

（一）城镇化的冷热点区域分析

应用 ESDA 分析中的 LISA 图等局部空间统计分析方法，本部分进一步分析武陵山片区城镇化的冷热点区域，揭示片区城镇化发展趋势。

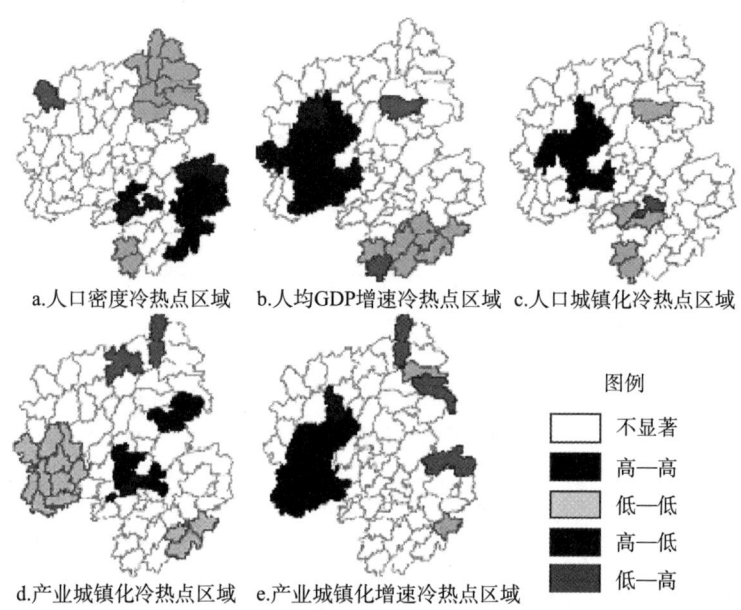

图14　武陵山片区城镇化冷热点区域分析 LISA 示意

由图 14 可知，a、b、c、d、e 图分别以 5% 的显著性水平反映了人口密度、人均 GDP 平均增速、人口城镇化、产业城镇化和产业城镇化增速的冷热点区域。

（1）人口密度方面，高－高集聚区主要分布在武陵山片区的东南部，即娄（底）邵（阳）地区的冷水江、涟源、新化、新邵、隆回、邵阳、新宁以及怀化地区的麻阳县，这些地区人口城镇化的潜力较大；而低－低集聚区主要分布在片区的东北部，即建始、巴东、秭归、长阳、五峰、鹤峰、桑植和石门县以及南部的靖州、通道，这些地区人口密度较低，人口城镇化潜力相对较弱，而芷江、中方、丰都和安化为人口密度的低－高集聚区，人口密度显著低于周边中心区域，难以跟上周边中心区域的人口城镇化步伐。

（2）人均 GDP 增速方面①，高－高集聚区主要分布在重庆片区和贵州片区，有黔江、酉阳、务川、沿河、正安、德江、思南、石阡、江口和松桃等 10 县区，这些经济增长的热点区域，一方面得益于重庆市、贵州省近

---

① 以 2004 – 2014 年的人均 GDP 平均增速为计算依据。

年来对该区域的大力支持；另一方面，前期基础薄弱、基数低也是其具有较高增长速度的原因之一。而南部的邵阳、新宁、城步、靖州、绥宁、武冈、洞口则属于经济增长的冷点区域，是人均 GDP 增速较低的集聚区。此外，通道、桑植县属于低－高集聚区，即相对于周边县区具有较高的增速，彭水则属于高－低集聚区，平均增速低于周边县区。

（3）人口城镇化方面①，人口城镇化率上升较快的区域主要分布在重庆片区的黔江、酉阳县和贵州片区的务川、印江、沿河和松桃县，这些地区也是经济增长的热点区域，怀化片区的靖州、通道、洪江、芷江则是人口城镇化率上升较慢的低－低集聚区，中方、凤凰属于高－低集聚区，即人口城镇化速度慢于周边地区。

（4）产业城镇化方面，城镇化率高－高集聚区为吉首、花垣、凤凰、辰溪、慈利、武陵源、永定 7 县市区，主要分布在湖南片区，而低－低集聚区主要分布在贵州片区，有正安、务川、沿河、德江、湄潭、凤冈、思南、印江、余庆、石阡等 10 县，此外，湖南片区的邵阳、新宁、武冈 3 县市是另一个低－低集聚区。麻阳、万山则为高－低集聚区，恩施和巴东为低－高集聚区，前者的产业城镇化滞后于周边地区，后者则高于周边地区。

（5）产业城镇化增速方面②，热点区域是贵州片区和重庆片区，务川、沿河、德江、湄潭、凤冈、思南、印江、余庆、石阡、江口以及酉阳等 11 县为增速高－高集聚区，冷点区域为邵阳县和五峰县。此外，黔江区为高－低集聚区，巴东、石门和安化为低－高集聚区，前者的增速低于周边地区，后者的增速高于周边地区。

（二）城镇化的空间趋势性分析

应用 ArcGIS 的统计模块中的趋势性分析方法，阐释武陵山片区城镇化关键指标的空间发展趋势。具体如图 15 所示，其中，X、Y 轴分别代表东西和南北方向，Z 轴表示关键指标的指标值，落在两个平面上的两条曲线则代表关键指标在东西、南北方向上的轨迹。

---

① 以 2012 – 2014 年人口城镇化的平均增速为计算依据。
② 以 2004 – 2014 年的平均增速计算。

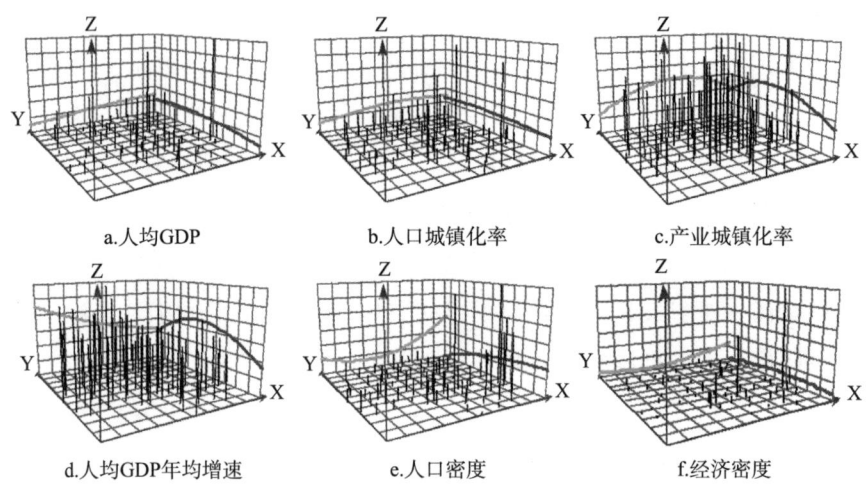

图 15　武陵山片区城镇化关键指标的空间发展趋势

注：人均 GDP、人口城镇化率、产业城镇化率、人口密度、经济密度等 5 项指标的数据均为 2014 年，人均 GDP 年均增速则取 2004－2014 年的平均增速。

不难发现，武陵山片区经济发展总体上呈现"东部强于西部、北部强于南部"的特征。具体指标层面上，人均 GDP、人口城镇化率具有与总体经济特征基本一致的趋势，这意味着武陵山片区虽然经济发展、城镇化进程整体滞后，但内部的区域性差异也不容忽视，贵州片区、湖南片区中怀化南部和娄底、邵阳南部更为滞后。产业城镇化方面，"中部凸起"是典型的特征，这表明片区中部地区具有更高水平的产业结构，当然这与主要中心城市均处于片区中部密切相关，中心城市不仅自身的产业结构水平较高，同时由于产业结构的关联性、外溢性，中心城市周边区域的产业结构水平也相对较高，进而形成中部地区的产业高地。人均 GDP 年均增速方面，东西方向上与人均 GDP 指标的走势恰好相反，即人均 GDP 相对较高的东部地区增速较慢，人均 GDP 相对较低的西部地区增速较快，显然，这与经济理论的预期相一致，不过，南北方向上并没有出现这种一致性，人均 GDP 增速最快的不是南部人均 GDP 较低的地区，而是中部地区，南北方向上这一轨迹与产业城镇化率的轨迹近似。这表明，南北方向上中部地区较高的产业结构水平支撑了较快的人均 GDP 增长。人口密度方面，东西方向上，东部地区远远高于西部地区，南北方向上，南部地区明显高于北部地区，即片区的东南部是高人口密度分布区，这与武陵山片区东南部地区地势相对平缓的自然地理条件高度相关。不过，经济密度的空间差异明显小于人口密度的空间差异。东西方向上，东部地区经济密度大于西部地区且差异较明显，但南北方向上，经济密度的差异不大，中部稍高。人口密度和经济密度的空间趋势差异表明，经济布局与人口分布还存在较大矛盾，加剧了片区内部差距与贫困。

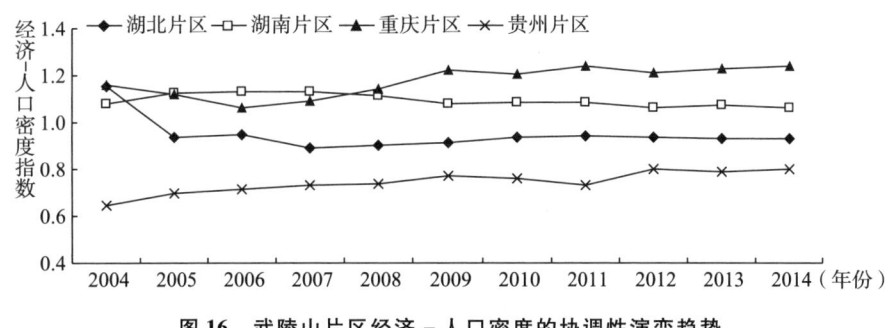

图16　武陵山片区经济-人口密度的协调性演变趋势

为了进一步分析武陵山片区内各分片区经济布局与人口分布的矛盾，图16绘出了4个分片区经济-人口密度指数均值的演变趋势[①]。经济-人口密度指数越接近于1，表明经济布局与人口分布之间越匹配；越偏离于1，经济和人口分布则越不协调。图16表明，重庆片区2004-2006年经济-人口密度指数向下趋向于1，之后快速反弹，并于2009年以后稳定于1.2左右；贵州片区自2004年以来，经济-人口密度指数一直逐步提升，从0.6上升到0.8左右；湖南片区的经济-人口密度指数在2004-2006年略有上升，之后逐渐回落并趋于相对稳定，但始终保持在1以上；湖北片区的经济-人口密度指数在2004-2007年持续下滑，由接近于1.2下滑到1以下，之后稍有上升并趋于稳定，目前仍略低于1。可见，4个片区中，湖南片区、湖北片区的经济和人口分布相对协调，重庆片区经济布局相对于人口分布具有明显的优势，贵州片区则经济布局相对于人口分布具有较大的劣势，不过，这种劣势在逐渐减弱。

---

① 经济-人口密度指数计算公式为：$EP_{d,i} = \dfrac{E_{d,i}/\overline{E}_d}{P_{d,i}/\overline{P}_d}$，其中，$E_{d,i}$、$P_{d,i}$为i地区的经济密度和人口密度，$\overline{E}_d$、$\overline{P}_d$为片区的经济密度和人口密度均值。

(三) 中心职能指数演变趋势

中心城市是城镇化进程中的重要支撑，而中心职能指数能较好地反映中心城市在城镇体系中的中心地位及支撑效应①。本部分在计算所有县市区的中心职能指数的基础上，首先考察了6个中心城市以及11个城市（含县级市）所在地中心职能指数的占比及演变趋势，然后进一步分析6中心城市中心职能指数的差异及走势。

从6中心城市及11城市所在地中心职能指数占比的演变趋势来看（见图17），前者整体有所上升，后者则整体有所下降。这表明6中心城市的中心地位在2004－2014年有所强化，而11城市中另外5个县级市的中心地位下降明显，进而使11个城市作为整体的中心地位下滑。不过，从占比的绝对水平来看，2014年，武陵山片区中无论是6中心城市还是11城市的中心职能指数都不够强，两者的占比分别为17%、29%，并且6中心城市占比只比其他5个县级市的占比高出5个百分点。这意味着继续强化中心城市的中心职能、支撑效应和带动效应是近期城镇化工作的重点。

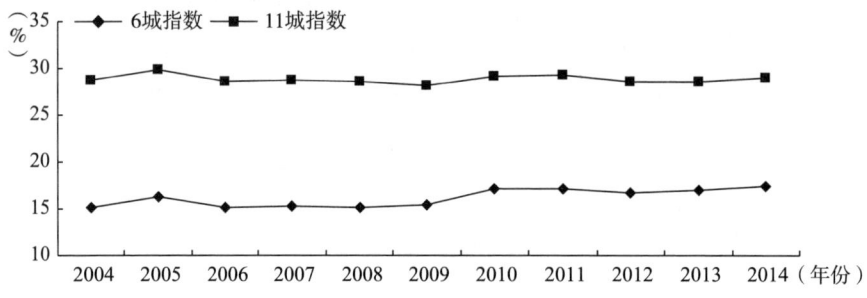

图17 武陵山片区6中心城市和11城市（含县级市）中心职能指数的占比演变趋势

图18则进一步考察了6中心城市中心职能指数的差异及演变趋势。显然，依据中心职能指数，6中心城市形成了4个梯队。其中，怀化市（鹤城区）为第一梯队，其中心职能指数不断上升，2014年达到3.39，比排名第二的张家界市

---

① 本部分的中心职能指数是经济发展（GDP）和城镇规模（城区常住人口）中心指数的平均值，经济发展中心指数和城镇化中心指数分别由各县市区的GDP和城区常住人口与片区的平均值相除得到。

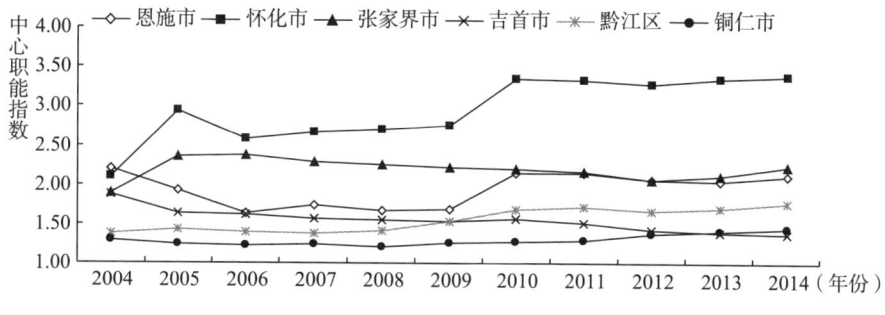

图 18　武陵山片区 6 中心城市中心职能指数演变趋势

高 1.15，成为名副其实的中心城市。张家界市和恩施市为第二梯队，不过前者在 2005 – 2012 年持续下降，后者在 2006 – 2010 年持续上升，之后两者的走势基本趋同，2014 年两城市的中心职能指数分别是 2.24 和 2.12。黔江区为第三梯队，2014 年中心职能指数为 1.77，不过该城市自 2004 年以来中心职能指数持续上升，共上升了 0.39，上升速度最快的年份是 2008 – 2011 年。吉首市和铜仁市为第四梯队，2014 年二者的中心职能指数分别为 1.38 和 1.45。值得注意的是，在 2004 – 2014 年，吉首市的中心职能指数持续下滑，由 2004 年的 1.87 下降到 2014 年 1.38，并被铜仁市反超，在 6 中心城市中排名最后。铜仁市则恰好相反，自 2008 年以来持续快速上升，从 2008 年的 1.20 上升到 2014 年的 1.45。

（四）中心城市经济联系与产业分工的演变趋势

首先，采用引力模型定量计算六个中心城市区域之间的经济联系强度及演变趋势，然后加总各城市与其他城市之间的引力值计算六中心城市的发展潜能①，分别得到图 19、20 的经济联系强度和潜能演变趋势对比结果。

---

① 城市之间的引力计算公式为：$R_{ij} = \dfrac{\sqrt{p_i v_i \times p_j v_j}}{D_{ij}^b}$，$(i \neq j)$，$R_{ij}$ 为引力值，p_i、p_j、v_i、v_j 分别为 i、j 地区的常住人口和 GDP 数值，D_{ij} 为 i、j 地区之间的距离，b 为距离摩擦系数，通常国家层面取 1，地区层面取 2；潜能计算公式为：$E_i = \sum\limits_{j=1}^{n} R_{ij}$，$E_i$ 为 i 地区的潜能，R_{ij} 为 i 地区与 j 地区的引力值。本部分计算中所采用的距离为百度地图上测得的各中心城市间直线距离，距离数值分别为：恩施 – 怀化相距 308 公里、恩施 – 张家界相距 160 公里、恩施 – 吉首相距 224 公里、恩施 – 铜仁相距 288 公里、恩施 – 黔江相距 114 公里、怀化 – 张家界相距 180 公里、怀化 – 吉首相距 88 公里、怀化 – 铜仁相距 85 公里、怀化 – 黔江相距 244 公里、张家界 – 吉首相距 116 公里、张家界 – 铜仁相距 201 公里、张家界 – 黔江相距 171 公里、吉首 – 铜仁相距 86 公里、吉首 – 黔江相距 162 公里、铜仁 – 黔江相距 200 公里。

不难发现，虽然各城市之间的经济联系在不断增强，但彼此间差异十分明显。怀化和铜仁之间的引力值最大且上升速度也很快，2014年达到1.4万人·亿元/平方公里；其次是怀化与吉首之间的引力值，2014年也超过1万人·亿元/平方公里。怀化与铜仁、吉首之间的引力值较大的原因来自两方面，一是怀化市城区本身的经济规模、人口规模在六中心城市中具有相对明显的优势；二是怀化与吉首、铜仁之间的距离较近，直线距离在85-88公里。此外，恩施和黔江之间、吉首和铜仁之间的引力值也较大，且近年来有较快增长。可见，随着各城市之间交通条件的进一步改善，如怀化与吉首、铜仁之间高速公路的互通，恩施和黔江之间高速的建成，这些城市之间的经济联系将进一步加强。因而，可以预见怀化-吉首-铜仁、黔江-恩施-龙（山）（来）凤①将成为武陵山片区内两个经济联系最为紧密的城镇组团，进而承担支撑和带动武陵山片区发展的重任。

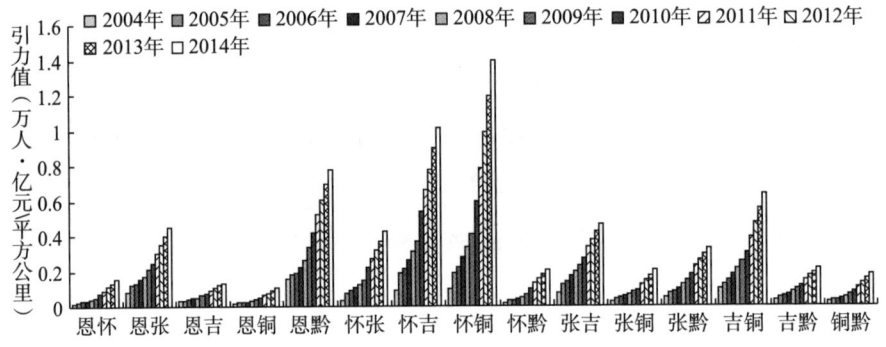

图19 武陵山片区六中心城市之间引力值演变趋势对比

从中心城市潜能演变趋势对比（见图20）来看，怀化市的潜能最大且增速也最快，2014年潜能值达到3.19万人·亿元/平方公里。其次是铜仁市、吉首市，两者2014年的潜能值分别为2.52万人·亿元/平方公里、2.46万人·亿元/平方公里，并且增速也较快。这再次表明怀化、铜仁和吉首三个距离较近的中心城市所组成的区域具有较大的发展潜能，可以发展成为带动武陵山片区发展的重要增长极。张家界、黔江和恩施三市则因为

---

① 在"武陵山片区龙山来凤跨省协作示范区"规划的支持下，龙山、来凤两县通过"融城"发展，有望成为重要的一极，且与黔江、恩施的距离也较近，因而三者之间的经济联系也会比较强。

相对偏离于武陵山片区地理中心且与其他中心城市的距离较远而潜能值相对较低。不过，这三个中心城市仍是武陵山片区西北部、东北部的重要增长极，特别是黔江、恩施可以进一步增强经济联系，打造片区西北部的增长极。

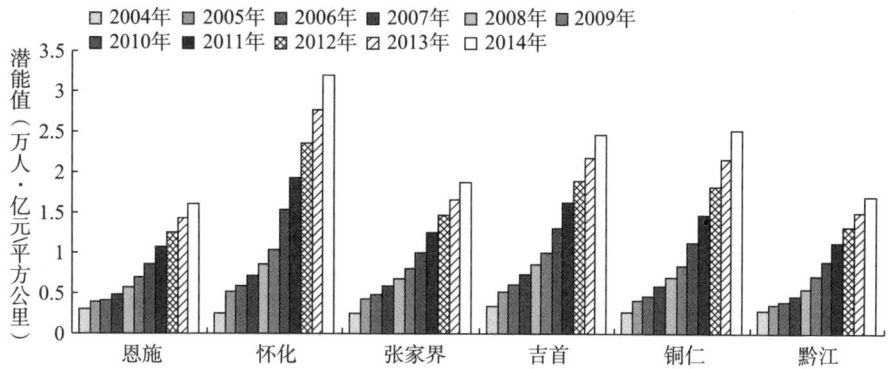

图 20　武陵山片区六中心城市潜能演变趋势对比

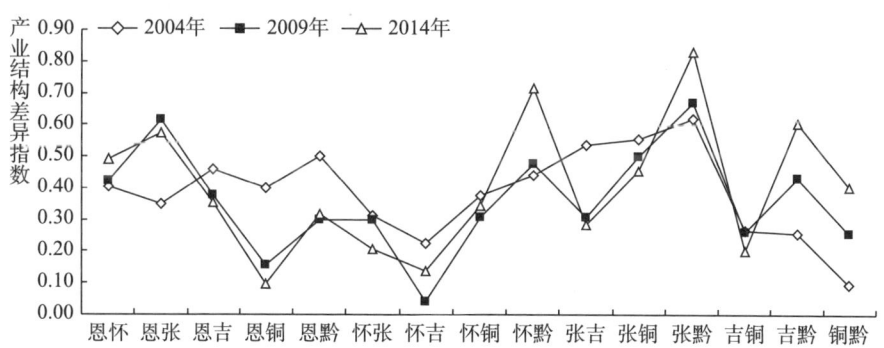

图 21　武陵山片区六中心城市彼此间产业分工演变趋势

其次，计算六中心城市 2004－2014 年的产业结构差异度指数①有助于理解武陵山片区中心城市间的产业分工及演变趋势。图 21 表明，张家界和黔江、吉首和黔江、怀化和黔江、恩施和张家界的产业结构有一定的差异，而恩施和铜仁、怀化和吉首、吉首和铜仁之间的产业结构相似度很高。从

---

① 计算公式为：$SI_{ij} = \sum_{k=1}^{n} |X_{ik} - X_{jk}|$，$SI_{ij}$ 为两个地区 i、j 之间的产业结构差异度指数，X_{ik}、X_{jk} 分别为部门 k 在地区 i、j 的产业结构中所占比重。指数值介于 0－2 之间，越接近于 0，表明产业结构越相似，越接近于 2，表明产业结构越不相同。

演变趋势来看，吉首和黔江、铜仁和黔江、张家界和黔江、怀化和黔江之间的产业结构有趋异的趋势，恩施和吉首、恩施和铜仁、张家界和吉首、张家界和铜仁、吉首和铜仁之间的产业结构有趋同的趋势。虽然上述产业结构差异指数仅依据三次产业计算所得，不能精确地反映城市之间的产业分工状况，但也在一定程度上揭示了中心城市间产业结构趋同和趋异的特点。比如怀化、吉首和铜仁三市间产业结构的趋同性表明这三个城市在未来的组团发展中要强化产业的合理分工。

四 武陵山片区城镇化发展战略

（一）总体战略

战略选择是在战略分析，即对外部环境中的机遇与威胁、自身的优劣势分析诊断的基础上，选择最有利于实现自身目标定位的全局性的、统领性的谋略、方案和对策体系。下文将应用SWOT分析法对当前武陵山片区城镇化面临的外部环境和自身条件进行诊断，进而确定武陵山片区的城镇化发展总体战略。

1. 武陵山片区城镇化的SWOT分析

（1）武陵山片区城镇化发展面临的机遇：①《国家新型城镇化规划》及中央城镇化工作会议对中西部地区中小城镇发展的重视。优化城镇空间布局是未来城镇化发展的重要内容，以城市群为主体形态促进大中小城市和小城镇的合理分工、功能互补、协同发展，加快中西部地区城镇化发展则是重要手段。②集中连片特困区成为国家21世纪第二个十年扶贫开发的主战场，全面建成小康社会的攻坚区域，国家将对连片特困区的区域发展、新型城镇化建设给予更多的支持。③武陵山片区城镇化进入"诺瑟姆曲线"的加速阶段，城镇化将进入快速发展期。④生态文明建设成为"五大文明建设"之一，被本届政府放到十分突出的地位，生态环境与生态资源的价值将越来越受重视。

（2）武陵山片区城镇化发展面临的威胁与挑战：①周边城市群快速发展带来的虹吸效应。在《国家新型城镇化规划》中，武陵山片区周边的武汉城市群、长株潭城市群、成渝城市群和黔中城市群都是中西部地区重点发展的城市群，这些城市群的加快发展会形成强大的集聚力，不仅会截断流入武陵山片区的资源与要素，同时将吸附武陵山片区内部的资源与要素，使武陵山片区形成更深的洼地，进一步削弱武陵山片区城镇化动力。②《全国主体功能区规划》对武陵山片区整体限制开发区的功能定位限制了武陵山片区的发展空间。一方面，限制开发区的功能定位严格限制了武陵山片区产业发展类型、产业发展规模、城镇化土地扩张边界，使武陵山片区的城镇化只能"带着枷锁跳舞"，增大了城镇化的成本和难度。另一方面，限制开发区的功能定位也削弱了武陵山片区承接产业转移、争取外部直接投资的吸引力和竞争力，城镇化动力进一步减弱。

（3）武陵山片区城镇化发展的自身优势：①城镇化发展的空间大。武陵山片区城镇化发展滞后，城镇化水平低于全国平均水平 20 余个百分点，并且刚进入城镇化的快速发展期，与此同时，武陵山片区乡村人口比重高、规模大，因而，武陵山片区的城镇化有较大的发展空间。②传统城镇化发展模式下积累的问题相对较少，具有新型城镇化的后发优势。武陵山片区由于城镇化发展滞后、起步较晚，因而传统粗放型城镇化模式中出现的人口城镇化滞后于土地城镇化、城镇化滞后于工业化、户籍人口城镇化滞后于常住人口城镇化的问题仍不严重，城镇化超出自然承载力、严重破坏生态环境的现象不是十分突出，在新型城镇化过程中可以汲取先行城镇化区域的经验与教训。③丰富的生态文化旅游资源为武陵山片区走可持续的山地新型城镇化道路提供了资源保障。良好的生态环境和丰富的生态文化旅游资源是武陵山片区最大的优势，在不破坏生态环境的前提下，充分挖掘和开发生态文化旅游资源并将其产业化，有助于推动新型城镇化建设。

（4）武陵山片区城镇化发展的劣势：①城镇化的动力有限。城镇化的动力可以分为行政力、市场力、内源力和外向力，就武陵山片区而言，市场经济发展滞后、对外开放程度不高，城镇化的市场力和外向力十分弱小，而行政力和内源力方面，由于地处四省份交界区域，地方政府的最高行政级别为地级市，行政资源及配置能力有限，同时，长期深陷"贫困陷阱"，区域发展资源积累有限，内源力也不强。②生态脆弱的山地条件增大了城镇化的成本和难度。武陵山片区是典型的喀斯特山地区域，石漠化程度较高、生态脆弱性强，适宜城镇化建设的土地面积有限，这些自然地理条件都增大了城镇化的成本和难度。③农民素质较低延缓新型城镇化的进程。武陵山片区居民居住分散、教育程度低，新的生计模式、生活方式的适应能力差，这都不利于人口的城镇化。④行政分割下的城镇化博弈。武陵山片区分属四省份行政区管辖，各分片区都有自身的利益诉求，在城镇化方面难以形成合力，甚至采取以邻为壑的恶性竞争策略，给城镇化发展带来阻力。

2. 武陵山片区城镇化的总体战略

基于上述外部环境、自身条件的诊断分析，武陵山片区城镇化应采用如下战略：以打造世界知名生态文化旅游目的地为统领，积极创新边缘锁定突破路径，变传统经济社会发展模式下的"后方"为生态经济发展前景下的"前沿"；以生态文化旅游产业为龙头，加快发展相关生态产业、休闲健康产业、环境友好型产业等，促进特色、绿色中小城镇发展；积极创新空间形态，创建适宜于生态脆弱山地本底条件的城镇化空间格局，充分借助和发挥市场力、外向力、行政力和内源力的城镇化推动效应，以及城镇空间的行政资源配置、经济生产、环境改造、社会关系调整、空间管治功效，实现城镇化和经济社会发展的良性循环，最终建立起实现生态屏障、扶贫攻坚、跨省协作和民族团结功能，支撑世界知名生态文化旅游目的地的城镇体系。

这一总体战略可以概括为"边缘锁定突破城镇化战略"，即通过加快新型城镇化发展使武陵山片区突破长期以来的边缘锁定困境，同时，借助边缘锁定突破带来的市场力、外向力等城镇化动力进一步推进新型城镇化建设，实现城镇化与片区经济社会协调发展。具体地，武陵山片区应牢牢抓住"世界知名生态文化旅游目的地"这一目标定位，通过借助外部需求、整合内部资源，实现市场、产业和空间的边缘锁定突破，最终走出边缘锁定困境。边缘锁定突破城镇化战略的实施需要人口城镇化战略、空间形态创新战略和产业城镇化战略三个分战略的支撑。一方面，人口城镇化、产业城镇化、空间城镇化（空间形态创新）三者是武陵山片区城镇化发展的基本内容，缺一不可；另一方面，三者之间并非孤立，彼此之间的相互促进、相互影响、协同推进能提高新型城镇化的效率和质量，凝聚各类要素、组合各种动力最终突破武陵山片区的边缘锁定,实现打造世界知名生态文化旅游目的地的宏伟目标。

(二) 产业城镇化战略

产业城镇化是武陵山片区城镇化发展的支撑,没有产业的城镇化就没有经济活动的城镇化,空间和人口的城镇化就成为无源之水。纵观人类城镇化发展历程,产业城镇化都是城镇化最基本的推动力。武陵山片区的城镇化发展滞后与其二三产业不发达、第一产业占比偏高密切相关。而且,由于脆弱的山地自然地理条件和四省份边缘的地理区位,传统的二、三产业发展前景并不乐观。在周边四大城市群快速发展的背景下,武陵山片区不仅难以分得东部地区制造业转移的一杯羹,即便承接到部分产业转移,也难以实现持续发展,更不可能支撑起武陵山片区的城镇化。因而,武陵山片区必须另辟蹊径,基于自身的比较优势、结合时代发展的客观潮流,大力发展特色和绿色产业,实现产业发展的突围。具体地,武陵山片区的产业城镇化战略应在打造"世界知名生态文化旅游目的地"目标的统领下,以生态文化旅游产业为龙头产业、战略产业,精心开发旅游组团和精品旅游线路,加强区域合作,实现全片区无障碍旅游。同时,武陵山片区积极开发与生态文化旅游密切相关的其他产业,如特色农业、特色农林产品加工业、生物医药产业、山地机械产业、环境友好型矿产品加工业、现代物流业、商贸服务业、民族文化产业、健康与养老产业、金融科技与信息服务业等,构建武陵山片区独特的绿色产业体系,在产业发展形态上,促进产业集群发展、专业化发展,并在相关产业集聚发展的支撑下形成一批特色小城镇。具体地,产业城镇化战略又可以具体化为如下三个方面。

1. 加快战略产业的跨区域联动和跨产业融合发展

生态文化旅游产业是武陵山片区无可争辩的战略性产业,也是《武陵山片区区域发展规划与扶贫攻坚(2011–2020)》中确定的首个重点发展产业,并且已有一定的发展基础。不过,武陵山片区的生态文化旅游产业规模仍不够大、竞争力仍不够强、区域发展带动效应仍十分有限。而出现这一状况的原因主要有两个方面,一是片区内部区域之间旅游产业缺乏深度的分工与合作;二是生态旅游文化产业的产业链条不长、与其他相关产业的融合不够，产业整体规模不大、盈利能力不强。因而，武陵山片区应从跨区域联动发展和跨行业融合提升两个方面来强化生态文化旅游产业的战略性地位，将其打造成名副其实的支柱产业，增强其区域发展带动效应。跨区域联动发展方面要以中心城市为依托，以张家界、凤凰、梵净山等知名旅游景点为窗口，根据资源的相似性、地域的临近性构建张家界湘西风情旅游组团、湘西南山水文化旅游组团、梵净山生态休闲文化旅游组团、渝东南山水生态旅游组团和渝东鄂西山水风情旅游组团五大旅游组团，一方面，积极推动组团内部各旅游景点之间的分工与协作；另一方面，通过打造十二条精品旅游线路，即以世界自然遗产旅游区和国家历史文化名城、国家级风景名胜区、国家级森林公园等重点旅游景区为依托，以交通通道为纽带，实现五大特色旅游组团之间的联动发展。跨产业融合发展方面，一是要加强生态文化旅游产业内部的融合，即既要深化生态、文化和旅游产业的发展，又要加强彼此之间的融合，提升武陵山片区生态文化旅游产业的品牌竞争力；二是要加强生态文化旅游产业与其他相关产业的融合。通过延伸产业链、弱化产业边界，围绕生态文化旅游产业"食、住、行、游、购、娱、休、疗"等环节的综合配套服务，实现一、二、三产业的包容性融合发展，构建以生态文化旅游产业为支架的一、二、三产业协同发展的特色生态产业体系。

2. 共建三大特色产业园区，提升产业集聚力和竞争力

"产业向园区集中"是现代产业发展的基本趋势，也是山区现代工业和服务业发展的现实需要。武陵山片区 71 县市区虽有为数不少的工业园区，但园区级别不高、规模不大、集聚力不强、就业容量有限、知名度不高、竞争力不强，对区域的带动效应十分有限。武陵山片区共建产业园区的产业化发展路径有两个层面：一是打造三个国家级产业园区，实现武陵山片区国家级产业园区零的突破，提升园区的集聚力和竞争力。这三个园区分别是武陵山片区（张家界）国际旅游集散地、铜吉怀国家山地产业园区、黔恩龙国家山地产业园区。其中，武陵山片区（张家界）国际旅游集散地旨在借助张家界的知名度、美誉度集聚旅游产业发展的高端资源，辐射和带动整个武陵山片区生态文化旅游产业的发展；铜吉怀国家山地产业园区则借助铜仁、吉首和怀化三市相对较好的发展基础、彼此毗邻和位居武陵

山片区中心的区位优势,在国家和各省份的投资推动下发展成为武陵山片区的物流中心、民族文化产业中心、制造业中心和现代服务业中心;黔恩龙国家山地产业园区则定位为武陵山片区绿色食品、特色农产品、生物制药和北部物流中心,充分挖掘黔江、恩施、龙(山)来(凤)的资源优势和政策优势。二是对处于上述三个国家级产业园区范围之外的县级、镇级产业园区进行迁并整合,减少产业园区数量、扩大产业园区规模、提升产业园区质量,优化武陵山片区的产业园区分布。

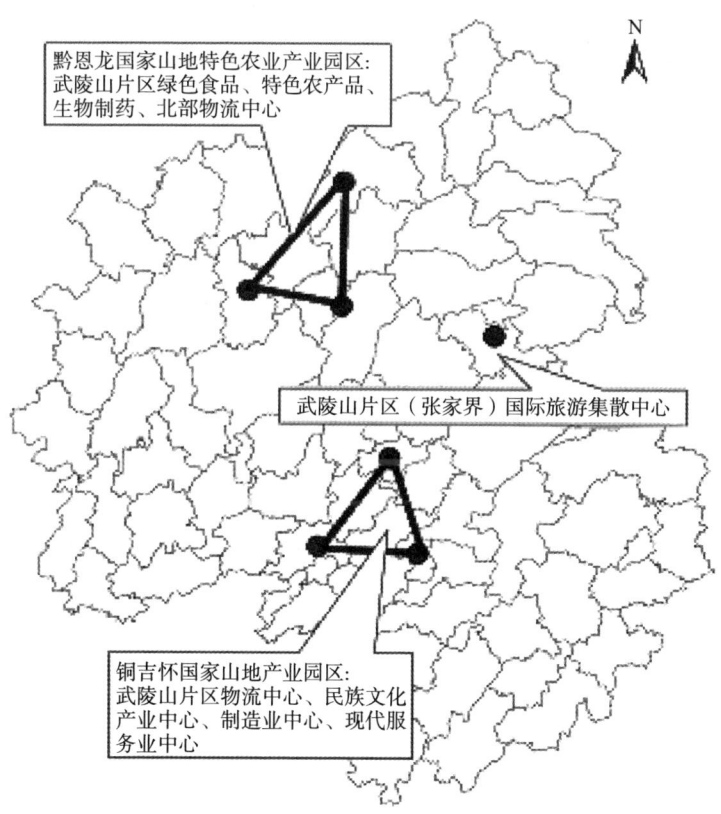

图 22 武陵山片区三大国家级产业园区的空间分布示意

3. 以"基地+龙头企业+地理标志"促进特色农业及加工业发展

武陵山片区特色农业资源、中草药植物资源丰富,有着发展特色、高效、精品农业的比较优势。《武陵山片区区域发展与扶贫攻坚规划(2011-2020)》将特色农业及其加工业作为武陵山片区产业发展规划中的第二大产业。如何挖掘特色农业及加工业的发展潜力是产业城镇化战略实施中必须解决的问题。总体而言，武陵山片区的特色农业及加工业一方面应主动对接生态文化旅游产业发展，融入生态文化旅游产业；另一方面，要积极推进现代农业经营模式、延伸农业产业链条，走特色、高效、精品化发展路径。在特色农业及加工业发展过程中，以"基地"解决规模经济问题，以"龙头企业"解决"小农户"和"大市场"的不对称问题，以"地理标志"解决农产品销售中的过度竞争和附加值低的问题。具体地，一是要突破行政界限，实施一批重大特色农林业项目，推进茶叶基地、蚕茧基地、烤烟基地、油茶基地、柑橘基地、高山蔬菜基地、魔芋基地、干果基地、中药材基地、肉类基地和优质楠竹基地等 11 大区域性特色农业基地建设。二是要创新机制，大力发展"农"字号龙头企业，鼓励本地龙头企业采取招商引资、多元入股的方式与片区内外的大中型企业合作，迅速扩大规模，提升产业档次，增强带动能力；同时，要扶优扶强，帮助现有农业企业做大做强，促进农业企业实现现代化管理、市场化运作。三是要积极申请国家地理标志、塑造特色农产品品牌，提升特色农产品的附加值和科技含量，提升武陵山片区特色农产品的品牌影响力和竞争力。

（三）空间形态创新战略

武陵山片区的空间形态创新战略强调两个方面，一是城镇空间布局及城镇内部空间结构规划要突破现有的模式，遵循山地城镇化空间演变规律，满足山地可持续城镇化客观要求。二是城镇化空间布局及城镇内部空间结构创新要协调四省份片区的城镇化利益诉求，契合跨省协作、扶贫攻坚和民族团结等方面的需要。具体地，武陵山片区的空间形态创新战略要以全国主体功能区规划中的区域功能定位以及武陵山片区"六中心四轴线"、"两环四横五纵"的空间结构为指南，以自然环境承载力为前提，遵循山地城镇化空间演变的客观规律，以中小城镇建设为主体，按照"重点开发沟域、河谷和盆地，适当开发浅山区，人口迁离深山区"的原则，突破行政壁垒分割，沿交通网络干线"集聚资源、集中人口和集约土地"，以中小城镇组团、走廊串珠、成长三角等为主要空间形态，形成自成体系的"多中心、多层级、多样化"的快速交通连接、特色生态产业支撑的"宜游、宜居、宜业"中小城镇网络体系。而这一空间城镇化过程可以划分为 6 个阶段。

1. 中心城市增长极效应强化阶段

怀化、吉首、铜仁、张家界、黔江和恩施 6 市是武陵山片区经济社会发展基础较好、规模较大、实力较强的中心城市，也是《武陵山片区区域发展与扶贫攻坚规划（2011－2020）》所确定的 6 个中心城市，以及武陵山片区的区域性增长极。不过，目前 6 中心城市仍处于极化阶段，作为区域性增长极的带动能力较弱。因而，武陵山片区的城镇化发展首先要按照《武陵山片区区域发展与扶贫攻坚规划（2011－2020）》中的规划定位，继续做大做强，优化城市形态，完善和提升其作为区域性中心城市的功能，促进人口与产业集聚，发展特色优势产业，强化其增长极功能，发挥辐射带动作用。其次，龙山、来凤两县毗邻，自然地理条件相对较好、人口规模较大、城镇化承载力较强，同时在"龙山来凤经济协作示范区"平台的支持下，

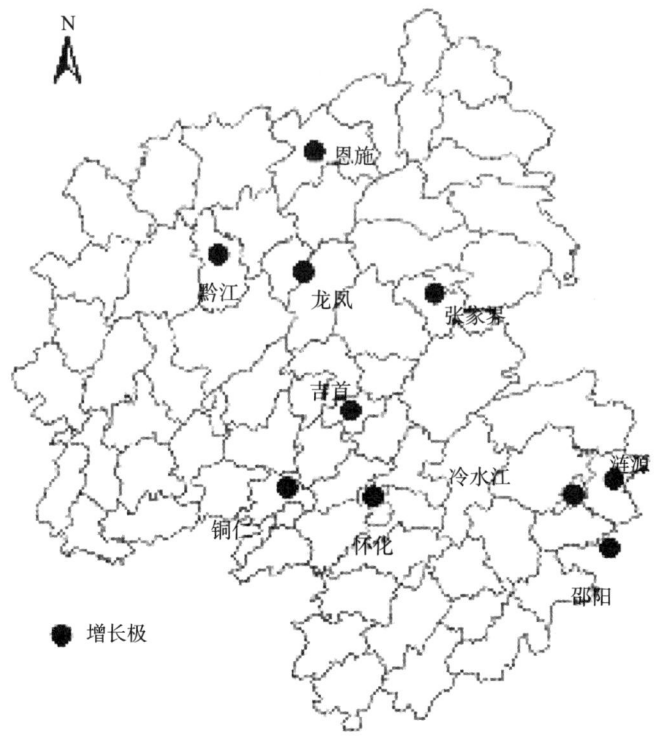

图 23　中心城市增长极强化阶段示意

有望发展成为片区内重要的中心城市。因而，也要加快"龙凤融城"步伐，加快城镇化进程，强化其增长极效应。再次，冷水江市、涟源市以及紧邻片区的邵阳市也有较好的发展基础，可以进一步强化其作为片区东南部（片区内邵阳娄底部分县市）的增长极效应。

2. "成长三角"推进合作发展阶段

成长三角是由若干个在地理位置上相近、生产要素上具有互补优势的地区（或城市）构成的经济合作区。基于空间上的稳定性、多种生产要素的互补性、较大的经济规模而构建的成长三角在区域发展空间结构理论中占有重要地位。由于自然地理条件的限制，武陵山片区任一中心城市都不具备发展成为辐射和带动全境发展的中心的潜力，而且多省交界的行政分割也不允许这样的中心形成。在单一的中心城市集聚和辐射能力有限的条件下，通过加强与地理临近的其他中心城市联系与合作，形成"成长三角"，可以充分发挥优势互补、规模经济的优势，也有利于突破行政壁垒，

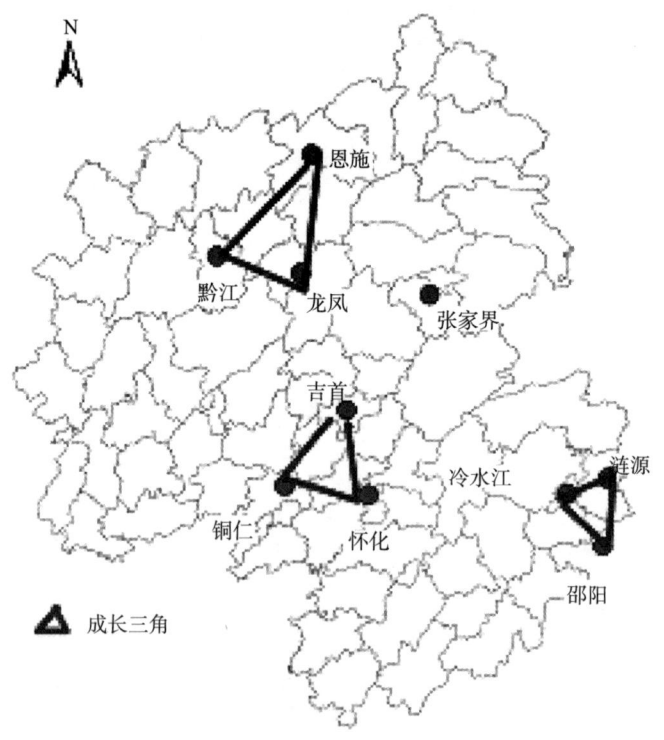

图24 "成长三角"推进合作发展阶段示意

形成协同优势，进而强化区域带动能力。因而，在强化中心城市增长极效应的同时，武陵山片区应积极培育"铜（仁）吉（首）怀（化）"、"黔（江）恩（施）龙（凤）"、"邵（阳）冷（水江）涟（源）"三个成长三角，推进成长三角内各中心城市的分工合作，通过共建产业园区、产业新城等模式提升要素集聚能力和区域辐射带动能力，实现"1＋1＋1＞3"的效应，放大原有中心城市的增长极效应。

3. 四大城镇密集区圈层发展阶段

随着三个"成长三角"内部中心城市人、财、物、信息等流动越来越频繁，成长三角区域经济社会发展能力不断增强，周边一些中心城镇在"成长三角"经济发展溢出效应的带动下，发展机会明显增多，并融入"成长三角"的分工体系中，同时，伴随着中小城镇与中心城市之间交通条件的改善，中小城镇得到快速发展，并最终与"成长三角"的中心城市一起，形成紧密联系的城镇密集区。此外，张家界市作为世界知名旅游城市、武陵山片区生态文化旅游的门户城市，在武陵山片区世界知名生态文化旅游

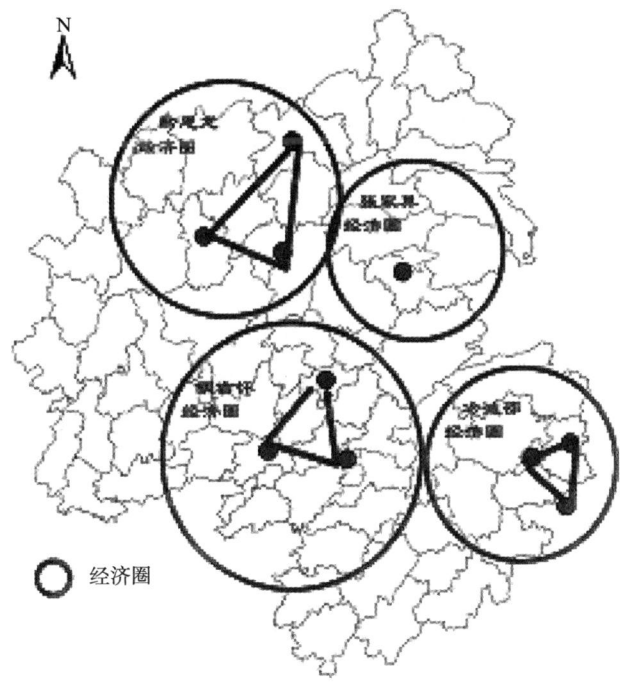

图 25　四大城镇密集区圈层发展阶段示意

目的地建设中起着"龙头"的作用,旅游接待设施的完善、旅游配套产业的发展以及旅游大通道的建设等都将极大地增强张家界的影响力以及与周边城镇的联系,进而形成以张家界市为中心的城镇圈。总之,在武陵山片区城镇化发展的第三阶段空间城镇化表现为四大城镇密集区圈层竞相发展。

4. 四大城镇圈联系强化阶段

随着四大城镇密集区的发展,武陵山片区总体上形成了四个相对完整的经济圈,即黔恩龙经济圈、铜吉怀经济圈、张家界经济圈和邵冷涟经济圈。这些经济圈内各中小城镇之间的经济社会联系紧密、分工明确。当然,随着经济社会的进一步发展,分工的地域范围会进一步扩大,各经济圈之间的关系由前期的竞争为主逐渐过渡到分工合作为主。特别是各经济圈之间的产业对接、产业融合,加强了四大城镇圈之间的联系,经脉型、网络型城镇空间模式超越了单一城镇圈,成为各城镇圈联系的主要通道和载体。

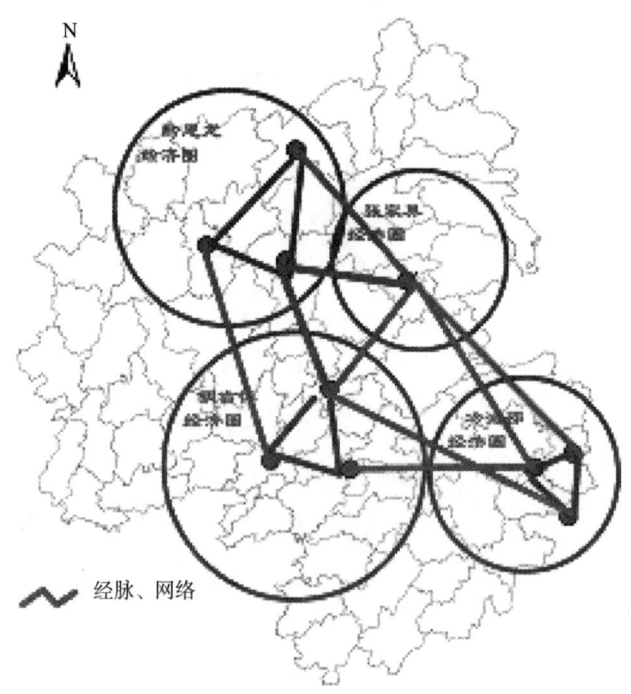

图 26 四大城镇圈层联系强化阶段示意

5. 核心经济带形成阶段

随着四大城镇圈之间的竞合发展,张家界城镇圈和铜吉怀城镇圈由于旅游资源禀赋和地理区位的相对优势,在四大城镇圈的竞争相对"隆起"。其中,张家界作为世界知名旅游城市,它在武陵山片区以生态文化旅游产业为龙头谋求突破边缘锁定的发展战略中具有不可替代的地位,作为武陵山片区生态文化旅游的"门户"城市,它是整个片区发展的"龙头";"铜吉怀"城镇圈则由于地处武陵山片区中心、经济基础和发展潜力最强、规模最大以及交通区位优势,并且与张家界城镇圈处在武陵山片区"东北-西南"走向的河谷沟壑内,有重要的交通干线连接、距离较近。因而,连接这两大城镇圈的交通干线沿线、东北-西南走向河谷沟壑内将形成一条相对隆起的经济带,即武陵山片区的核心经济带。

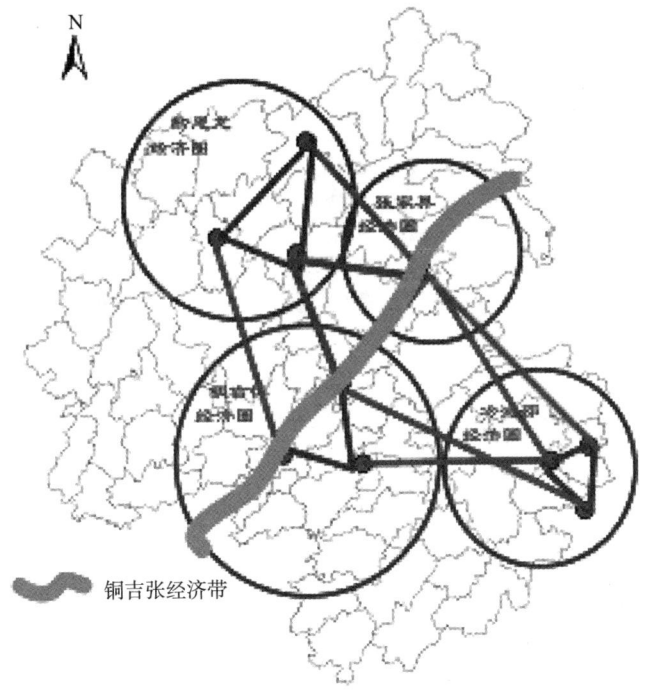

图 27 核心经济带形成阶段示意

6. 双"金三角"联动牵引发展阶段

伴随着"铜吉张"核心经济带的隆起,武陵山片区城镇化空间逐渐走向成熟。以"铜吉张"经济带为共同边的两大"金三角"成为串起武陵山片区城镇体系以及经济社会发展的脊梁。这两个"金三角"分别为"武陵山金三角"和"大湘西金三角",其中"武陵山金三角"以"铜吉怀"城镇圈、张家界城镇圈和"黔恩龙"城镇圈为顶点构成更大的"成长三角","大湘西金三角"则以"铜吉怀"城镇圈、张家界城镇圈和"邵冷涟"城镇圈为顶点构成"成长三角"。这两个"成长三角"分别辐射和带动武陵山片区的西北和东南部经济社会发展,并以共同的边线"铜吉张"核心经济带实现两大"成长三角"的联动,最终支撑和牵引整个武陵山片区空间城镇化的发展。

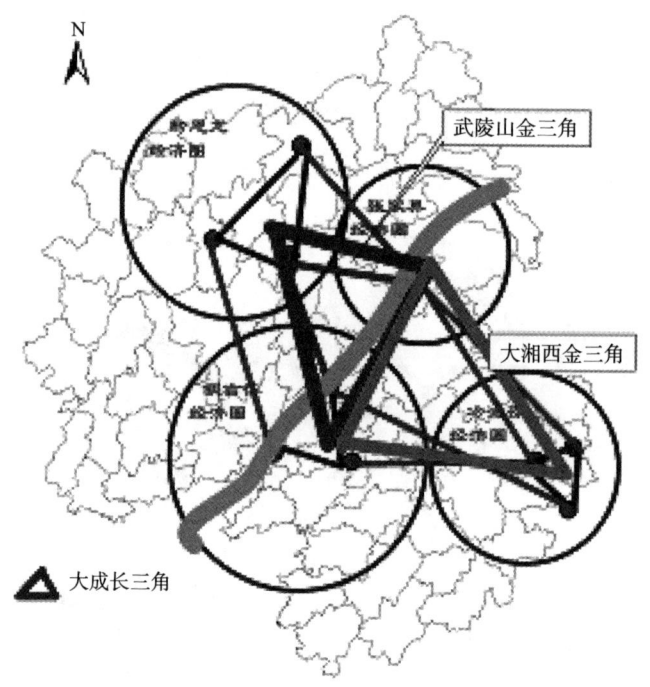

图28 双"金三角"联动牵引发展阶段示意

(四) 人口城镇化战略

人口城镇化是城镇化的本质特征和根本要求。一方面,产业城镇化和空间城镇化的目的是更好地实现人口的城镇化;另一方面,人作为城镇化的主体之一,又是城镇化最具能动性的动力来源之一。武陵山片区的人口城镇化除了面临户籍制度、土地制度等共性的制度约束外,人口居住高度分散、人口素质普遍偏低、特定的民族文化习俗以及对故土的特殊眷恋、传统的思想观念等都是人口城镇化进程的不利因素。因而，武陵山片区应借助国家集中连片特困区区域发展与扶贫攻坚先行先试的机遇，通过制度创新消除人口城镇化障碍，加快人口城镇化进程。具体地，武陵山片区的人口城镇化战略是以户籍制度改革、土地流转制度改革为切入点，以专业村、家庭农庄、农业合作社等农业现代化经营模式为抓手，以基本公共服务覆盖乡镇、中心社区为导向，以生态移民、整村搬迁、空心村整治、中心社区建设等为手段，通过农民"离乡不离土""离土不离乡""离土又离乡""迁回发展"等空间转移模式实现人口集中，同时，以集中培训、基本公共服务均等化、干中学等方式提高农民市民化素质，改变农民的生产生活方式，实现全面城镇化转型。

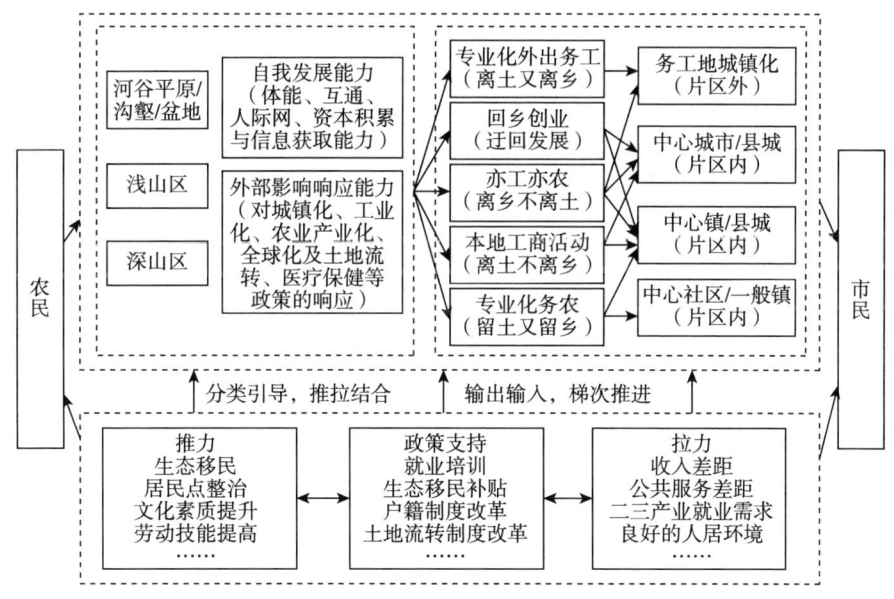

图29　武陵山片区人口城镇化路径与模式示意

1. 分类引导，推拉结合

武陵山片区的人口城镇化必须考虑农户的居住空间、生产活动空间、生计模式以及城镇化能力的差异，对不同类型的农户采取差异化城镇化路径；同时，作为落后地区的人口城镇化要充分借助政府及非政府组织第三方力量，创造城镇化的推力和拉力，走他组织和自组织相结合的人口城镇化之路。首先，政府要整合和高效使用扶贫资金，实施生态移民、整村搬迁、迁村并点等工程，给予移民补贴，将居住在深山区人居条件恶劣、生计资源枯竭、极度贫困的农户整体搬迁到中心社区、小城镇或中心镇，实现移民城镇化；其次，加快户籍制度、土地流转制度改革，鼓励农村土地集中经营、农户合作组织创建、农庄经济和"企业+基地+农户"的现代规模农业产业化发展，进行大规模的农民就业培训，提升农户城镇化素质和能力，减少农户城镇化阻力；再次，完善片区内城镇体系，将城镇化的重心下沉，在产业城镇化和空间城镇化战略的推动下，优化城镇空间体系布局，增强各级城镇二三产业发展能力，加快县城、中心镇、一般镇和中心社区的基础设施建设，推进基本公共服务均等化，提升城镇化的吸引力和拉力。

2. 输出输入，梯次推进

劳务经济是武陵山片区经济的重要组成部分，片区内专业化外出务工型农户及亦农亦工型农户有一定的比例，同时，武陵山片区的战略性支柱产业是生态文化旅游产业，而不论是劳务经济还是旅游经济都涉及片区内外大规模的人口流动与迁移。因而，武陵山片区的人口城镇化必然是开放性的城镇化，在人口城镇化的空间导向上既要鼓励输出，也要鼓励输入，并结合产业城镇化和空间城镇化战略，梯次推进人口城镇化。

输出输入方面，一是通过技能培训，鼓励劳务输出，为农户务工地城镇化提供便利，减轻片区生态环境压力和人口城镇化压力；二是筑巢引凤、引导务工人员回流就业与返乡创业，促进劳务经济与本地资源经济互动发展，为人口的本地城镇化提供产业支撑，同时回流务工人员及所带动的留守农村劳动力向特色小镇和中心社区集中、定居也将推动人口的就地城镇化。梯次推进方面，首先应尽快推进长期在片区内中心城市、县城内工作的农民工及其家庭成员的城镇化，即农民工的市民化；其次应将中心镇、重点镇以及一般镇周边农村人口的城镇化作为武陵山片区人口城镇化的第二个梯度；最后要积极推进各基层村、深山区农户向中心社区、中心村迁移，将其作为武陵山片区人口城镇化第三梯度。

第六章 滇桂黔石漠化片区城镇化特征与策略

一 背景

滇桂黔石漠化片区（简称片区）地跨贵州、广西、云南三省区，是新时期我国确定的14个集中连片特困区之一。片区正处在我国西南边境地区，南与越南接壤，是我国西南边境对外开放的前沿地带。片区的突破发展有利于扩大对外开放，推进中国－东盟自由贸易区建设，深化同东南亚的合作与交流，对稳固我国国家安全和边境地区繁荣、促进社会和谐和国家安全具有重要意义。

2012年6月，国务院批准发布《滇桂黔石漠化片区区域发展与扶贫攻坚规划（2011－2020）》（以下简称《规划》），为实现该片区经济社会全面发展提供了重要的规划指导。近年来，片区所涉及省、市等各级区域也开始了部分区域合作的工作。2013年5月，在南宁召开的滇桂黔石漠化片区省际联席会议第一次会议上，滇桂黔三省区有关负责人磋商跨省协调项目和事项，交流了片区区域发展与扶贫攻坚工作经验，围绕交通、能源、水利、林业、扶贫、工业和信息化、跨省协调机制等跨省协调项目和事项进行了磋商，签署了三省区片区跨省协作备忘录，启动片区跨省协调机制，标志着跨省协调合作迈出重要步伐。贵州、广西、云南三省区有关负责人研究提出联合向国家争取支持的政策建议。2014年5月，广西百色市委、市政府出台《百色市城镇化攻坚战实施方案》，旨在为完善城市配套功能、提升宜居水平、提高城市综合竞争力、加快与全国全区同步实现小康目标，打好城镇化发展攻坚战。然而片区还未对如何更好地实现城镇化发展及其贫困的协调推进进行磋商。为了更好地推动规划中部分目标的实现，需要对近年来片区城镇化发展的状态、成功模式以及未来如何推进城镇化进程进行分析，以实现新时期国家对贫困地区的战略目标。

我国 2013 年城镇化率为 53.73%，从理论来说已经进入城市化快速发展时期。但滇桂黔石漠化片区由于自然和人文社会因素的制约，地区整体发展水平低下，经济活力不强；城镇等级结构不合理，中小城市众多，大城市缺乏；城镇化发展水平低，对区域长期发展不利。城镇化是目前我国区域和城市发展的重点课题，理论研究和实践经验均表明：城镇化发展和区域、城市经济发展具有很强的相关关系。推进滇桂黔石漠化片区城镇化进程是实现片区经济社会突破发展的重要举措，然而片区自然地理条件复杂多样，生态脆弱，是推进城镇化过程中的重大挑战。因此，如何更好更快地推进滇桂黔石漠化片区城镇化发展是重要课题。

二 滇桂黔石漠化片区概况

（一）区域范围

按照《滇桂黔石漠化片区区域发展与扶贫攻坚规划（2011－2020）》，本区域范围包括贵州、广西、云南三省区的集中连片特殊困难县（市、区）80 个，县（市、区）11 个，共 91 个（见图 1），国土总面积为 22.8 万平方公里，其中，岩溶面积 11.1 万平方公里，石漠化面积 4.9 万平方公里。区域内有民族自治地方县（市、区）83 个、老区县（市、区）34 个、边境县 8 个，集贫困、少数民族、革命老区和边远地区等特征于一体，是国家新时期确定的扶贫开发攻坚战主战场中少数民族人口最多的片区。

（二）自然条件

滇桂黔石漠化片区位于我国最大的石漠化分布区——中国西南岩溶地区。西南岩溶区以贵州为中心，包括贵州大部及广西、云南、四川、重庆等省的部分地区，面积达 54 万平方公里，居住着 1 亿多人口，是世界面积

第六章　滇桂黔石漠化片区城镇化特征与策略

图1　滇桂黔石漠化片区范围示意

最大、岩溶发育最强烈的典型生态脆弱区。大部分地区气候类型为亚热带性季风气候，不合理的土地利用方式，致使区域植被破坏、土壤侵蚀严重，治理难度非常大，生态环境十分脆弱，有"地球癌症"之称。石漠化是岩溶地区脆弱的生态系统与人类不合理的社会经济活动相互作用的结果，对人类的建设、生产和生活都产生极大的影响。

　　滇桂黔石漠化片区地势西北高东南低，大部分地处云贵高原东南部及其与广西盆地过渡地带，地形起伏较大，属典型的高原山地构造地形。气候类型主要为亚热带湿润季风气候，夏季受西南季风影响深刻，年均降水量880－1991毫米。片区内河流众多，水系发育良好，地跨珠江、长江两大流域，是珠江、长江流域重要生态功能区，还有红水河、左江、右江、融江、清水江等河流，水能资源蕴藏量巨大。喀斯特地貌发育典型是本区区域发展的重要地理环境本底；自然景观独特，旅游开发潜力大。矿产资源富集，锰、铝土、锑、锡、铅锌、磷、煤炭、重晶石、黄金等储藏量大。生物资源丰富，森林覆盖率47.7%。

（三）经济社会概况

经济稳步发展。2014年末滇桂黔石漠化片区总人口约3522万，其中乡村人口2906万，有壮、苗、布依、瑶、侗等14个世居少数民族。经过各方面的努力，滇桂黔石漠化片区经济社会稳步发展，贫困落后面貌得到有效改观，群众生产生活条件持续改善。据统计，2013年，三省区地区生产总值同比增长11.44%，远高于7.7%的全国平均增速；三省区农村居民人均纯收入实际增长15.3%，比全国平均增速高2.9个百分点；片区农村居民消费较上年增长20.8%，高于全国农村12.1%和全部片区14.2%的平均水平。湘黔、贵昆、南昆、黔桂等铁路，沪昆、广昆、汕昆、兰海、厦蓉等国家高速公路贯穿本区域，已建成百色、兴义、六盘水、文山等机场，初步构筑起内外交通运输骨架网络。

资源开发利用水平低，县域经济薄弱。资源就地转化程度低、精深加工能力弱，能源、矿产、生物资源、旅游等资源优势没有转化为产业优势。缺少带动力强的大企业、大基地和产业集群，产业链条不完整，市场体系不完善，配套设施落后，尚未形成有效带动经济发展和扶贫开发的支柱产业。基础设施落后，水利和交通瓶颈制约突出。水利建设滞后，骨干水利工程及其配套设施明显不足，小微型水利设施严重缺乏，工程性缺水问题特别突出。基本农田有效灌溉面积占比仅为27.8%。交通主干网络不完善，榕江至三江、罗甸至乐业、富宁至那坡等省际交通瓶颈突出，县际公路连通性差。县乡公路等级低、质量差，4.9%的乡镇和65.6%的行政村不通沥青（水泥）路，17.4%的行政村不通公路。

社会事业发展滞后，人均教育、卫生、社会保障和就业三项支出低，公共服务能力不足。医疗卫生条件差，基层卫生服务能力不足，还有9.7%的村未建立卫生室，13.5%的村卫生室尚无合格医生；14%的自然村不能接收电视节目；义务教育质量差，职业技能教育水平低，九年义务教育巩固率低于全国平均水平9.8个百分点，人均受教育年限低于全国平均水平1.1年；科技对经济发展贡献率低。干部群众市场意识淡薄，劳动力素质整体偏低，农户生产经营方式落后。

(四) 贫困特征

经过各方面的努力,滇桂黔石漠化片区经济社会稳步发展,近年来贫困落后面貌得到有效改观,群众生产生活条件持续改善。三省区农村贫困人口由 2012 年的 685 万减少到 574 万,农村贫困发生率由 26.3% 下降到 21.9%。但片区贫困问题与石漠化问题相伴生,与自然灾害频发叠加,与自然条件恶劣和生态环境脆弱并存,与民族和边境问题交织,石漠化区成为中国连片特困地区中贫困现象最复杂、贫困类型最多样、贫困分布最广泛、贫困程度最深重的地区。

区域内有 67 个国家扶贫开发工作重点县。农户收入来源单一,部分贫困群众住房困难,权权房、茅草房比例高,人畜混居现象突出。岩溶面积 11.1 万平方公里,占总面积的 48.7%,其中石漠化面积 4.9 万平方公里,中度以上石漠化面积达 3.3 万平方公里,是全国石漠化问题最严重的地区,有 80 个县属于国家石漠化综合治理重点县。人均耕地面积仅为 0.99 亩。土壤贫瘠,资源环境承载力低,干旱洪涝等灾害频发,生态条件脆弱。

三 滇桂黔片区城镇化发展过程分析

(一) 指标解释和资料来源

城镇化是社会、经济、文化等综合过程,涉及人口、土地、产业的转移。区域城镇化进程随着经济社会发展水平的提高而逐步推进,因此,城镇化进程是人口、产业、土地转换的综合过程。评价和分析城镇化进程也应该主要从这三个方面进行。其中,人口城镇化是根本目标,产业城镇化是核心支撑,土地城镇化是外在表现。学者从不同角度采用不同的标准来分析城镇化率。虽然综合分析三种城镇化率之间的耦合发展,非常有助于把握区域城镇化发展质量,但由于目前统计资料缺乏土地利用以及城市建设用地等相关指标,考虑到现有资料的可获得性和准确性,本文在县层面只分析了人口与产业城镇化状况。

人口城镇化的计算模型为:$U_r = (P - P_r)/P \times 100\%$,其中 P 是区域

总人口，P_r 是乡村人口；U_r 与户籍城镇化率值近似，在理论上比真实城镇化率（以城镇常住人口作为分子得出的城镇化率）略低。产业城镇化率的计算模型为：$U_i = (I_s + I_t)/G \times 100\%$，其中 I_s 指第二产业增加值，I_t 指第三产业增加值，G 是地区生产总值。土地城镇化率计算模型为：$U_l = L_c/L \times 100\%$，其中 L_c 为建设用地面积，L 为城市市区或县城城区面积。本研究的时间跨度从 2004 年到 2014 年。

数据主要来源于 2005 - 2014 年《县域统计年鉴》、各市年鉴、各县国民经济和社会发展统计公报。在数据处理方面需要说明的是，如果个别县区只有个别年份指标值缺失，则通过线性插值得到；如果在研究时间段内，某个指标的各个年份指标值均缺失，则默认为缺失值，不进入分析范围，本文中贵州的西秀区、钟山区两县的历年人口城镇化率为缺失值。

（二）整个片区城镇化发展总体趋势

从图 2 可以看出，滇桂黔石漠化片区整体产业城镇化率不断提高，产业城镇化呈现稳步发展的态势。产业城镇化率呈一条平稳增长的折线，数值从 2004 年的 69.5% 增长到 2014 年的 85.1%。同时段内，全国产业城镇化从 2004 年的 86.6% 上升到 2014 年的 90.1%。因此，片区产业城镇化初期和末期的发展水平均低于全国水平。同时也说明在总产值不断增加的背景下，片区的非农产业部门实力不断提升，二、三产业在总产值中的比例不

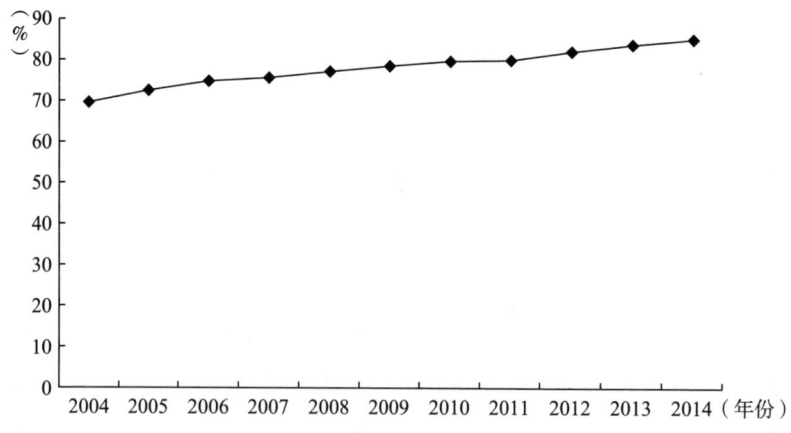

图 2　片区整体的产业城镇化率

断增长，区域产业结构不断优化，对未来城镇化进程的推进起到很好的支撑作用。

从图3可以看出，滇桂黔石漠化片区整体人口城镇化呈现缓慢增长趋势。人口城镇化率不断提高，从2004年的10.6%上升到2014年的14.9%。由于本文计算的人口城镇化率相近于户籍城镇化率，而非城镇常住人口下计算出来的城镇化率，前者要比后者略低。但考虑到贫困山区乡村移民规模不大，同时只做片区内的横向比较，可将它作为反映人口城镇化发展水平的指标。滇桂黔石漠化片区人口城镇化水平比较低，说明城镇在吸引乡村人口定居方面的能力不强，城镇发展实力亟待提高，城镇相关的制度改革需要大力推进，以此来吸纳更多的乡村人口转移到城镇里面，提高城镇化率。

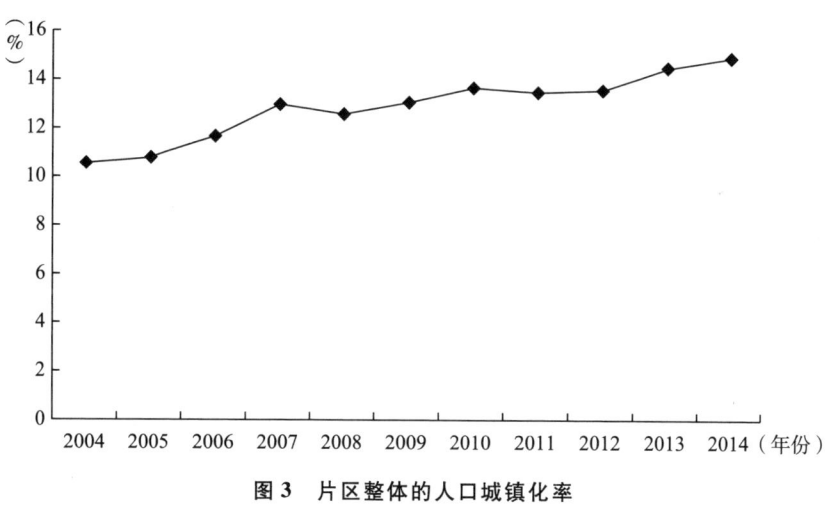

图3　片区整体的人口城镇化率

（三）三个片区省的产业城镇化和人口城镇化发展

1. 广西片区整体城镇化发展

广西片区产业城镇化和人口城镇化均稳步增长，其中人口城镇化的波动较强（见图4）。广西的产业城镇化率从2004年的65.6%增长到2014年的83.3%；人口城镇化率从10.3%上升到18.2%，其中2004－2007年人口城镇化率增长较快，之后增长速度稍慢。经过相关分析发现，广西片区的产业城镇化率和人口城镇化率显著相关，相关系数高达0.93，表明广西产业城镇化和人口城镇化发展的相关性强，两者的互动效应显著。

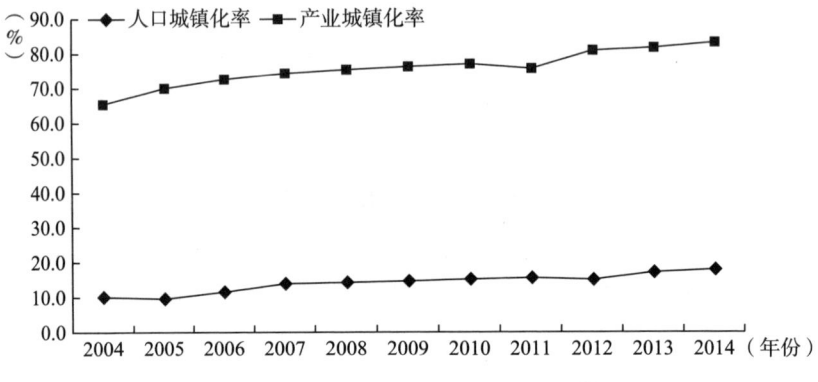

图 4 广西片区产业城镇化率和人口城镇化率

2. 贵州片区整体城镇化发展

贵州片区产业城镇化稳步增长，人口城镇化在波动中缓慢增长（见图5）。贵州产业城镇化率从2004年的73.6%近似直线地平稳增长到2014年的89.3%；人口城镇化率从11.3%上升到14.4%，但波动比较明显，尤其是2006－2013年呈现压扁状的"W"曲线分布，这很可能是部分辖县统计指标变化所致，但总体趋势还是缓慢增长的。经过相关分析发现，贵州片区的产业城镇化率和人口城镇化率显著相关，相关系数达到0.77，表明贵州省产业城镇化和人口城镇化发展的相关性较强，两者的互动效应较显著。

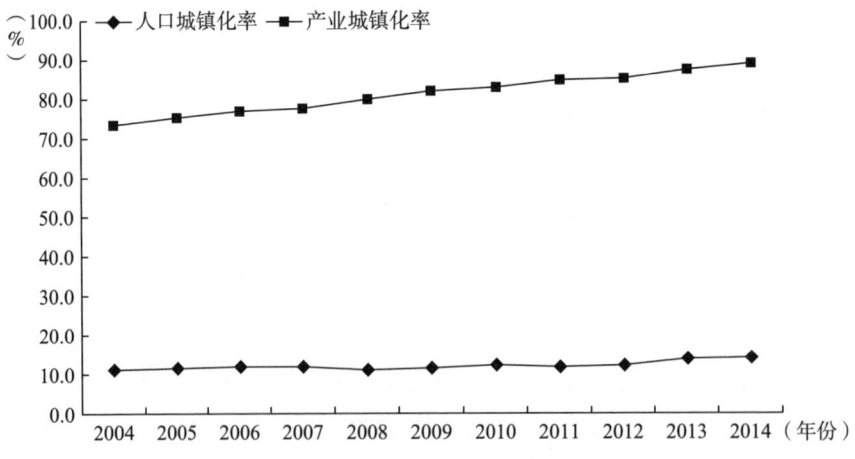

图 5 贵州片区产业城镇化率和人口城镇化率

3. 云南片区整体城镇化发展

云南片区产业城镇化和人口城镇化总体上逐年增长，但波动稍大（见图6）。云南的产业城镇化率从2004年的68.4%增长到2014年的77.2%；人口城镇化率从9%上升到14.5%。产业城镇化率和人口城镇化率波动经过相关分析发现，云南片区的产业城镇化率和人口城镇化率显著相关，相关系数高达0.91，表明云南省产业城镇化和人口城镇化发展的相关性强，两者的互动效应显著。

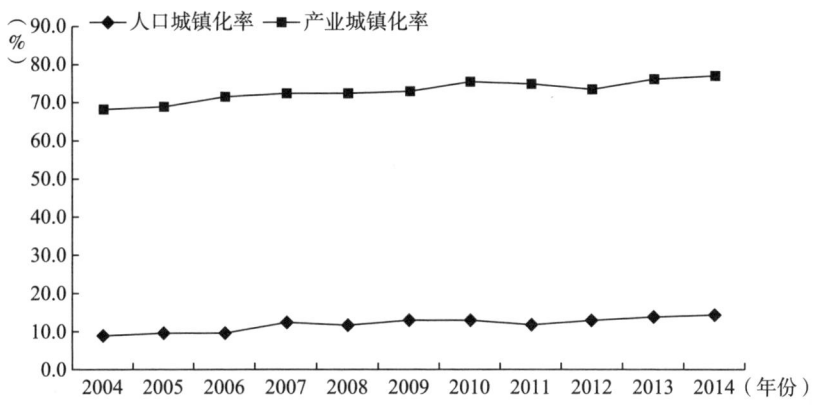

图6　云南片区产业城镇化率和人口城镇化率

4. 三省片区城镇化率的对比分析

从产业城镇化和人口城镇化两个方面，分别分析三个省片区城镇化的相对变动态势。从图7可以看出，三省片区产业城镇化率均稳步增长，并且到后期相对差距变大。具体来看，贵州片区一直是三省片区中产业城镇化率最高的，而广西片区和云南片区在2004-2011年产业城镇化率非常接近，前者稍高于后者，2012-2014年，广西片区产业城镇化加快，处在云南片区之上。到2014年，三省片区的产业城镇化率都处在高水平阶段，因此，根据产业结构演变规律可以推定未来产业城镇化率的增速将下降并趋于收敛。

从图8可以看出，三省片区中只有广西片区的人口城镇化呈现稳步增长的特征，而贵州和云南片区的人口城镇化波动较明显，总体上增长但增长幅度较小。具体来看，2004-2006年，贵州片区人口城镇化率最高，其次是广西片区，最低是云南片区；之后，广西片区的人口城镇化率最高，并

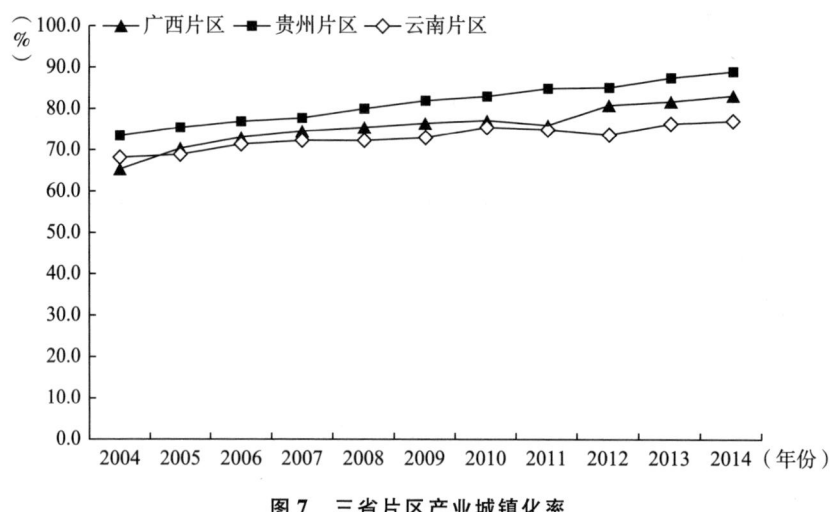

图7 三省片区产业城镇化率

且稳步增长,超越了其他两个片区;贵州和云南两个片区的波动态势也非常接近。

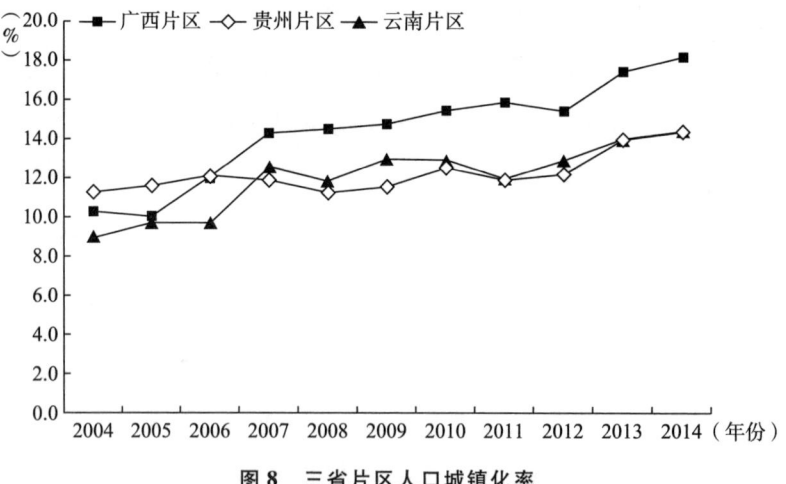

图8 三省片区人口城镇化率

(四) 县域尺度下的城镇化发展

1. 县域产业城镇化率分析

各区县经济发展基础、自然地理环境的不同,使得各区县的城镇化发展呈现不同的发展特征或发展阶段,因此,分析片区县域城镇化发展的空间差异和分布,有助于认清目前片区城镇化的主要任务和面临的挑战,有助于制定和实施有针对性的政策。

下文拟从产业城镇化和人口城镇化两个方面，选取 2004 年、2009 年、2014 年三个时间截面，分析这三个时间断面各区县的产业城镇化和人口城镇化发展的空间差异特征，并总结出空间分布的演变趋势。利用软件制作出城镇化率水平分布图，用以显示城镇化发展的空间差异特征。图 9 中的黑色圆圈大小代表城镇化水平，越大说明城镇化水平越高。

（1）2004 年县域产业城镇化率的空间分布

2004 年片区产业城镇化水平的空间分布可以归纳为：空间差异整体较小；一个热点发展带和冷点的"一带一圈"，呈现"111 格局"（见图 9）。一个热点发展带相对比较明显，即贵州北部热点发展带，从贵州西部的钟山区一直向东延伸到凯里市，是产业城镇化发展水平在片区内占优势的区域；而云南和广西两个子片区的产业城镇化分布比较离散。冷点的"一带"是指东北 - 西南走向的，从贵州的黎平到云南的丘北的"黎丘塌陷带"，冷点的"一圈"是指由贵州和广西两个子片区的东部区县组成的东部塌陷圈。这"一带一圈"附近的区县的产业城镇化水平相对较低，是较为明显的塌陷带。

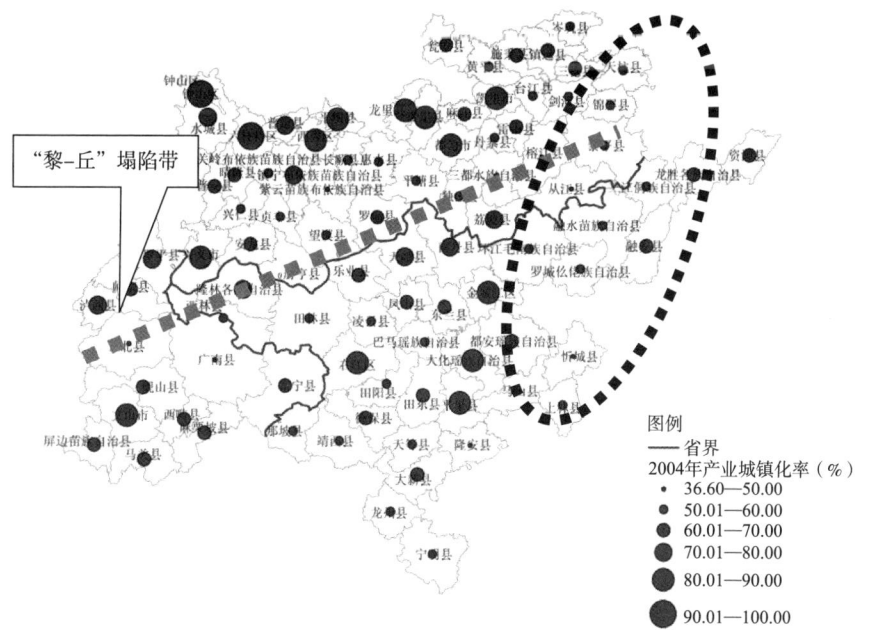

图 9　2004 年县域产业城镇化率的空间分布示意

(2) 2009 年县域产业城镇化水平的空间分布

2009 年县域产业城镇化水平的空间分布可以归纳为：冷点的"一带"仍存在，产业城镇化水平的空间差异开始缩小。从图 10 可以看出，贵州和广西两个子片区的产业城镇化水平各自空间差异变小，区域城镇化协调性有一定程度提升。云南子片区仍然呈现离散的状态，产业城镇化高值区主要分布在其西南区。2004 年出现的"东部塌陷圈"开始慢慢得到发展，没有呈现明显的塌陷状态。

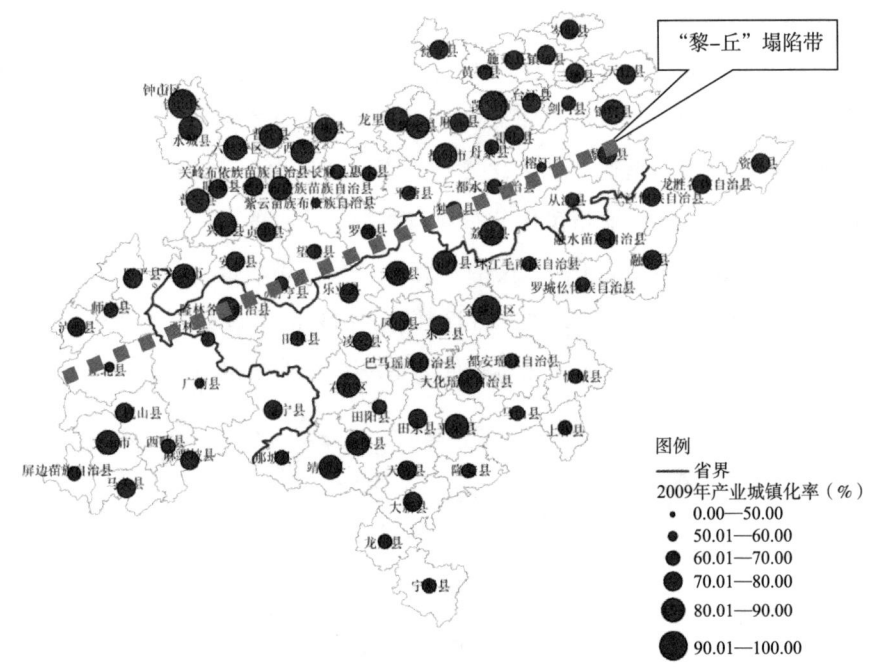

图 10　2009 年县域产业城镇化率空间分布示意

(3) 2014 年片区产业城镇化水平的空间分布

2014 年片区产业城镇化水平的空间分布可以归纳为：产业城镇化的空间差异逐渐缩小，呈现相对均衡的局面，同时重心处在偏北指向。从图 11 可以看出，处在片区北部的贵州的产业城镇化水平相对高值分布的区县数量较多，而广西的东部和东北部产业城镇化水平相对较低，云南的状态变化不大。

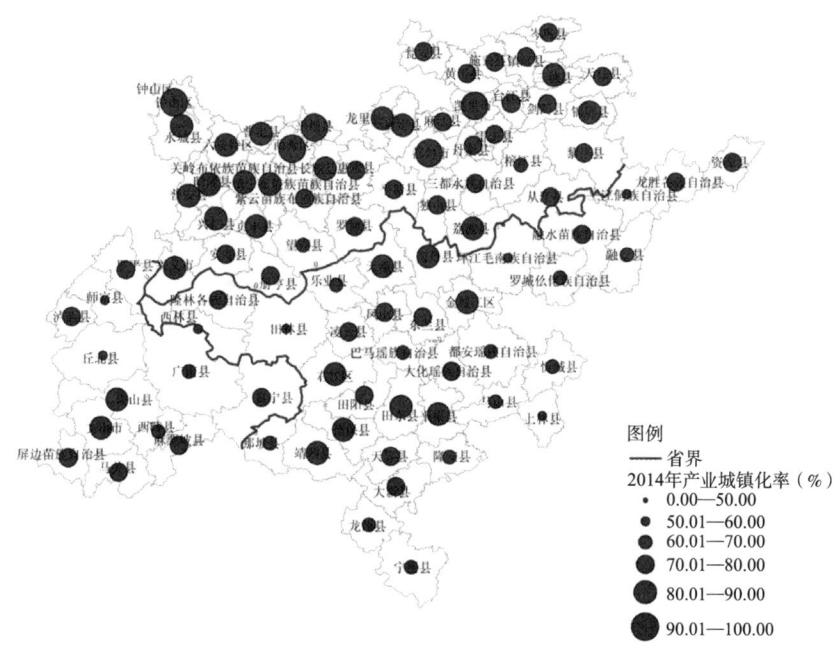

图 11　2014 年县域产业城镇化率空间分布示意

（4）空间格局的演变

从上面三个年份县域产业城镇化的分析可以看出（见图 12），各年份的高值区主要集中在贵州北部一带。整体上片区产业城镇化空间差异逐步缩小，从较大的空间差异不断走向协调和均匀分布。这主要是由贵州和广西两个子片区的发展贡献，而云南的空间差异格局变化不大。但同时，也应该注意到，"东部塌陷带"仍然在一定程度上存在，仍然是该片区产业城镇化发展的相对落后地区，需要给予政策扶持。

2. 人口城镇化的空间分布演化格局

（1）2004 年片区人口城镇化水平的空间分布

2004 年片区人口城镇化水平空间分布的总体特征为：极化分布现象明显，人口城镇化高值区主要出现在市区或县级市的区域。从图 13 可以看出，绝大部分区县的人口城镇化率在 30% 以下，在数量上占绝对优势。而点状分布的高值区主要是右江区、文山市等地。因此，在空间上，片区的人口城镇化水平存在显著的差异。

图 12　3 个时间截面的县域产业城镇化率变动示意

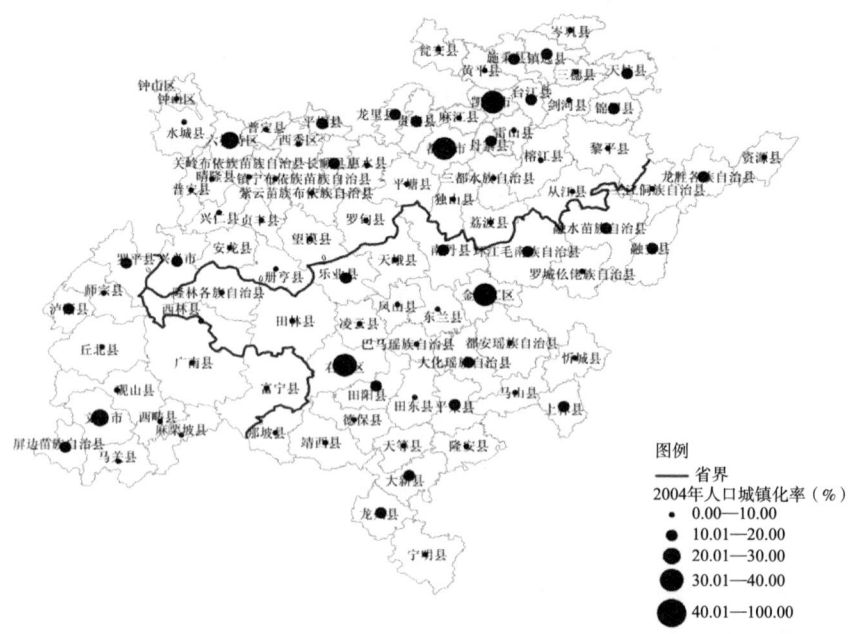

图 13　2004 年县域人口城镇化率空间分布示意

（2）2009 年县域人口城镇化水平的空间分布

2009 年片区人口城镇化水平空间分布的总体特征为：人口城镇化的"施－龙"热点带出现，其他区县的人口城镇化水平开始提升。从图 14 可以看出，从贵州施秉县到广西的龙州县出现了一条东北－西南走向的热点带，这个热点带附近的区县人口城镇化水平较高。其他区县也较 2004 年有一定程度的提升。

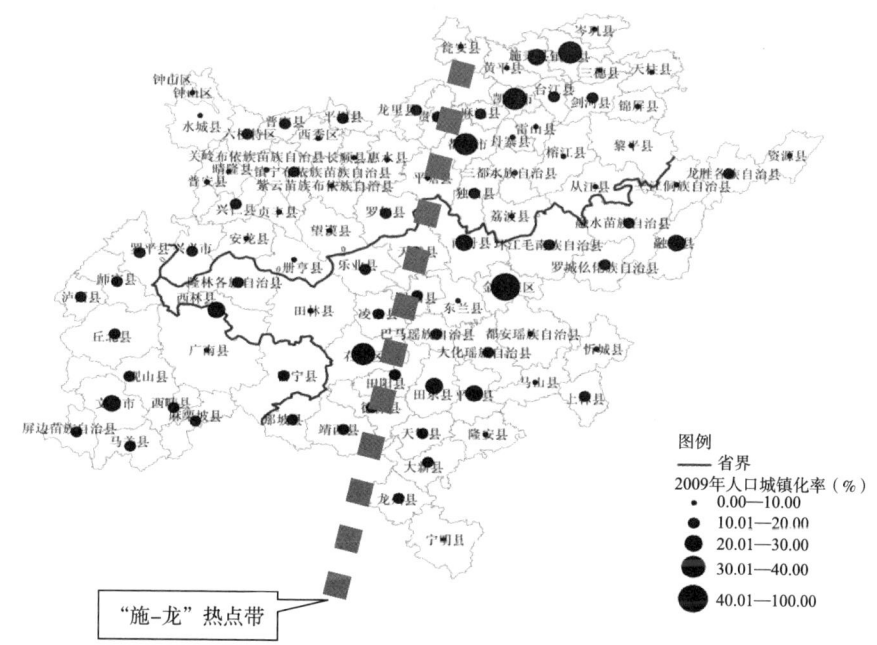

图 14　2009 年县域人口城镇化率空间分布示意

（3）2014 年县域人口城镇化水平的空间分布

2014 年片区人口城镇化水平空间分布的总体特征为：人口城镇化的"施－龙"热点带仍然存在。从图 15 可以看出，与 2009 年相比，有部分县发展比较明显，如贵州的施秉县和兴仁县。

（4）空间格局演化特征

从图 16 可以看，片区在研究时段内人口城镇化发展的离散分布特征明显，而且高值区均出现在市辖区或县级市，如右江区、金城江区、凯里市等；出现了"施－龙"热点带，而且仍将持续。片区的人口城镇化总体差异不大，呈现低水平的均衡阶段。因此，未来应该加大核心增长极的建设，选择资源基础、发展基础好并且资源环境承载力强的城镇予以大力建设。

中国连片特困区研究（2013~2016）

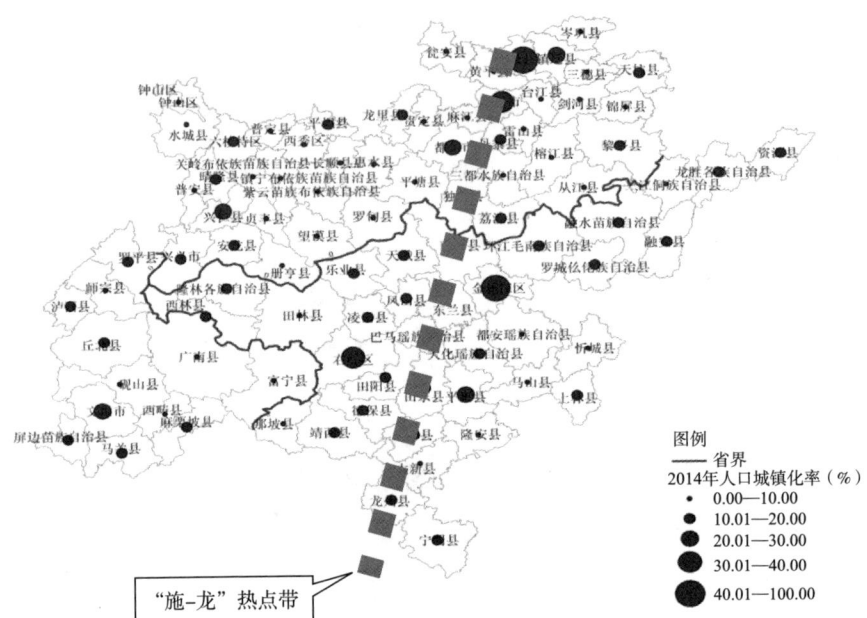

图 15　2014 年县域人口城镇化率空间分布示意

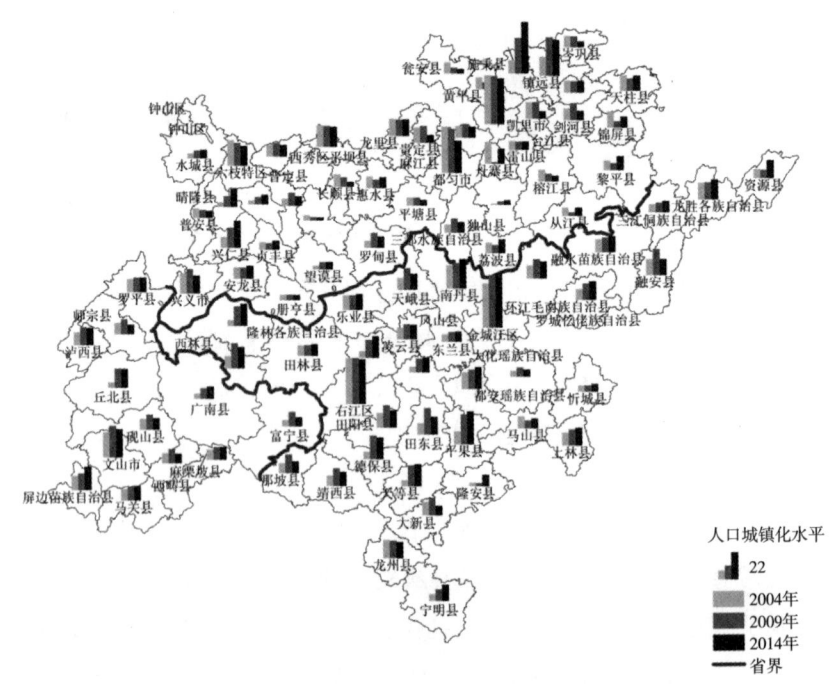

图 16　3 个时间截面的县域人口城镇化水平变动示意

(五)片区城市规模和职能分析

城市是区域的经济、文化中心,区域中心城市的发展对区域整体发展均具有很强的带动和引领作用,在区域发展的初期和中期能够起到增长极的作用。滇桂黔片区涉及14个市州,但大部分地州仅有少部分县纳入片区范围中,其中有7个市州的全部或绝大部分地区被纳入片区范围。因此,分析这7个市州城市发展状况有助于对片区城市发展及其带动作用进行分析。

从规模来看,从表1中可以看出广西的百色市和河池市城镇人口规模基本相当;贵州省的安顺、黔西南、黔东南、黔南四个市州的城镇人口规模在2004－2008年总体上呈现增长的态势;云南的文山州2007－2013年的城镇人口规模呈现稳步增长的态势。总体来看,7个市州的城镇人口规模偏小,城镇职能弱,难以形成产业和人口集聚的基础,区域综合性极化水平低。

从职能来看,除新中国成立后国家建设的一批工业企业外,城市的职能特点均是单一性,难以形成集多种类型极化于一体的地域经济体城市,加之部分城市的主导职能与区域经济体系脱节,因此形成了二元经济结构。

表1 滇桂黔地区多市州城镇总人口数

单位:万人

年份 市州	2004	2005	2006	2007	2008	2009	2010	2011	2012	2013	2014
百色市	—	—	—	—	—	—	—	—	104.9	110.3	—
河池市	—	—	—	—	—	—	—	—	103.7	109.8	—
安顺市	67.9	75.5	76.0	76.4	73.3	—	—	—	—	—	—
黔西南州	52.2	54.3	55.1	59.9	79.6	—	—	84.0	90.5	—	—
黔东南州	89.3	90.0	101.2	106.2	98.8	—	—	—	—	—	—
黔南州	93.7	95.0	96.4	97.8	92.4	—	—	—	—	—	—
文山州	—	—	—	83.5	88.6	93.3	97.0	106.3	117.6	122.4	—

注:"—"缺数据。

四 滇桂黔片区应采取的城镇化策略

在经济全球化不断加速的大背景下,中国经济增长进入新常态,未来将是中高速经济增长时期,产业结构处在快速转型升级之中;社会管理也加快进入法治化轨道,依法治理是进行区域管理的主旋律;人口流动的态势更加多元化、自主化;生态环境保护意识不断深入人心;信息社会不断催生新的需求,也给传统社会带来新的冲击。上述发展大背景给片区未来经济发展和城镇化建设提供了机遇,但更多的将是挑战。面临着多方面的挑战,片区只有以构建区域内生增长能力、挖掘地方比较优势,才能实现未来可持续发展。

作为区域发展生态屏障的片区,受自然条件的影响,难以复制东部成功的城镇化快速推进模式,也不能像沿海发达地区城镇化那样出现资源环境矛盾,而应该走健康的新型城镇化之路,通过调整区域发展思路,重构片区新型城镇化发展体系。在典型的片区资源生态约束的背景下,片区城镇化应该引导发展一种集聚和有机分散并存的空间布局优化的多途径城镇化模式,实现生态文明、人口和产业发展与城镇化相耦合的新型城镇化模式。下文从总体思路与原则、城镇化空间战略、特色产业提升、人口转移、生态保护、融资创新等方面,分析滇桂黔片区实现新型城镇化目标的相关策略。

(一) 总体思路与原则

按照"区域发展带动扶贫开发,扶贫开发促进区域发展"基本思路,以产业发展推进城镇化建设为核心,以城镇化建设惠及贫困人口为着力点,以贫困人口脱贫带动生态保护为基本目标,制定符合滇桂黔片区新型城镇化的战略,将片区建设成为城镇化建设与石漠化综合治理相结合的示范区、国际知名喀斯特山水与文化旅游区、民族特色文化保护创新实验区。因此,在城镇化建设中,相关部门应该遵循以下主要原则。

1. 遵循主体功能区划安排

主体功能区建设是党中央、国务院在改革发展关键时期做出的重大战略决策，是滇桂黔片区推进经济社会发展的根本指导战略。滇桂黔片区城镇化建设要严格按照国家主体功能区划分的规定，把发挥区域主体功能放在转变发展方式的首位，要以保护和修复生态环境、提供生态产品为首要任务，因地制宜地发展不影响主体功能定位的产业，引导超载人口逐步有序转移。

2. 城镇化建设与区域扶贫相结合

坚持城镇化建设与扶贫攻坚相结合。把保障和改善民生、提升区域自我发展能力和竞争能力作为城镇化建设的落脚点。通过城镇化发展增加就业机会，提升投资需求，推进产业更新，推动公共服务设施发展，为贫困群体的脱贫创造良好的条件。

3. 建设集约用地机制

土地是城镇化发展的重要基础，合理利用每一寸土地是城镇化的必然要求，尤其在土地面积稀缺的山区更是如此。因此，山区城镇化建设必须建立集约利用机制。滇桂黔片区山区集镇应该做好以下工作：第一，适当控制集镇数量，提升城镇的产业和人口集聚能力，重点建设好城市和县城，完善城镇聚落体系。第二，集约利用土地，严格限制土地的无序流转和城市建设对耕地的占用。第三，重视城镇中移民安置点的布点规划工作，做到既有利于给进城移民创造生产条件和就业机会，又有利于山区集镇的进一步发展。

4. 注重生态保护

城镇化建设与生态环境具有很强的耦合效应，城镇化建设过程应该充分重视当地生态环境本底，在进行城镇居民点选择、基础设施与产业园区建设、主导产业选择时应该充分保护自然环境，达到城镇化建设与生态环境保护的双重目标。

（二）优化城镇空间布局，推进城镇化集约发展

片区低水平均衡的城镇化空间格局导致片区内城镇间联系微弱、缺乏产业合作、恶性竞争普遍，中心城市带动能力不强又导致了城市与区域的关系形成"小马拉大车"的不可持续局面。良好的城镇布局是实现城镇化健康运行的重要因素和经济稳定发展的基本保障。滇桂黔片区城镇化建设

要充分依据《滇桂黔石漠化片区区域发展与扶贫攻坚规划（2011-2020）》的战略安排，合理安排城镇布局，强化城镇特色化建设和职能分工，构建合理的城镇体系，促进城镇网络的形成和发展。

1. 城镇空间组织

（1）城镇空间组织体系。山区县市往往沿着河流谷地或主要交通干线分布，因此具有谷地或沟域经济特点，这就要求片区县域或城市之间的空间组织应该以"线性连接为主体，而线与线交叉的地方重点建设中心城市"，其中线性要素主要包括河流、发达的基础设施线；而在县域内部应该通过规划引导与空间管制，构建"县城－重点/特色镇－一般镇"的城镇空间体系，以打破低水平均衡的空间格局，实现"县域中心集中、沟域节点相对集聚、山区有机分散"的非均衡城镇化空间组织模式。

（2）交通建设促进城镇空间组织体系形成。为了促进合理城市空间组织体系的形成，需要根据城镇空间体系的安排合理布局交通基础设施。构筑县域放射状干线网络，通过缩短各层级空间的时空距离，吸引产业和人口向中心城区、沟域重点镇集聚。在片区经济社会交通投资能力有限的情况下，中央政府和省级政府应进一步加大资金投入力度，帮助滇桂黔片区加快建设一批对带动当地经济社会发展起重大作用的交通项目。取消政府还贷二级路收费后，补偿资金应及时足额到位。为提高地方公路建设融资能力，鼓励地方以 BOT、BT 等方式建设经营性公路，对于公益性较强的普通公路，支持地方政府采取 PPP 方式建设。

2. 城市集聚

（1）中心城市集聚。实施城市集聚战略，重点建设百色、河池、安顺、六盘水、兴义、凯里、都匀、文山等中心城市。根据经济社会发展需要，适当调整中心城市的行政区划，优化中心城市发展空间，提升中心城市的发展潜力。加大对核心城市的产业扶持力度、基础设施和服务设施的投资建设力度；重点建设核心城市、城区或县区，建设一批特定功能型城市；增强核心城市对区域人口、资金、产业的吸引力和集聚力。

（2）加强矿产资源型城市的转型升级。对于矿产资源型城市，应该加大矿产资源型产业的升级和更新，提升资源型城市和区域的可持续发展能力，构建区域协调发展的新格局。

3. 城市功能分工

加快研究制定城市具体职能分工规划，根据资源、市场需求、技术基础等条件，构建城市合理的现代产业体系，尤其关注产业发展与本地生态环境的耦合度。大力发展适合石漠化地区地方性的特色产业，推进区域间、城市间产业互补发展，防止城市产业结构雷同。根据国家和区域战略需求，明确城市定位，完善城市功能布局规划。依据《滇桂黔石漠化片区区域发展与扶贫攻坚规划（2011－2020）》的要求，该片区各中心城市应该进行产业分工。比如百色市应该重点发展现代旅游业、能源、煤电一体化、现代农业等，尤其是打造铝产业示范基地、公路交通运输枢纽、生态宜居城市和国内著名的生态旅游目的地；六盘水市重点发展煤化工、能源、机械制造、商贸物流等，建成重要能源基地、区域综合交通枢纽和循环经济示范城市。

4. 特色小城镇建设

（1）建立特色名镇保护体系。建立和完善民族特色文化遗产保护网络和非物质文化遗产保护体系，支持申报入选联合国和国家级非物质文化遗产；根据"美丽中国"的建设精神和要求，建立片区名镇保护体系，完善名镇保护的体制机制，大力保护和完善具有民族特色、地方特色的小城镇；研究制定特色名镇建筑管理办法，对建筑占地、容积率、建筑高度、立面设计、色彩、用料、装饰等提出控制引导要求，建设一批乡镇标志性建筑和风貌建筑群。

（2）打造特色城镇品牌。比如列为国家历史文化名镇的贵州省安顺市西秀区旧州镇、贵州省平坝县天龙镇等，应该加大其建设力度。另外，加大特色小城镇的形象建设和品牌建设，科学规划小城镇的基础设施和公共服务设施建设的融资体系，增强小城镇人口、产业集中功能，引导与小城镇社会经济联系紧密的人口向小城镇适度集中、移居和城镇化。

（3）重点建设一批休闲度假、民族文化、名人故居、红色遗址、影视基地等特色小城镇。比如百色市可将城乡规划与壮族特色建筑相结合，并充分利用以澄碧湖、右江为主体的自然景观和红色革命历史文化景观，打造"美丽右江"品牌，构筑具有独特山水景观特色的壮乡红城。

(三) 提升特色产业品质和产城融合水平，推进城镇化高效发展

片区生态脆弱，城乡发展水平差距大，产业化水平不高、带动力不强，总体思路是因地制宜，并依据未来产品的绿色化、天然化、有机化的市场需求，大力发展相关产业，推进产业发展与人口就业相协调，产业发展与城镇化建设相促进。因此，城镇化的关键是提升片区产业水平，优化产业结构，提升产业竞争力。另外在产业发展过程中，一要防止地方政府为政绩所迫，"饥不择食"招商引资政策导致大量无关或同构型小企业扎堆式低效集聚，或引进环境污染型工业，这将严重损害片区的可持续发展。二要主动积极承接符合地方资源特色的东部沿海产业的转移，吸引外出务工人员返乡创业。

(1) 完善农业产业链，创新农业生产合作组织形式。以县城或镇中心为基地，大力发展农产品深加工产业，形成特色专业城和专业镇；以农业商品化或产业化发展为核心，推进农业生产的前向、后向联系，尤其是农产品深加工；根据地方特色，发展粮油加工、蔗糖加工、茶叶等特色产业，提高绿色标准和有机水平，重点增加特色旅游食品、礼品、纪念品、保健品的生产和品牌塑造工作；因地制宜发展蚕茧丝绸、干鲜果品、林（竹）产品等加工产品。大力推广特色农业先进技术，创新合作组织模式，开展山区示范性农业生产基地建设，推动农业适度规模化经营，提高农产品附加值，形成以农业发展为基础、社区基层农产品生产节点为支撑、特色农业示范产业基地为龙头的农业产业格局。

(2) 充分发挥旅游资源优势，大力发展喀斯特山水生态游、森林旅游、民族文化游和红色旅游，探索特色文化旅游与特色城镇建设的新思路；对于产业上规模的村寨，符合条件可以转为城镇建制，不断推进滇桂黔片区的城镇化进程；以中心城市、城镇为依托，合理建设旅游交通网络，依托品牌旅游资源，打造精品旅游线路产品。

(3) 产业融合。一是推进产业之间的纵向融合，利用农林牧复合生产，提升第一产业竞争力，并将农业生产与第三产业的旅游业融合起来，发展农业旅游和乡村旅游，利用金融、物流等产业提升第二产业发展效率。二是推进产业内部的横向整合，可将文化、生态、民俗体验等产业有机融合，

提高山区旅游产业综合竞争力。

（4）产城融合。通过重点镇产业集群的发展、产业结构的转型升级、大型特色项目带动、公共设施的配套、工业园区的建设等有力措施，实现城镇化与工业的整合发展。一是努力建设一批世界知名、国内著名的旅游度假城市，如凯里等；二是建立一批有竞争力的矿产资源精深加工基地城市，如加快推进百色生态型铝产业示范基地等建设；三是建立战略性产业发展基地地市，以安顺民用航空产业国家高技术产业基地为依托，发展航空装备产业，建设通用飞机、无人机、教练机等生产和试训基地，配套发展通用航空产业；四是促进产业园区推进城镇化，加快产业园区与居住区的合理配置与建设，推动骨干企业向产业园区集中，适当在产业园区周边布局居住，完善产业园区周边的基础设施和公共服务设施，推进城镇实体的发展。

（四）提升人口发展能力，增强城镇化民生效应

发展教育是提升贫困人口自我发展能力的根本出路，是阻断贫困代际传递的根本举措。可借鉴各种有效模式，不断加大滇桂黔片区的教育投入。

（1）田东模式借鉴。田东县长期以来将发展劳务经济作为提高农业收入、转移就业劳动力的重要途径，强调将人力资源向人力资本发展。以扩大就业为根本目标，大力提升劳动者素质，大力发展外出劳务经济，提升城镇化水平。然后，再通过吸引回流有技术的劳动者，发展本地产业，达到人才资源的乘数效应，以此推动其特色高效产业的发展。这种先减后增的模式，值得片区各个地区去学习借鉴。

（2）继续实施"阳光工程"等培训工程，推进"雨露计划"改革试点。对建档立卡贫困户中未升学、未就业的初高中毕业生提供现金补助，帮助他们接受2-3年职业教育培训，掌握一门技能，提高就业创业能力。一是应加大对片区内寄宿制学校的建设力度，扩大学校办学规模，提升寄宿制学生的生活补助和营养标准；二是提升片区学校教育的信息化、网络化水平，可通过远程教育平台实现优质教育资源的共享；三是提升片区农村老师待遇，优化农村教师的教育水平，发展重点大学学生的支教活动，完善教师的住房建设和社会福利政策；四是对青壮年免费开展职业技能培训，扩大中职教育的免学费政策范围，建立职业教育拨款制度，支持区域内各类职业院校及相关的职业培训机构开展订单培养、定向定岗技能培养与培训，不断加强与沿海发达地区尤其是广东省职业院校联合办学，汲取成功的办学经验；五是倡导企业以"企业合作、工学结合、半工半读"等形式对企业吸纳的劳动者开展岗前培训。

（3）拓宽就业渠道。一是加强与东部沿海经济发达省份尤其是长三角和珠三角，以及东盟国家的劳务合作，千方百计扩大劳务输出规模；二是促进农村和偏远山区劳动力向西江经济区、滇中经济区、黔中经济区和周边特色产业城镇转移就业；三是城市应大力发展劳动密集型产业、中小微企业，扩大就业机会；充分挖掘第三产业的就业潜力；四是大力规范公益性就业岗位，优先考虑就业困难人员的就业需求；五是扩大"西部地区农民创业促进工程"试点范围，支持农民自主创业，结合产业结构调整，着力提高二、三产业就业比重。

（五）严格执行生态环境保护制度，推进城镇化绿色发展

生态环境保护是生态脆弱区新型城镇化发展的关键，城镇化推进过程中，必须重视石漠化地区的生态保护工作，防止水土流失，合理布局城镇建设，对不同的类型区给予不同的政策保护。目前片区生态环境保护压力加大。首先，片区粗放的农林利用加速了石漠化地区的水土流失和石漠化加重。片区以山地为主，部分地区降雨量大且分配不均，暴雨集中，水土流失相当严重。其次，长期资源型产业的发展，加剧生态环境的恶化。片区大量县区产业结构为资源依托型，以重工业和采掘业为主，资源利用率低，技术水平低下，环境负面影响严重，矿区环境污染加剧，极大威胁了地区的可持续发展，而且生态恢复难度极大。最后，不合理的城镇发展和规划指导，导致大片优质耕地流失，建设用地使用不合理，造成本来就十分紧缺的土地资源的浪费，严重影响了区域的可持续发展。

建立生态红线制度，推进生态红线划定工作和管理工作，严格实施监督污染物排放的治理制度和责任追究制度。按照各省级主体功能区划安排，推进国家级和省级重点开发区的土地、人口、资本等生产要素的保护工作，健全重点生态功能区、禁止开发区的生态补偿机制。为了满足主体功能区

的宏观要求并且促进区域可持续发展，需要在城镇化建设过程中高度重视生态环境的保护。以国家主体功能区划和各省主体功能区划为指导，合理划定区域限制开发区和禁止开发区，提升城镇化建设的可持续发展水平。对以下类型区应给予重点关注。

（1）生态多样性保护区。比如以乐业－凤山世界地质公园、资源国家地质公园、大化七百弄国家地质公园、兴义国家地质公园和丘北普者黑国家湿地公园为核心，立法建设生态多样性保护区，建立以核心区－缓冲区－外围区为体系的生态多样性保护区制度，合理发展旅游产业和文化产业。

（2）水源地涵养保护区。对水源地开展立法建设，禁止在水源地开展任何毁林开荒、无序采矿、过度放牧，尤其是禁止工业活动。通过封山育林育草、退耕还林、小流域治理、水土保持等，减少水土流失面积，提高水源涵养能力。

（3）生态保护制度建设。全面加强林地保护和管理，加强经济林、用材林的可持续建设。严格实施对林地用途的管制，严格控制林地转为建设用地和其他农用地，确保森林资源稳定增长。对不适宜耕地地区，继续实施退耕还林还草。加大交通沿线、旅游景区、城镇周边和河流两岸的绿化带建设力度。

（六）创新投入机制，推动城镇化持续发展

片区绝大部分区域属于欠发达山区，产业底子薄，企业成长环境较差，对外来企业的吸引力较弱，使得这些地区城镇化发展更加依赖政府投资。因此，政府的主动投资是贫困山区初期发展必须依赖的资本。由于长期依赖政策照顾，部分山区县市也出现了被动发展的惯性，可能会导致片区自我发展能力不强。因此，对于片区的产业扶持和城镇化建设，可采取将财政政策和金融政策相结合的方式来引导和支持。

1. 财政政策

一是为了调动区域发展的积极性并且避免发展的被动性，国家和省区政府应该把财政直接补贴项目资金更多地以政府性贴息、担保资金和风险补偿基金的方式给予支持。

二是国家要进一步加大对限制开发区和禁止开发区的生态补偿及财政转移支付力度。生态补偿是国家对列入重点生态功能区的市（县）给予的特殊的财政政策和投资政策扶持，是生态环境投资的主要来源渠道，也是落实主体功能区划的重要手段。虽然国家已初步形成以财政转移方式为主的生态补偿制度，但目前还存在不少问题，如补偿制度不完善、补偿主体不明确、补偿标准偏低等问题，因此，国家应逐步完善生态补偿制度，设置更为综合的生态修复转移支付制度，建立一般性转移支付资金稳定增长机制等，为限制开发区和禁止开发区转变发展方式提供有力的政策支持。

2. 金融政策

扩大城镇基础设施和服务设施建设的贴息贷款规模和贴息范围，提高贴息比例，延长贴息期限。贯彻落实国家扶贫金融政策，完善金融服务机制，加大货币政策支持力度，综合运用再贷款、再贴现等工具，鼓励和引导金融机构增加对片区城镇化建设的信贷投入。创新涉农贷款抵押质押手段，扩大有效担保物范围，开展农村土地流转收益权担保贷款。

通过组建新型城镇化建设基金，联合银行、证券、基金、担保、信托等，建立新型城镇化金融合作组织，引导资金流向新型城镇化的关键领域和投入资金大的领域。

引导金融资本向片区的重点产业、重点行业、重点研究机构集中。根据政府产业规划确定的重点产业和支柱产业，在政策上应该引导金融资本向该类产业集聚，重点解决高新技术企业、劳动密集型企业、本地传统特色企业、新型农业等产业的金融缺乏问题。

第三篇

连片特困区多维减贫与自我发展能力构建

第七章 连片特困区多维贫困测度指标体系构建

一 引言

《中国农村扶贫开发纲要（2011－2020）》指出新世纪第二个十年扶贫攻坚的总体目标是："到 2020 年，稳定实现扶贫对象不愁吃、不愁穿，保障其义务教育、基本医疗和住房。贫困地区农民人均纯收入增长幅度高于全国平均水平，基本公共服务主要领域指标接近全国平均水平，扭转发展差距扩大趋势。"显然，这"两不愁，三保障"的表述意味着我国减贫目标有了多元指向，并与当前国际上多维减贫的发展趋势相一致。然而，长期以来，贫困被视为一维概念，仅指经济上的贫困。但即便如此，按照 2300 元/（年·人）的最新贫困线标准，武陵山片区、六盘山片区等 11 个国家集中连片特困区的贫困人口已占全国贫困人口总数的 70% 以上。事实上，这些连片特困区不仅收入低下，而且生态脆弱、教育落后、信息闭塞，若考虑贫困的多个维度，这些地区的贫困问题将更加严重。因而，要实现多维减贫的目标，集中连片特困区区域发展与扶贫攻坚任务十分艰巨。

为了准确识别连片特困区的多维贫困主体、多维贫困广度与深度，进而制定指向明确的反贫困对策，必然要对连片特困区的多维贫困程度进行测度。遗憾的是，我国无论在多维贫困研究还是多维减贫实践方面都相对落后。多维贫困研究方面，引进和消化国际前沿研究成果仍是国内学者的主要工作。一部分学者对国外多维贫困研究的进展进行了介绍和评述（尚卫平等，2005；洪兴建，2005；陈立中，2006，2008；邹薇，2012；刘泽琴，2012；叶升初，2010，2011）；另一部分学者则应用或修正国外主要的多维贫困测度指数对中国及特定区域进行了多维贫困的实证分析（王小林，2010；胡鞍钢，2009，2010；李佳路，2010；罗小兰等，2010；蒋翠侠等，2011；邹薇，2011；陈琦，2012；郭建宇，2012；李飞，2012）。多维减贫实践方面，多维贫困理念普及程度有限，多维贫困测度尚未正式应用于我国扶贫实践。虽然在我国的贫困监测中，经济贫困之外的指标也有涉及，但贫困究竟包括哪些维度、各维度的临界值为多少、各维度的权重如何确定等均缺乏统一规范。针对连片特困区的多维贫困研究则更少，目前仅有陈琦（2012）应用英国牛津大学开发的AF多维贫困测量方法对武陵山片区的多维贫困进行测度。

事实上，国外多维贫困测度方法及其指标在国内特别是连片特困区的应用中存在诸多局限。首先，应用较为广泛的Watts法、AF法都以住户调查数据为基础，而连片特困区统计制度相对不完善、统计信息缺乏，大范围的住户调查数据更是十分匮乏，这无疑制约了上述方法的应用；其次，连片特困区的贫困依然是区域性贫困，以家户为瞄准对象进行扶贫的精准优势在区域性贫困阶段意义并不明显，相反，将乡村、县域、片区等作为对象实行连片开发、整体推进效率更高，这也是国家在21世纪第二个十年针对连片特困区采取的扶贫攻坚战略。因而，构建适用于连片特困区较大空间尺度（片区整体、县域）的多维贫困测度指标体系和方法十分必要。

二 连片特困区多维贫困测度指标体系构建的原则

连片特困区是我国贫困人口的集聚区，这些区域尚处于典型的区域性贫困阶段。从空间分布来看，我国11个集中连片特困区均分布在"老、少、边、山"区，不仅经济贫困、教育落后、生态脆弱、信息闭塞，而且统计机制不健全、统计信息较缺乏。一方面，加快连片特困区区域发展与扶贫攻坚迫切需要进行多维贫困的测度与分析；另一方面，统计信息缺乏又制约了以个体或家庭为对象的传统多维贫困测度指标体系的应用。因而，构建科学合理且适用于连片特困区多维贫困测度的指标体系就不可回避。

为了实现科学合理且适用于连片特困区的总体目标，连片特困区多维贫困测度指标体系构建应遵循以下原则。

1. 全面反映连片特困区贫困特征的原则

连片特困区的贫困是典型的区域性贫困，而且"老、少、边、山"的区位分布导致贫困具有多维特性，具体表现为经济贫困、生态贫困、信息贫困、教育贫困、健康贫困、住房贫困和交通贫困等。因而，连片特困区的多维贫困测度指标体系必须涵盖上述维度，以求尽可能全面地揭示连片特困区的贫困本质。

2. 更多地使用宏观统计信息资料原则

由于连片特困区的统计机制尚不健全、统计信息资料不够全面，特别是大规模的微观层面调查数据十分有限，若采用依赖这类信息的指标无疑会增大数据采集成本和难度，甚至完全不可行。因而，从现实性和可操作性出发，连片特困区多维贫困测度指标体系应尽可能选用依赖宏观统计信息的指标。此外，为了进一步降低对统计数据精确性的要求，在指标考核时可以借鉴陈立新等（2012）的对比打分法。

3. 凸显贫困相对性原则

贫困可以分为绝对贫困和相对贫困，消除绝对贫困固然很重要，但减少相对贫困则是更永恒的主题。连片特困区在全国范围内，无疑既是绝对贫困也是相对贫困区域，但在连片特困区内，又有相对贫困和相对富裕区域之分。为了提高区域扶贫攻坚效率，对连片特困区内不同程度贫困的区域进行识别、比较仍然十分重要。因而，在指标选择和指标考核时应选用体现贫困相对性的指标和方式。

4. 简明实用性原则

指标体系构建既要保障能全面揭示多维贫困本质，又要使指标体系相对简洁、易于推广应用。一方面，指标选择应该反映连片特困区各个贫困维度的大部分信息，否则，所得到的测度结果不可信；另一方面，指标选择又不能面面俱到，否则指标信息重复、指标体系过于繁杂，不便于操作，大大降低指标体系的实用性。因而，在指标选择时需要反复斟酌、筛选，尽可能做到应选尽选、绝不多选。

5. 可比性原则

连片特困区的多维贫困具有历时性和空间性，比较客观地要求测度指标体系具有可比性，具体表现在两个方面：一是在指标的口径、内涵上具有可比性；二是在不同的时间和空间范围内具有可比性。只有可比的评价指标，才能提供准确的信息资料，才能通过比较分析得出连片特困区多维贫困程度及差异的具体表现。

三 连片特困区多维贫困测度指标体系基本框架

基于连片特困区贫困"两不愁、三保障"的多维减贫目标以及自身的贫困特征，借鉴面向区域的多维贫困测度指标体系的构建思路，遵循上述连片特困区多维贫困测度指标体系构建原则，在对相关高校专家和政府（扶贫办等）、企事业等部门进行问卷调查、深度访谈的基础上，本章确定了连片特困区多维贫困测度指标体系（见表1）。该指标体系由4个维度和51个指标构成。下面，对4个维度的立意及其下设测量指标加以说明。

1. 经济贫困

长期以来，经济（收入）贫困被认为是贫困的唯一维度。虽然，随着贫困认识的深化，贫困已由一维拓展为多维，但经济（收入）贫困仍然是贫困概念中最基础的内容。该维度下设11个指标，分别是：以国家贫困线为依据的贫困发生率、贫困缺口指数、平方贫困缺口指数和以国际贫困线为依据的贫困发生率、贫困缺口指数、平方贫困缺口指数、收入基尼系数、恩格尔系数、人均社会商品零售总额、失业率、劳动力负担系数。其中，不同标准下的贫困发生率、贫困缺口指数、平方贫困缺口指数分别揭示经济贫困的广度和深度；收入基尼系数从收入分配的角度反映经济贫困；人均社会商品零售总额、恩格尔系数则从消费能力和结构层面揭示经济贫困；失业率、劳动力负担系数从收入来源方面反映贫困。

2. 人类贫困

人类贫困主要从人类自身发展受剥夺的角度来揭示贫困，涉及教育、健康、住房和交通四个方面，共涵盖24个指标，分别是：文盲率、初中以下教育程度人口比例、人均公共教育经费指数、人口平均受教育年限指数、中小学校师生比指数、高等教育毛入学率指数、婴儿死亡率、孕产妇死亡率、5岁以下儿童体重不足者比例、新农合未覆盖率、每万人拥有卫生机构床位数、每万人拥有卫生技术人员数、新型农村养老保险未覆盖率、每千老人社会福利机构床位数、农村住房未达标率、自来水普及率、卫生厕所普及率、城市居民人均住房面积、城乡居民人均年生活用电量、农村非人力交通工具拥有率、未通公路乡村占比、每万人公共汽车拥有量（含农村公交）、农村主要道路硬化率、城市人均道路面积。其中，教育贫困指标6项，健康贫困指标8项（5项分别针对婴儿、孕产妇、儿童和老人等特殊群体的健康状况），住房贫困指标5项，交通贫困指标5项。

3. 信息贫困

随着信息社会、知识经济时代的到来，信息及其使用信息的能力越来越重要。信息贫困定义为人们普遍缺乏获取、交流、应用和创造信息的能力，或者缺乏权利、机会和途径获取这一能力，是知识贫困的重要方面，也是21世纪新的贫困维度。连片特困区通常信息闭塞，信息贫困较为普遍。本指标体系中信息贫困维度下设7项指标，分别为：电视未普及率、广播未普及率、电话未普及率（含固定电话和移动电话）、互联网用户比例、人均邮电业务量、村级图书室覆盖率（含网络端口）、每万人图书馆数。这些指标主要从信息获取途径、信息使用情况两个方面反映信息贫困。

4. 生态贫困

由于生态环境不断恶化、超越其承载能力而不能满足生活在这一区域的人们的基本生存和生产需要，或因自然条件恶化、自然灾害频发而造成人们基本生活与生产条件被剥夺的现象称为生态贫困，反映的是人们基本生存环境的剥夺。连片特困区多分布在生态脆弱的山区、干旱区，生态贫困较为严重。本测度指标体系在生态贫困维度下设9项指标，分别为：生态脆弱区人口比例、安全饮用水未覆盖率、人均水资源拥有量、人均耕地面积、人均森林拥有面积、沙（石）漠化面积比例、水旱灾高发区域面积占比、自然灾害发生率指数、环保投入占财政支出比重。

表1 多维贫困评价指标体系

序号	维度		序号	指标	单位
1	经济贫困		1	贫困发生率（国家贫困线）	%
			2	贫困缺口指数（国家贫困线）	%
			3	平方贫困缺口指数（国家贫困线）	%
			4	贫困发生率（国际贫困线）	%
			5	贫困缺口指数（国际贫困线）	%
			6	平方贫困缺口指数（国际贫困线）	%
			7	收入基尼系数	%
			8	恩格尔系数	%
			9	人均社会商品零售总额▼	元
			10	失业率	%
			11	劳动力负担系数	%
2	人类贫困	教育贫困	12	文盲率	%
			13	初中以下教育程度人口比例	%
			14	人均公共教育经费指数▼	—
			15	人口平均受教育年限指数▼	—
			16	中小学校师生比指数▼	—
			17	高等教育毛入学率指数▼	—
		健康贫困	18	婴儿死亡率	%
			19	孕产妇死亡率	%
			20	5岁以下儿童体重不足者比例	%
			21	新农合未覆盖率	%
			22	每万人拥有卫生机构床位数▼	张
			23	每万人拥有卫生技术人员数▼	人
			24	新型农村养老保险未覆盖率	%
			25	每千老人社会福利机构床位数▼	张
		住房贫困	26	农村住房未达标率	%
			27	自来水普及率▼	%
			28	卫生厕所普及率▼	%
			29	城市居民人均住房面积▼	平方米
			30	城乡居民人均年生活用电量▼	度
		交通贫困	31	农村非人力交通工具拥有率▼	%
			32	未通公路乡村占比	%
			33	每万人公共汽车拥有量（含农村公交）▼	辆
			34	农村主要道路硬化率▼	%
			35	城市人均道路面积▼	平方米

续表

序号	维度	序号	指标	单位
3	信息贫困	36	电视未普及率	%
		37	广播未普及率	%
		38	电话未普及率(含固定电话和移动电话)	%
		39	互联网用户比例▼	%
		40	人均邮电业务量▼	件
		41	村级图书室覆盖率(含网络端口)▼	%
		42	每万人图书馆数▼	个
4	生态贫困	43	生态脆弱区人口比例	%
		44	安全饮用水未覆盖率	%
		45	人均水资源拥有量▼	立方米
		46	人均耕地面积▼	亩
		47	人均森林拥有面积▼	公顷
		48	沙(石)漠化面积比例	%
		49	水旱灾害高发区域面积占比	%
		50	自然灾害发生率指数	—
		51	环保投入占财政支出比重▼	%

注：表中带▼标记的表示逆指标。

需要说明的是，在表 1 的测度指标体系中没有列出各贫困维度及各指标分别对应的权重。虽然，当前多维贫困测度实践中主要采用等权重方法（如王小林和 Alkire，2010；UNDP - MPI 体系），但也有学者批评等权重赋权法过于武断（蒋翠侠等，2011；郭建宇等，2012）。不过，Alkire 和 Foster（2011）在比较各种赋权法之后发现，AF 法对权重选择不敏感。① 在面向区域的多维贫困测度指标体系中，胡鞍钢等（2009，2010，2011）也采用等权重法，叶升初等（2011）则在村级多维贫困测度指标体系中应用模糊隶属度法来确定权重。本指标体系并不规定各维度、各指标对应权重的确定方法，研究者可以根据自己的需要选择合适的方法。

---

① 方迎风（2012）的研究则指出，多维贫困关于测度方法、权重较敏感，等权重下的 AF 多维贫困被 Betti & Verma 权重下的 AF 多维贫困指数、Betti & Verma 权重下的 TFR 多维贫困指数、Cheli & Lemmi 权重下的 TFR 多维贫困指数严格占优，并指出应在不同阶段以及不同扶贫目标下慎重选择多维贫困指数构造的权重及加总方法。

四 多维贫困测度指标体系的考核办法

为了使本测度指标体系具有可操作性,现将各指标的考核及计算方法列表说明(见表2)。

表2 多维贫困评价体系指标考核办法

评价对象	二级指标	考核内容及计算方法
经济贫困	贫困发生率 (国家贫困线)	该指标反映贫困发生的广度,为最基本的贫困衡量指标。计算公式为:贫困发生率=贫困人口数(收入或支出低于国家贫困线人口)/总人口数。考核时查阅当地统计部门相关资料: A. 贫困发生率为对比区域平均水平的1.2倍以上 B. 贫困发生率为对比区域平均水平的1-1.2倍 C. 贫困发生率为对比区域平均水平的1倍以下 符合A项得1分;B项得0.5分;C项得0分
	贫困缺口指数 (国家贫困线)	贫困缺口指数又称贫困缺口率,是对贫困深度的测度,取值范围为[0,1],值越大,表明贫困越严重。计算公式为:贫困缺口指数=平均贫困缺口/贫困线(国家贫困线)。考核时查阅当地统计部门相关资料: A. 贫困缺口指数为对比区域平均水平的1.2倍以上 B. 贫困缺口指数为对比区域平均水平的1-1.2倍 C. 贫困缺口指数为对比区域平均水平的1倍以下 符合A项得1分;B项得0.5分;C项得0分
	平方贫困 缺口指数 (国家贫困线)	平方贫困缺口指数是衡量贫困深度的又一指标,在权数的分配上偏重于更加贫困的人口。计算公式为:平方贫困缺口指数=所有贫困线以下人口的贫困缺口率平方和/总人数。考核时查阅当地统计部门相关资料: A. 平方贫困缺口指数为对比区域平均水平的1.2倍以上 B. 平方贫困缺口指数为对比区域平均水平的1-1.2倍 C. 平方贫困缺口指数为对比区域平均水平的1倍以下 符合A项得1分;B项得0.5分;C项得0分
	贫困发生率 (国际贫困线)	该指标反映贫困发生的广度,为最基本的贫困衡量指标。计算公式为:贫困发生率=贫困人口数(收入或支出低于国际贫困线人口)/总人口数。考核时查阅当地统计部门相关资料: A. 贫困发生率为对比区域平均水平的1.2倍以上 B. 贫困发生率为对比区域平均水平的1-1.2倍 C. 贫困发生率为对比区域平均水平的1倍以下 符合A项得1分;B项得0.5分;C项得0分

续表

评价对象	二级指标	考核内容及计算方法
经济贫困	贫困缺口指数（国际贫困线）	贫困缺口指数又称贫困缺口率，是对贫困深度的测度，取值范围为[0，1]，值越大，表明贫困越严重。计算公式为：贫困缺口指数＝平均贫困缺口/贫困线（国际贫困线）。考核时查阅当地统计部门相关资料： A. 贫困缺口指数为对比区域平均水平的1.2倍以上 B. 贫困缺口指数为对比区域平均水平的1－1.2倍 C. 贫困缺口指数为对比区域平均水平的1倍以下 **符合A项得1分；B项得0.5分；C项得0分**
	平方贫困缺口指数（国际贫困线）	平方贫困缺口指数是衡量贫困深度的又一指标，在权数的分配上偏重于更加贫困的人口。计算公式为：平方贫困缺口指数＝所有贫困线（国际贫困线）以下人口的贫困缺口率平方和/总人数。考核时查阅当地统计部门相关资料： A. 平方贫困缺口指数为对比区域平均水平的1.2倍以上 B. 平方贫困缺口指数为对比区域平均水平的1－1.2倍 C. 平方贫困缺口指数为对比区域平均水平的1倍以下 **符合A项得1分；B项得0.5分；C项得0分**
	基尼系数	该指数反映地区的收入不平等程度，其值介于0～1之间。计算公式为：$Gini = A/(A+B)$，其中，A为实际收入分配曲线和收入分配绝对平等曲线之间的面积，B为实际收入分配曲线右下方的面积。考核时查阅当地统计部门相关资料： A. 基尼系数高于对比区域平均水平 B. 基尼系数达到对比区域平均水平 C. 基尼系数低于对比区域平均水平 **符合A项得1分；B项得0.5分；C项得0分**
	恩格尔系数	该指标是国际上通用的衡量居民生活水平高低的一项重要指标，一般随居民家庭收入和生活水平的提高而下降。计算公式为：恩格尔系数＝食物支出金额/总支出金额。考核时查阅当地统计部门相关资料： A. 恩格尔系数高于对比区域平均水平 B. 恩格尔系数达到对比区域平均水平 C. 恩格尔系数低于对比区域平均水平 **符合A项得1分；B项得0.5分；C项得0分**
	人均社会商品零售总额▼	该指标是反映一定时期内人民物质文化生活水平高低的一项重要指标。考核时查阅当地统计部门相关资料： A. 人均社会商品零售总额低于对比区域平均水平 B. 人均社会商品零售总额达到对比区域平均水平 C. 人均社会商品零售总额高于对比区域平均水平 **符合A项得1分；B项得0.5分；C项得0分**

续表

评价对象	二级指标	考核内容及计算方法
经济贫困	失业率	该指标反映一定时期内全部劳动人口的就业情况，由于就业是收入的重要来源，故该指标也能一定程度地反映居民的收入水平。计算公式为：失业率＝失业人数/（在业人数＋失业人数）。考核时查阅当地统计部门相关资料： A. 失业率高于对比区域平均水平 B. 失业率达到对比区域平均水平 C. 失业率低于对比区域平均水平 符合 A 项得 1 分；B 项得 0.5 分；C 项得 0 分
经济贫困	劳动力负担系数	劳动力负担系数是指家庭中不具备劳动能力的人口数与具备劳动能力且实际从事劳动的人口数之比。通常，劳动力负担系数大的家庭陷入贫困的可能性更高。计算公式为：劳动力负担系数＝（14 岁以下人口数＋65 岁以上人口数＋15 至 64 岁间丧失劳动能力的人口数）/15 至 64 岁具备劳动能力且从事劳动的人口数。考核时查阅当地统计部门相关资料： A. 劳动力负担系数高于对比区域平均水平 B. 劳动力负担系数达到对比区域平均水平 C. 劳动力负担系数低于对比区域平均水平 符合 A 项得 1 分；B 项得 0.5 分；C 项得 0 分
人类贫困	教育贫困 — 文盲率	文盲率是反映一个地区人们的受教育程度，指超过学龄期（15 岁）既不会读又不会写字的人在相应人口中所占比重。计算公式为：文盲率＝15 岁以上文盲人数/15 岁以上总人口数×100%。考核时查阅当地统计部门相关资料： A. 文盲率为对比区域平均水平 1.2 倍以上 B. 文盲率为对比区域平均水平的 1－1.2 倍 C. 文盲率为对比区域平均水平的 1 倍以下 符合 A 项得 1 分；B 项得 0.5 分；C 项得 0 分
人类贫困	教育贫困 — 初中以下教育程度人口比例	该指标反映教育程度为初中以下的人口占总人口的比重。考核时查阅当地统计部门相关资料： A. 初中以下学历人口比例为对比区域平均水平 1.5 倍以上 B. 初中以下学历人口比例为对比区域平均水平的 1－1.5 倍 C. 初中以下学历人口比例为对比区域平均水平的 1 倍以下 符合 A 项得 1 分；B 项得 0.5 分；C 项得 0 分
人类贫困	教育贫困 — 人均公共教育经费指数▼	该指标反映与比较区域的人均公共教育经费之比，计算公式为：人均公共教育经费指数＝考察区域人均公共教育经费/对比区域人均公共教育经费。考核时查阅当地统计部门相关资料： A. 人均公共教育经费指数为 0.5 以下 B. 人均公共教育经费指数为 0.5－1 C. 人均公共教育经费指数大于 1 符合 A 项得 1 分；B 项得 0.5 分；C 项得 0 分

续表

评价对象	二级指标	考核内容及计算方法
人类贫困	教育贫困 — 人口平均受教育年限指数▼	该指标反映与比较区域的人口平均受教育年限之比，计算公式为：人口平均受教育年限指数 = 考察区域人口平均受教育年限/对比区域人口平均受教育年限。考核时查阅当地统计部门相关资料： A. 人口平均受教育年限指数为 0.5 以下 B. 人口平均受教育年限指数为 0.5 – 1 C. 人口平均受教育年限指数大于 1 符合 A 项得 1 分；B 项得 0.5 分；C 项得 0 分
	中小学校师生比指数▼	该指标反映考察区域的教育软环境。计算公式为：中小学校师生比指数 = 考察区域中小学校师生比/对比区域中小学校师生比。考核时查阅当地统计部门相关资料： A. 中小学校师生比指数为 0.5 以下 B. 中小学校师生比指数为 0.5 – 1 C. 中小学校师生比指数大于 1 符合 A 项得 1 分；B 项得 0.5 分；C 项得 0 分
	高等教育毛入学率指数▼	该指标反映考察区域的教育质量和接受高等教育的机会。计算公式为：高等教育毛入学率指数 = 考察区域高等教育毛入学率/对比区域高等教育毛入学率。考核时查阅当地统计部门相关资料： A. 高等教育毛入学率指数为 0.5 以下 B. 高等教育毛入学率指数为 0.5 – 1 C. 高等教育毛入学率指数大于 1 符合 A 项得 1 分；B 项得 0.5 分；C 项得 0 分
	健康贫困 — 婴儿死亡率	婴儿死亡率指婴儿出生后不满周岁死亡人数同出生人数的比值，是反映某地区居民健康水平和经济社会发展水平，特别是妇幼保健工作水平的重要指标。考核时查阅当地统计部门相关资料： A. 婴儿死亡率为对比区域平均水平的 1.5 倍以上 B. 婴儿死亡率为对比区域平均水平的 1 – 1.5 倍 C. 婴儿死亡率为对比区域平均水平的 1 倍以下 符合 A 项得 1 分；B 项得 0.5 分；C 项得 0 分
	孕产妇死亡率	孕产妇死亡率是指从妊娠开始到产后 42 天内，由于各种原因（除意外事故外）造成的孕产妇死亡人数占相应人数的比例。该指标同样反映某地区居民健康水平、经济社会发展水平，特别是妇幼保健工作水平。考核时查阅当地统计部门相关资料： A. 孕产妇死亡率为对比区域平均水平的 1.5 倍以上 B. 孕产妇死亡率为对比区域平均水平的 1 – 1.5 倍 C. 孕产妇死亡率为对比区域平均水平的 1 倍以下 符合 A 项得 1 分；B 项得 0.5 分；C 项得 0 分

续表

评价对象	二级指标		考核内容及计算方法
人类贫困	健康贫困	5岁以下儿童体重不足者比例	该指标反映某地区的居民营养和健康状况。计算公式为：5岁以下儿童体重不足者比例=5岁以下儿童体重不足者人数/5岁以下儿童总人数。考核时查阅当地统计部门相关资料： A. 5岁以下儿童体重不足者比例为对比区域平均水平的1.5倍以上 B. 5岁以下儿童体重不足者比例为对比区域平均水平的1~1.5倍 C. 5岁以下儿童体重不足者比例为对比区域平均水平的1倍以下 **符合A项得1分；B项得0.5分；C项得0分**
		新农合未覆盖率	农村合作医疗是由我国农民自己创造的互助共济的医疗保障制度，在保障农民获得基本卫生服务、缓解农民因病致贫和因病返贫方面发挥了重要的作用。新农合未覆盖率指某区域没有参与新农村合作医疗保险农民人数所占比例。考核时查阅当地统计部门相关资料： A. 新农合未覆盖率为对比区域平均水平的1.5倍以上 B. 新农合未覆盖率为对比区域平均水平的1~1.5倍 C. 新农合未覆盖率为对比区域平均水平的1倍以下 **符合A项得1分；B项得0.5分；C项得0分**
		每万人拥有卫生机构床位数▼	该指标反映所在区域卫生基础设施状况。考核时查阅当地统计部门相关资料： A. 每万人拥有卫生机构床位数为对比区域平均水平的0.5倍以下 B. 每万人拥有卫生机构床位数为对比区域平均水平的0.5~1倍 C. 每万人拥有卫生机构床位数为对比区域平均水平的1倍以上 **符合A项得1分；B项得0.5分；C项得0分**
		每万人拥有卫生技术人员数▼	该指标反映所在区域医疗卫生质量状况。考核时查阅当地统计部门相关资料： A. 每万人拥有卫生技术人员数为对比区域平均水平的0.5倍以下 B. 每万人拥有卫生技术人员数为对比区域平均水平的0.5~1倍 C. 每万人拥有卫生技术人员数为对比区域平均水平的1倍以上 **符合A项得1分；B项得0.5分；C项得0分**
		新型农村养老保险未覆盖率	该指标是反映所在区域的社会基本保障状况。计算方法为所在区域内没有参与新型农村养老保险的农民人数除以相应的总人数。考核时查阅当地统计部门相关资料： A. 新型农村养老保险未覆盖率为对比区域平均水平的1.5倍以上 B. 新型农村养老保险未覆盖率为对比区域平均水平的1~1.5倍 C. 新型农村养老保险未覆盖率为对比区域平均水平的1倍以下 **符合A项得1分；B项得0.5分；C项得0分**
		每千老人社会福利机构床位数▼	该指标反映所在区域的社会福利设施状况。考核时查阅当地统计部门相关资料： A. 每千老人社会福利机构床位数为对比区域平均水平的0.5倍以下 B. 每千老人社会福利机构床位数为对比区域平均水平的0.5~1倍 C. 每千老人社会福利机构床位数为对比区域平均水平的1倍以上 **符合A项得1分；B项得0.5分；C项得0分**

续表

评价对象	二级指标	考核内容及计算方法
人类贫困	住房贫困	农村住房未达标率	该指标反映农村居民住房的整体条件。具备如下四个条件之一的住房为未达标住房。四个条件分别是：地板是泥土；房顶材料是纸质或废弃材料；墙体材料是泥浆混合物、芦苇、纸板、金属或其他废弃材料；每个房间居住人数不低于2.5人。计算公式：农村住房未达标率=未达标住房数/住房总数。考核时查阅当地统计部门相关资料： A. 农村住房未达标率为对比区域平均水平的1.5倍以上 B. 农村住房未达标率为对比区域平均水平的1-1.5倍 C. 农村住房未达标率为对比区域平均水平的1倍以下 符合A项得1分；B项得0.5分；C项得0分
		自来水普及率▼	该指标反映所在区域居民住房用水便利性状况。考核时查阅当地统计部门相关资料： A. 自来水普及率为对比区域平均水平的0.5倍以下 B. 自来水普及率为对比区域平均水平的0.5-1倍 C. 自来水普及率为对比区域平均水平的1倍以上 符合A项得1分；B项得0.5分；C项得0分
		卫生厕所普及率▼	该指标是反映所在区域居民的卫生设施状况的国际通用指标。考核时查阅当地统计部门相关资料： A. 农村卫生厕所普及率为对比区域平均水平的0.5倍以下 B. 农村卫生厕所普及率为对比区域平均水平的0.5-1倍 C. 农村卫生厕所普及率为对比区域平均水平的1倍以上 符合A项得1分；B项得0.5分；C项得0分
		城市居民人均住房面积▼	该指标是衡量城市居民住房条件的重要指标之一。考核时查阅当地统计部门相关资料： A. 城市居民人均住房面积为对比区域平均水平的0.5倍以下 B. 城市居民人均住房面积为对比区域平均水平的0.5-1倍 C. 城市居民人均住房面积为对比区域平均水平的1倍以上 符合A项得1分；B项得0.5分；C项得0分
		城乡居民人均年生活用电量▼	该指标反映居民家庭电器设备的拥有和使用状况。考核时查阅当地统计部门相关资料： A. 城乡居民人均年生活用电量为对比区域平均水平的0.5倍以下 B. 城乡居民人均年生活用电量为对比区域平均水平的0.5-1倍 C. 城乡居民人均年生活用电量为对比区域平均水平的1倍以上 符合A项得1分；B项得0.5分；C项得0分
	交通贫困	农村非人力交通工具拥有率▼	该指标反映农村居民交通工具拥有状况，其中，非人力交通工具主要包括摩托车、电动车以及汽车等机动车辆。考核时查阅当地统计部门相关资料： A. 农村非人力交通工具拥有率为对比区域平均水平的0.5倍以下 B. 农村非人力交通工具拥有率为对比区域平均水平的0.5-1倍 C. 农村非人力交通工具拥有率为对比区域平均水平的1倍以上 符合A项得1分；B项得0.5分；C项得0分

续表

评价对象	二级指标	考核内容及计算方法
人类贫困	交通贫困	
	未通公路乡村占比	该指标反映农村交通基础设施普及状况。考核时查阅当地统计部门相关资料： A. 未通公路乡村占比为对比区域平均水平的 1.5 倍以上 B. 未通公路乡村占比为对比区域平均水平的 1 – 1.5 倍 C. 未通公路乡村占比为对比区域平均水平的 1 倍以下 符合 A 项得 1 分；B 项得 0.5 分；C 项得 0 分
	每万人公共汽车拥有量（含农村公交）▼	该指标反映公共交通设施状况。考核时查阅当地统计部门相关资料： A. 每万人公共汽车拥有量为对比区域平均水平的 0.5 倍以下 B. 每万人公共汽车拥有量为对比区域平均水平的 0.5 – 1 倍 C. 每万人公共汽车拥有量为对比区域平均水平的 1 倍以上 符合 A 项得 1 分；B 项得 0.5 分；C 项得 0 分
	农村主要道路硬化率▼	该指标反映农村交通基础设施的质量状况。考核时查阅当地统计部门相关资料： A. 农村主要道路硬化率为对比区域平均水平的 0.5 倍以下 B. 农村主要道路硬化率为对比区域平均水平的 0.5 – 1 倍 C. 农村主要道路硬化率为对比区域平均水平的 1 倍以上 符合 A 项得 1 分；B 项得 0.5 分；C 项得 0 分
	城市人均道路面积▼	该指标反映城市交通基础设施状况。考核时查阅当地统计部门相关资料： A. 城市人均道路面积为对比区域平均水平的 0.5 倍以下 B. 城市人均道路面积为对比区域平均水平的 0.5 – 1 倍 C. 城市人均道路面积为对比区域平均水平的 1 倍以上 符合 A 项得 1 分；B 项得 0.5 分；C 项得 0 分
	信息贫困	
	电视未普及率	电视是农村重要的信息接收渠道，因而电视未普及程度在一定程度上反映了农村的信息贫困状况。计算公式为：电视未普及率 = 没有电视的家庭数/相应区域家庭总数。考核时查阅当地统计部门相关资料： A. 电视未普及率为对比区域平均水平的 1.5 倍以上 B. 电视未普及率为对比区域平均水平的 1 – 1.5 倍 C. 电视未普及率为对比区域平均水平的 1 倍以下 符合 A 项得 1 分；B 项得 0.5 分；C 项得 0 分
	广播未普及率	广播是农村传达和接收信息的重要工具，因而该指标也能在一定程度上反映农村的信息贫困状况。计算公式为：广播未普及率 = 没有安装广播的乡村数/相应区域乡村总数。考核时查阅当地统计部门相关资料： A. 广播未普及率为对比区域平均水平的 1.5 倍以上 B. 广播未普及率为对比区域平均水平的 1 – 1.5 倍 C. 广播未普及率为对比区域平均水平的 1 倍以下 符合 A 项得 1 分；B 项得 0.5 分；C 项得 0 分

续表

评价对象	二级指标	考核内容及计算方法
信息贫困	电话未普及率 （含固定电话和 移动电话）	电话作为最基本的现代通信工具，其未普及程度直接反映了所在区域居民的信息贫困程度。计算公式为：电话未普及率＝不拥有固定电话或移动电话的人数/相应区域总人数。考核时查阅当地统计部门相关资料： A. 电话未普及率为对比区域平均水平的 1.5 倍以上 B. 电话未普及率为对比区域平均水平的 1－1.5 倍 C. 电话未普及率为对比区域平均水平的 1 倍以下 符合 A 项得 1 分；B 项得 0.5 分；C 项得 0 分
	互联网 用户比例▼	互联网是当前最全面和最高效的现代信息搜索、交流平台。互联网用户比例能有效反映所在区域的信息发达程度。计算公式为：互联网用户比例＝互联网使用家庭数/相应区域家庭总数。考核时查阅当地统计部门相关资料： A. 互联网用户比例为对比区域平均水平的 0.5 倍以下 B. 互联网用户比例为对比区域平均水平的 0.5－1 倍 C. 互联网用户比例为对比区域平均水平的 1 倍以上 符合 A 项得 1 分；B 项得 0.5 分；C 项得 0 分
	人均邮电 业务量▼	邮电部门作为传统的信息交流载体，其业务量也能在一定程度上反映所在区域的信息交流密度。因而，人均邮电业务量也是重要的信息贫困衡量指标。考核时查阅当地统计部门相关资料： A. 人均邮电业务量为对比区域平均水平的 0.5 倍以下 B. 人均邮电业务量为对比区域平均水平的 0.5－1 倍 C. 人均邮电业务量为对比区域平均水平的 1 倍以上 符合 A 项得 1 分；B 项得 0.5 分；C 项得 0 分
	村级图书室 覆盖率 （含网络端口）▼	村级图书室是农村居民获取知识、信息的重要平台。该指标在一定程度上反映了农村的信息介入性。计算公式为：村级图书室覆盖率＝建有村级图书室的乡村数/所在区域乡村总数。考核时查阅当地统计部门相关资料： A. 村级图书室覆盖率为对比区域平均水平的 0.5 倍以下 B. 村级图书室覆盖率为对比区域平均水平的 0.5－1 倍 C. 村级图书室覆盖率为对比区域平均水平的 1 倍以上 符合 A 项得 1 分；B 项得 0.5 分；C 项得 0 分
	每万人 图书馆数▼	图书馆作为重要的文化和信息设施，每万人图书馆拥有量反映了居民信息获取的便利性。考核时查阅当地统计部门相关资料： A. 每万人图书馆数为对比区域平均水平的 0.5 倍以下 B. 每万人图书馆数为对比区域平均水平的 0.5－1 倍 C. 每万人图书馆数为对比区域平均水平的 1 倍以上 符合 A 项得 1 分；B 项得 0.5 分；C 项得 0 分

续表

评价对象	二级指标	考核内容及计算方法
生态贫困	生态脆弱区人口比例	生态脆弱区人口比例指考察区域内生活在生态脆弱区的人口占总人口的比重。该指标反映了所在区域居民的生态压力。考核时查阅当地统计部门相关资料： A. 生态脆弱区人口比例为对比区域平均水平的 1.5 倍以上 B. 生态脆弱区人口比例为对比区域平均水平的 1 – 1.5 倍 C. 生态脆弱区人口比例为对比区域平均水平的 1 倍以下 符合 A 项得 1 分；B 项得 0.5 分；C 项得 0 分
	安全饮用水未覆盖率	饮用水水源不是来自深度大于 5 米的地下水或水厂的家庭的比例，即安全饮用水未覆盖率。该指标反映了居民的饮水贫困状况。考核时查阅当地统计部门相关资料： A. 安全饮用水未覆盖率为对比区域平均水平的 1.5 倍以上 B. 安全饮用水未覆盖率为对比区域平均水平的 1 – 1.5 倍 C. 安全饮用水未覆盖率为对比区域平均水平的 1 倍以下 符合 A 项得 1 分；B 项得 0.5 分；C 项得 0 分
	人均水资源拥有量▼	该指标反映所考察区域居民的水资源贫困状况。考核时查阅当地统计部门相关资料： A. 人均水资源拥有量为对比区域平均水平的 0.5 倍以下 B. 人均水资源拥有量为对比区域平均水平的 0.5 – 1 倍 C. 人均水资源拥有量为对比区域平均水平的 1 倍以上 符合 A 项得 1 分；B 项得 0.5 分；C 项得 0 分
	人均耕地面积▼	耕地是农村居民最重要的物质生计资本，人均耕地面积偏低通常与贫困高度相关。考核时查阅当地统计部门相关资料： A. 人均耕地面积为对比区域平均水平的 0.5 倍以下 B. 人均耕地面积为对比区域平均水平的 0.5 – 1 倍 C. 人均耕地面积为对比区域平均水平的 1 倍以上 符合 A 项得 1 分；B 项得 0.5 分；C 项得 0 分
	人均森林拥有面积▼	森林覆盖率是衡量生态环境好坏的重要指标之一，人均森林拥有面积在一定程度上反映了生态贫困的状况。考核时查阅当地统计部门相关资料： A. 人均森林拥有面积为对比区域平均水平的 0.5 倍以下 B. 人均森林拥有面积为对比区域平均水平的 0.5 – 1 倍 C. 人均森林拥有面积为对比区域平均水平的 1 倍以上 符合 A 项得 1 分；B 项得 0.5 分；C 项得 0 分
	沙（石）漠化面积比例	沙（石）漠化是生态恶化、生态贫困的重要表现，沙（石）漠化面积比例指所考察区域内沙（石）漠化面积占整个区域面积的比例。考核时查阅当地统计部门相关资料： A. 沙（石）漠化面积比例为对比区域平均水平的 1.5 倍以上 B. 沙（石）漠化面积比例为对比区域平均水平的 1 – 1.5 倍 C. 沙（石）漠化面积比例为对比区域平均水平的 1 倍以下 符合 A 项得 1 分；B 项得 0.5 分；C 项得 0 分

续表

评价对象	二级指标	考核内容及计算方法
生态贫困	水旱灾害高发区域面积占比	该指标反映所考察区域内水旱灾害的影响面，计算公式为：水旱灾害高发区域面积占比=水旱灾害高发区面积/区域总面积。考核时查阅当地统计部门相关资料： A. 水旱灾害高发区域面积占比为对比区域平均水平的1.5倍以上 B. 水旱灾害高发区域面积占比为对比区域平均水平的1－1.5倍 C. 水旱灾害高发区域面积占比为对比区域平均水平的1倍以下 符合 A 项得1分；B 项得0.5分；C 项得0分
	自然灾害发生率指数	该指标反映的是所考察区域遭受自然灾害的频繁程度，计算公式为：自然灾害发生率指数=所考察区域自然灾害发生频次/对比区域自然灾害发生频次。考核时查阅当地统计部门相关资料： A. 自然灾害发生率指数大于1.5倍 B. 自然灾害发生率指数处于1－1.5间 C. 自然灾害发生率指数小于1 符合 A 项得1分；B 项得0.5分；C 项得0分
	环保投入占财政支出比重▼	该指标反映所考察区域对生态和环境保护的投入状况，通常环保投入大，生态环境得到改善。考核时查阅当地统计部门相关资料： A. 环保投入占财政支出比重为对比区域平均水平的0.5倍以下 B. 环保投入占财政支出比重为对比区域平均水平的0.5－1倍 C. 环保投入占财政支出比重为对比区域平均水平的1倍以上 符合 A 项得1分；B 项得0.5分；C 项得0分

五 结论与展望

分布在"老、少、边、山"区的连片特困区不仅经济贫困，而且教育落后、信息闭塞、生态脆弱，不仅贫困广度宽，而且贫困程度深。全面把握连片特困区的贫困特征，需要从多维和时空演化的视角进行定量测度、深度剖析。但由于连片特困区信息统计机制不健全、统计资料较缺乏，当前国际上应用较为广泛的多维贫困测度指标体系（如 UNDP – MPI）并不适用，而且，区域性贫困也要求多维贫困测度应更关注区域而不只是个体或家庭。因而，构建科学合理且适用于连片特困区的多维贫困测度指标体系十分必要。本章在回顾国际多维贫困测度实践、比较主要多维贫困测度指标体系的基础上，构建了包含经济贫困、人类贫困、信息贫困和生态贫困4个维度共51个指标的连片特困区多维贫困测度指标体系，并对各指标的考核办法进行了详细说明，为定量测度连片特困区多维贫困奠定了基础。

虽然本测度指标体系是在深入访谈相关领域专家、政府部门（扶贫办、国家调查队）和企事业相关负责人的基础上，经过课题组团队成员反复斟酌、修订而构建的，但仍难免挂一漏万。特别是连片特困区相关统计信息缺乏对测度指标体系的构建和部分指标的考核造成了障碍。为了克服这一障碍，本测度指标体系基于贫困的相对性特征采用了对比打分法。这一方法一方面降低数据的精确性要求，另一方面也在一定程度上牺牲了贫困测度的敏感性。但从现实可行性来看，这一折中处理是比较合理的。不过，完善连片特困区的信息统计资料、加强区域多维贫困相关指标的监控，应成为连片特困区各地统计部门、研究机构下一步工作的重点。

第八章 连片特困区自我发展能力评价指标体系构建

一 引言

2010年7月,国家西部大开发工作会议强调"今后10年是深入推进西部大开发承前启后的关键时期,新形势下深入实施西部大开发战略,必须以增强自我发展能力为主线"。《中国农村扶贫开发纲要(2011-2020)》进一步确定了将六盘山片区、秦巴山片区、武陵山片区等11个连片特困地区和已明确实施特殊政策的西藏、四省藏区、新疆南疆3地州作为扶贫攻坚的主战场,并指出要"以扶贫开发促进区域发展,以区域发展带动扶贫开发"。可见,无论是西部地区还是集中连片特困区,未来10年最重要的使命都是自我发展能力构建。同时,强调上述地区自我发展能力构建也是国家新10年实施区域协调发展战略的重要切入点和着力点,也标志着中央政府寄希望于西部地区、集中连片特困区在新的10年中实现由以输血为主的外源式发展(输血式扶贫)向造血为主的内生型发展(造血式减贫)转变。考虑到大部分集中连片特困区处于西部地区,而且集中连片特困区的自我发展能力更为薄弱,构建自我发展能力的任务更为艰巨,因而,准确把握集中连片特困区自我发展能力的现状,探索其演变规律,对加快集中连片特困区乃至整个西部地区自我发展能力构建都具有重要的意义。判断一个地区自我发展能力的高低,需要一个科学、合理的评价标准。因此,建立一套既符合连片特困区特殊区情,又具有可比性和前瞻性,能客观反映地区自我发展能力的评价指标体系,引导连片特困区政府树立科学的发展观,准确把握自我发展能力的内涵，自觉构建区域自我发展能力，提升扶贫攻坚效率，显得非常重要和紧迫。

二 连片特困区自我发展能力评价指标体系构建原则

目前，区域自我发展能力评价指标体系构建研究还十分有限。成学真等（2010）、郑长德（2011）进行了初步的探讨。不过，他们的研究都不针对连片特困区，而且，前者的五个子系统及部分指标的选择值得商榷，后者则仅仅采用人口平均受教育年限、人口平均预期寿命、总资产贡献率、一般预算收支比、综合科技进步指数 5 个综合性指标，难以真实反映区域的自我发展能力。事实上，区域自我发展能力是一个复杂的能力系统，具有综合性、相对性、动态性和开放性等特征。而且，对于连片特困区而言，其经济社会发展有着自身的客观规律，同时，连片特困区是国家未来十年扶贫攻坚的主战场，对其自我发展能力的评价应能为国家相关政策的制定、实施提供有效的决策依据及建设性建议。因此，连片特困区自我发展能力评价指标体系构建应遵循以下原则。

1. 目的性原则

连片特困区自我发展能力评价的主要目的在于客观反映连片特困区及其内部县市离实现自我发展的差距有多大，以及主要差距在哪里，为国家在连片特困区区域发展与扶贫攻坚中有的放矢地进行造血式扶贫提供参考。因而，在指标选择时应以这一目标为导向，确定指标的名称、含义及口径范围。

2. 综合性原则

区域自我发展能力是一个综合的能力系统，包括产业、市场、空间自我发展能力和自我发展软实力四个子系统，而且各个子系统相互联系、相互影响。因此，在构建自我发展能力评价指标体系时要将区域自我发展能力视为不可分割的有机整体，从而系统、全面地表达提升连片特困区自我发展能力的主题和本质特征。

3. 可比性原则

区域自我发展能力本身具有相对性和动态性特征，时空比较客观要求评价指标体系具有可比性，具体表现在两个方面：一是在指标的口径、内涵上具有可比性；二是在不同的时间和空间范围内具有可比性。只有可比的评价指标，才能提供准确的信息资料，才能通过比较分析得出连片特困区自我发展能力不足的具体表现。

4. 可操作性原则

指标的选择与建立虽然必须以理论为基础，但又要考虑实践的可行性，是理论和实践相结合的产物。区域自我发展能力的理论分析表明，区域自我发展能力是一个复杂的能力系统。对于连片特困区而言，部分统计信息资料特别是准确的信息资料还很缺乏，因此，现实资料的可获取性是该指标体系构建的最大制约因素。不过，本章基于区域自我发展能力具有相对性这一特征，采用与对比区域进行比较进而确定得分的方法在很大程度上减少了资料缺乏的限制，提升了指标体系的可操作性[①]。

5. 简明实用性原则

指标体系构建必须对指标的全面性和指标体系的实用性进行权衡。一方面，指标选择应该反映区域自我发展能力各个子系统的大部分信息，否则，所得到的评价结果不可信；另一方面，指标选择又不能面面俱到，否则指标信息重复、指标体系过于繁杂，不便于操作，大大降低指标体系的实用性。因而，在指标选择时需要反复斟酌、筛选，做到尽可能采用容易获得的、综合的、信息量大的指标。

三 连片特困区自我发展能力评价指标体系基本框架

遵循上述区域自我发展能力评价指标体系构建原则，结合连片特困区的实际情况（包括经济社会发展状况、目标以及现有统计信息资料等），笔者在对相关高校专家和政府、企业等部门进行问卷调查、深度访谈的基础上，确定了连片特困区自我发展能力评价指标体系（见表1）。该指标体系由4个子系统，13个一级指标和62个二级指标构成。下面，对4个子系统

---

① 该方法借鉴了陈立新、艾医卫的《县域民生考核评价指标体系研究》（载于朱有志等主编的《湖南县域发展报告》，2012，第31－52页）一文中的指标考核办法。

各级指标的立意及其依据的二级测量指标加以说明。

1. 产业自我发展能力子系统

该系统由 4 个一级指标和 17 个二级指标构成。其中，产业结构、产业经济效益、产业能耗和产业竞争潜力为 4 个一级指标。产业结构指标主要揭示产业结构的合理化和高度化程度，下设 4 个二级指标，分别是第二产业占 GDP 比重、第三产业占 GDP 比重、二三产业占 GDP 比重和产业结构偏离度；产业经济效益则从产业的获利能力角度反映产业的自我发展能力，包括一二三产业劳动生产率、全要素生产率、规模以上工业增加值增速、非公企业占规模以上工业总产值比重等 6 项二级指标；产业能耗主要从产业的能源消耗程度、可持续发展程度来反映产业的自我发展能力，下设 2 个二级指标，分别是单位地区生产总值能耗和单位工业增加值能耗；产业竞争潜力反映产业相对于其他区域产业的竞争优势及其潜力，是产业自我发展能力的一个前瞻性指标，具体涵盖每万人年新建企业数、产业集群发展指数、主导产业与资源禀赋的契合度、产业品牌指数、高新技术产业产值占比等 5 个二级指标。

2. 市场自我发展能力子系统

该系统由 2 个一级指标和 13 项二级指标构成。其中，一级指标市场容量从市场规模的角度反映市场自我发展能力。下设 9 项二级指标，分别是：人均 GDP、人口规模、人均社会零售商品消费额、城镇人均可支配收入、农村人均年纯收入、城镇居民恩格尔系数、农村居民恩格尔系数、人均储蓄额、城乡居民收入比；一级指标市场化进程则从社会分工和商品经济发展水平的角度反映市场自我发展能力，具体包括市场化指数、市场开放度指数、市场基础设施完善度、专业化市场与电子商务平台建设 4 个二级指标。

3. 空间自我发展能力子系统

该系统由 3 个一级指标和 13 个二级指标构成。3 个一级指标分别为：城市化、交通通达性和区位条件。其中，城市化主要从经济、人口以及要素的空间集中程度视角反映空间自我发展能力，具体包括 4 个二级指标，即城镇化率、中心城市等级、中心城市功能齐备性以及城镇专业化指数；交通通达性指标下设 4 个二级指标，分别是：高速公路密度、二级公路密度、铁路密度和交通地位（枢纽节点等级），这些指标从区域空间网络的视角揭示空间自我发展能力；区位条件则从土地、环境、气候等自然条件的角度反映空间自我发展能力，具体包括离区域中心城市的时间距离、与区域内主要城市的加总距离、适宜开发土地面积占比、环境承载力（生态脆弱性）和气候适宜度等 5 项二级指标。

4. 自我发展软实力子系统

该子系统由 4 个一级指标和 19 项二级指标构成。4 个一级指标分别是：教育与科技、社会服务、金融服务和区域影响力。其中，教育与科技主要从人力资本、知识文化的视角反映区域自我发展软实力，该指标下设教育支出占 GDP 比重、每万人高中以上教育机构数量、科技经费支出占 GDP 的比重、每万人 R&D 人员数量、每万人研究机构数量等 5 个二级指标；社会服务则从政府服务以及社会环境的视角揭示区域自我发展软实力，具体包括社会保障和就业支出占 GDP 比重、医疗卫生支出占 GDP 比重、环境保护支出占 GDP 比重、财政自给能力指数、行政效率和行政服务便利性等 6 项二级指标；金融服务列为一级指标主要是凸显金融发展在现代区域发展中的重要作用，下设人均全部金融机构存贷款总额、金融网点分布密度、中小商业银行入驻率、银行存贷比、保险深度和保险密度等 6 项二级指标；区域影响力则从综合声誉的角度反映区域自我发展软实力，下设知名度和美誉度 2 个二级指标。

表 1　连片特困区自我发展能力评价指标体系

序号	子系统	序号	一级指标	序号	二级指标	单位
1	产业自我发展能力	1	产业结构	1	第二产业占 GDP 比重	%
				2	第三产业占 GDP 比重	%
				3	二、三产业的 GDP 占比	%
				4	产业结构偏离度▼	%
		2	产业经济效益	5	第一产业劳动生产率	
				6	第二产业劳动生产率	
				7	第三产业劳动生产率	
				8	全要素生产率	
				9	规模以上工业增加值增速	%
				10	非公企业占规模以上工业总产值比重	%

续表

序号	子系统	序号	一级指标	序号	二级指标	单位
1	产业自我发展能力	3	产业能耗	11	单位地区生产总值能耗▼	吨煤/万元
				12	单位工业增加值能耗▼	吨煤/万元
		4	产业竞争潜力	13	每万人年新建企业数	个
				14	产业集群发展指数	个
				15	主导产业与资源禀赋的契合度	—
				16	产业品牌指数	—
				17	高新技术产业产值占比	%
2	市场自我发展能力	5	市场容量	18	人均GDP	元
				19	人口规模	人
				20	人均社会零售商品消费额	元
				21	城镇人均可支配收入	元
				22	农村人均年纯收入	元
				23	城镇居民恩格尔系数▼	%
				24	农村居民恩格尔系数▼	%
				25	人均储蓄额	元
				26	城乡居民收入比▼	%
		6	市场化进程	27	市场化指数	—
				28	市场开放度指数	—
				29	市场基础设施完善度	%
				30	专业化市场与电子商务平台建设	—
3	空间自我发展能力	7	城市化	31	城镇化率	%
				32	中心城市等级（在所在区域城市体系的相对地位）	—
				33	中心城市功能齐备性	—
				34	城镇专业化指数	—
		8	交通通达性	35	高速公路密度	公里/平方公里
				36	二级公路密度	公里/平方公里
				37	铁路密度	公里/平方公里
				38	交通地位（枢纽节点等级）	—
		9	区位条件	39	离区域中心城市的时间距离▼	小时
				40	与区域内主要城市的加总距离▼	公里
				41	适宜开发土地面积占比	%
				42	环境承载力（生态脆弱性）	—
				43	气候适宜度	—

续表

序号	子系统	序号	一级指标	序号	二级指标	单位
4	自我发展软实力	10	教育与科技	44	教育支出占 GDP 比重	%
				45	每万人高中以上教育机构数量（含高中、中专）	个
				46	科技经费支出占 GDP 的比重	%
				47	每万人 R&D 人员数量	人
				48	每万人研究机构数量	个
		11	社会服务	49	社会保障和就业支出占 GDP 比重	%
				50	医疗卫生支出占 GDP 比重	%
				51	环境保护支出占 GDP 比重	%
				52	财政自给能力指数	—
				53	行政效率	—
				54	行政服务便利性	—
		12	金融服务	55	人均全部金融机构存贷款总额	元
				56	金融网点分布密度	个/万人
				57	中小商业银行入驻率	%
				58	银行存贷比▼	%
				59	保险深度	%
				60	保险密度	元
		13	区域影响力	61	知名度	—
				62	美誉度	—

注释：▼表示逆指标。

需要说明的是，在表 1 的评价指标体系中没有列出各一级指标、二级指标分别对应的权重，研究者可以根据自己的需要选择合适的权重确定方法。

四　自我发展能力评价指标体系的考核办法

为了使本评价体系具有可操作性，现将各指标的考核及计算方法列表说明，如表 2 所示。

表2 区域自我发展能力评价体系的指标考核办法

评价对象	二级指标		考核内容及计算方法
产业自我发展能力	产业结构	第二产业占GDP比重	第二产业占比是反映工业化进程的重要指标，考核时查阅当地统计部门相关资料： A. 第二产业比重为50%以上 B. 第二产业比重为30%～50% C. 第二产业比重低于30% 符合A项得1分；B项得0.5分；C项得0分
		第三产业占GDP比重	第三产业的发展对其他产业，尤其是第二产业的发展有重要的促进作用，第三产业（特别是生产性服务业）的发展程度反映了所在区域产业发展的自生能力。考核时查阅当地统计部门相关资料： A. 第三产业比重为50%以上 B. 第三产业比重为30%～50% C. 第三产业比重低于30% 符合A项得1分；B项得0.5分；C项得0分
		二、三产业的GDP占比	二、三产业占比是产业结构高度化的重要衡量指标。考核时查阅当地统计部门相关资料： A. 二、三产业比重为80%以上 B. 二、三产业比重为60%～80% C. 二、三产业比重低于60% 符合A项得1分；B项得0.5分；C项得0分
		产业结构偏离度▼	该指标反映所在区域产业结构的合理性，由某一产业的就业比重与增加值比重之差来计算。一般来说，产业结构偏离度与劳动生产率成反比，即产业结构偏离度越高，劳动生产率越低，产业结构越不合理。考核时查阅当地统计部门相关资料： A. 产业结构偏离度低于对比区域 B. 产业结构偏离度约等于对比区域 C. 产业结构偏离度高于对比区域 符合A项得1分；B项得0.5分；C项得0分
	产业经济效益	第一产业劳动生产率	该指标反映第一产业的经济效益。计算公式为：第一产业劳动生产率＝第一产业总产值/第一产业总就业人数。考核时查阅当地统计部门相关资料： A. 第一产业劳动生产率为对比区域的1.2倍以上 B. 第一产业劳动生产率为对比区域的1～1.2倍 C. 第一产业劳动生产率为对比区域1倍以下 符合A项得1分；B项得0.5分；C项得0分
		第二产业劳动生产率	该指标反映第二产业的经济效益。计算公式为：第二产业劳动生产率＝第二产业总产值/第二产业总就业人数。考核时查阅当地统计部门相关资料： A. 第二产业劳动生产率为对比区域的1.2倍以上 B. 第二产业劳动生产率为对比区域的1～1.2倍 C. 第二产业劳动生产率为对比区域1倍以下 符合A项得1分；B项得0.5分；C项得0分

续表

评价对象	二级指标		考核内容及计算方法
产业自我发展能力	产业经济效益	第三产业劳动生产率	该指标反映第三产业的经济效益。计算公式为：第三产业劳动生产率＝第三产业总产值／第三产业总就业人数。考核时查阅当地统计部门相关资料： A. 第三产业劳动生产率为对比区域的 1.2 倍以上 B. 第三产业劳动生产率为对比区域的 1－1.2 倍 C. 第三产业劳动生产率为对比区域 1 倍以下 符合 A 项得 1 分；B 项得 0.5 分；C 项得 0 分
		全要素生产率	全要素生产率是衡量单位总投入的总产量的生产率指标，它为产出增长率超出要素投入增长率的部分。考核时查阅当地统计部门相关资料： A. 全要素生产率高于对比区域 B. 全要素生产率约等于对比区域 C. 全要素生产率明显低于对比区域 符合 A 项得 1 分；B 项得 0.5 分；C 项得 0 分
		规模以上工业增加值增速	该指标反映所在区域企业生产过程中新增加价值的增长速度。考核时查阅当地统计部门相关资料： A. 规模以上工业增加值增速高于对比区域 B. 规模以上工业增加值增速约等于对比区域 C. 规模以上工业增加值增速明显低于对比区域 符合 A 项得 1 分；B 项得 0.5 分；C 项得 0 分
		规模以上工业产值中非公企业产值比重	非公企业对盈利性更为敏感，规模以上工业产值中非公企业产值比重越高，通常意味着产业经济效益越高。考核时查阅当地统计部门相关资料： A. 规模以上工业产值中非公企业产值比重高于对比区域 B. 规模以上工业产值中非公企业产值比重约等于对比区域 C. 规模以上工业产值中非公企业产值比重明显低于对比区域 符合 A 项得 1 分；B 项得 0.5 分；C 项得 0 分
	产业能耗	单位地区生产总值能耗▼	该指标是衡量一个地区能耗水平的综合指标，通常以万元 GDP 消耗的能源（折算为标准煤）来计算。考核时查阅当地统计部门相关资料： A. 单位地区生产总值能耗低于对比区域 B. 单位地区生产总值能耗约等于对比区域 C. 单位地区生产总值能耗高于对比区域 符合 A 项得 1 分；B 项得 0.5 分；C 项得 0 分

续表

评价对象	二级指标		考核内容及计算方法
产业自我发展能力	产业能耗	单位工业增加值能耗▼	该指标主要反映工业行业的能耗水平，计算公式为：单位工业增加值能耗＝能源消耗总量（吨标准煤）/工业增加值（万元）。考核时查阅当地统计部门相关资料： A. 单位工业增加值能耗低于对比区域 B. 单位工业增加值能耗约等于对比区域 C. 单位工业增加值能耗高于对比区域 符合A项得1分；B项得0.5分；C项得0分
	产业竞争潜力	每万人年新建企业数	该指标反映所在区域产业发展活力。考核时查阅当地统计部门相关资料： A. 每万人年新建企业数高于对比区域 B. 每万人年新建企业数约等于对比区域 C. 每万人年新建企业数低于对比区域 符合A项得1分；B项得0.5分；C项得0分
		产业集群发展指数	该指标反映所在区域产业集聚、集群发展的程度，通常集聚程度越高，规模经济越明显，产业竞争力越强。计算公式为：产业集群发展指数＝产业集群数目×平均产业集群规模（产值）/GDP。考核时查阅当地统计部门相关资料： A. 产业集群发展指数高于对比区域 B. 产业集群发展指数约等于对比区域 C. 产业集群发展指数低于对比区域 符合A项得1分；B项得0.5分；C项得0分
		主导产业与资源禀赋的契合度	该指标反映所在区域主导产业发展的自生能力和可持续性，考核时比较所在区域主导产业与其资源禀赋的契合度： A. 完全契合（所有主导产业都符合当地的资源禀赋条件） B. 基本契合（50%以上的主导产业符合当地的资源禀赋条件） C. 基本不契合（50%以上的主导产业不符合当地的资源禀赋条件） 符合A项得1分；B项得0.5分；C项得0分
		产业品牌指数	该指标反映所在区域产品和产业的知名度和美誉度，计算公式为：产业品牌指数＝品牌数目（省级以上名牌、注册商标和地理标记）/规模以上企业总数。考核时查阅当地统计部门相关资料： A. 产业品牌指数高于对比区域 B. 产业品牌指数约等于对比区域 C. 产业品牌指数低于对比区域 符合A项得1分；B项得0.5分；C项得0分

续表

评价对象	二级指标		考核内容及计算方法
	产业竞争潜力	高新技术产业产值占比	该指标反映所在区域产业的高新技术含量水平,计算公式为:高技术产业产值规模占比＝高新技术产业产值/GDP。考核时查阅当地统计部门相关资料: A. 高技术产业产值占比高于对比区域 B. 高技术产业产值占比约等于对比区域 C. 高技术产业产值占比低于对比区域 符合A项得1分;B项得0.5分;C项得0分
市场自我发展能力	市场容量	人均GDP	人均GDP是衡量地区经济发展水平和人民生活水平的重要指标。考核时查阅当地统计部门相关资料: A. 人均GDP高于2000美元 B. 人均GDP在1000－2000美元 C. 人均GDP低于1000美元 符合A项得1分;B项得0.5分;C项得0分
		人口规模	这一总量指标主要反映地区的潜在消费和市场规模。考核时查阅当地统计部门相关资料: A. 人口规模大于60万 B. 人口规模处于35万－60万之间 C. 人口规模小于35万 符合A项得1分;B项得0.5分;C项得0分
		人均社会零售商品消费额	人均社会零售商品消费额是衡量地区消费能力和消费水平的重要指标。考核时查阅当地统计部门相关资料: A. 人均社会零售商品消费额高于800美元 B. 人均社会零售商品消费额在400－800美元 C. 人均社会零售商品消费额低于400美元 符合A项得1分;B项得0.5分;C项得0分
		城镇人均可支配收入	城镇人均可支配收入是衡量城市经济发展水平和消费能力的重要指标,根据我国城乡收入比的平均值(约)3∶1以及2300元的农村贫困线标准确定如下考核依据。考核时查阅当地统计部门相关资料: A. 城镇人均可支配收入高于17250元 B. 城镇人均可支配收入在6900－17250元 C. 城镇人均可支配收入低于6900元 符合A项得1分;B项得0.5分;C项得0分
		农村人均年纯收入	农村人均年纯收入是衡量农村经济发展水平和消费能力的重要指标,根据人均年纯收入低于2300元界定为贫困的标准,制定如下考核依据。考核时查阅当地统计部门相关资料: A. 农村人均年纯收入高于5750元 B. 农村人均年纯收入在2300－5750元 C. 农村人均年纯收入低于2300元 符合A项得1分;B项得0.5分;C项得0分

续表

评价对象	二级指标		考核内容及计算方法
市场自我发展能力	市场容量	城镇居民恩格尔系数▼	恩格尔系数指食品支出占总支出的比重，该指标在一定程度上反映了居民的消费结构和消费能力。根据联合国粮农组织提出的标准以及中国城乡居民恩格尔系数之间的稳定关系，制定如下考核依据。考核时查阅当地统计部门相关资料： A. 城镇居民恩格尔系数低于32% B. 城镇居民恩格尔系数处于32%-42%之间 C. 城镇居民恩格尔系数高于42% 符合A项得1分；B项得0.5分；C项得0分
		农村居民恩格尔系数▼	恩格尔系数指食品支出占总支出的比重，该指标在一定程度上反映了居民的消费结构和消费能力。根据联合国粮农组织提出的标准以及中国城乡居民恩格尔系数之间的稳定关系，制定如下考核依据。考核时查阅当地统计部门相关资料： A. 农村居民恩格尔系数低于40% B. 农村居民恩格尔系数处于40%-50%之间 C. 农村居民恩格尔系数高于50% 符合A项得1分；B项得0.5分；C项得0分
		人均储蓄额	人均储蓄虽不直接代表消费能力，但是衡量潜在消费能力的重要指标。考核时查阅当地统计部门相关资料： A. 人均储蓄额为当年人均社会零售商品消费额的1.5倍以上 B. 人均储蓄额为当年人均社会零售商品消费额的1-1.5倍 C. 人均储蓄额低于当年人均社会零售商品消费额 符合A项得1分；B项得0.5分；C项得0分
		城乡居民收入比▼	该指标反映城乡发展差距，根据边际消费倾向递减规律，差距越大越不利于总体消费能力的提升。考核时查阅当地统计部门相关资料： A. 城乡收入比处于1:1-2:1之间 B. 城乡收入比处于2:1-3:1之间 C. 城乡收入比大于3:1 符合A项得1分；B项得0.5分；C项得0分
	市场化进程	市场化指数	该指标反映所在区域的市场化程度，用非公有经济的贡献度来衡量。计算公式为：市场化指数=非公有经济总产值/GDP总产值。考核时查阅当地统计部门相关资料： A. 市场化指数高于0.7 B. 市场化指数处于0.5-0.7之间 C. 市场化指数低于0.5 符合A项得1分；B项得0.5分；C项得0分

续表

评价对象	二级指标		考核内容及计算方法
市场自我发展能力	市场化进程	市场开放度指数	该指标反映所在区域市场的对外开放程度，计算公式为：市场开放度指数＝进出口贸易总额/GDP 总额。考核时查阅当地统计部门相关资料： A. 市场开放度指数高于对比区域 B. 市场开放度指数约等于对比区域 C. 市场开放度指数低于对比区域 符合 A 项得 1 分；B 项得 0.5 分；C 项得 0 分
		市场基础设施完善度	该指标反映所在区域市场基础设施建设状况，用非露天马路市场占比来衡量。考核时查阅当地统计部门相关资料： A. 非露天马路市场占比高于 0.7 B. 非露天马路市场占比处于 0.5 - 0.7 之间 C. 非露天马路市场占比低于 0.5 符合 A 项得 1 分；B 项得 0.5 分；C 项得 0 分
		专业化市场与电子商务平台建设	该指标反映所在区域现代市场建设与发展状况。考核时查阅当地统计部门相关资料： A. 同时拥有大型专业化市场和有影响力的电子商务平台 B. 拥有大型专业化市场或有影响力的电子商务平台 C. 两者都没有 符合 A 项得 1 分；B 项得 0.5 分；C 项得 0 分
空间自我发展能力	城市化	城镇化率	城镇化是衡量区域空间集中度和空间经济性的重要指标，同时也反映一个地区的经济和社会发展水平。根据城市化发展阶段和 S 形曲线规律，结合连片特困区实际，确定如下标准。考核时查阅当地统计部门相关资料： A. 城镇化率高于 50% B. 城镇化率处于 30% - 50% 之间 C. 城镇化率低于 30% 符合 A 项得 1 分；B 项得 0.5 分；C 项得 0 分
		中心城市等级（在所在区域城市体系的相对地位）	该指标反映所在区域在更大区域范围中的相对地位。考核时查阅当地统计部门相关资料： A. 中心城市为区域核心城市 B. 中心城市为区域次核心城市 C. 中心城市为区域内一般性城市 符合 A 项得 1 分；B 项得 0.5 分；C 项得 0 分
		中心城市功能齐备性	该指标反映中心城市自身的发展水平及服务整个区域的能力状况。考核时查阅当地统计部门相关资料： A. 中心城市功能齐备（兼具生产加工功能和服务功能，且服务功能完备） B. 中心城市功能基本齐备（兼具生产加工功能和服务功能，但服务功能不完备） C. 中心城市功能不齐备（只有生产加工功能或服务功能，且服务功能不完备） 符合 A 项得 1 分；B 项得 0.5 分；C 项得 0 分

续表

评价对象	二级指标	考核内容及计算方法
空间自我发展能力	城市化 城镇专业化指数	该指标反映城镇之间的分工与合作关系，用专业镇占比来衡量。考核时查阅当地统计部门相关资料： A. 专业镇占比高于对比区域 B. 专业镇占比约等于对比区域 C. 专业镇占比明显低于对比区域 符合A项得1分；B项得0.5分；C项得0分
	交通通达性 高速公路密度	该指标反映所在区域的快速交通网络发展及中等距离交通通达性水平，用每平方公里高速公路里程数来衡量。考核时查阅当地统计部门相关资料： A. 高速公路密度高于对比区域 B. 高速公路密度约等于对比区域 C. 高速公路密度低于对比区域 符合A项得1分；B项得0.5分；C项得0分
	二级公路密度	该指标反映近距离交通通达性以及城乡交通网络发展水平，用每平方公里二级公路里程数来衡量。考核时查阅当地统计部门相关资料： A. 二级公路密度高于对比区域 B. 二级公路密度约等于对比区域 C. 二级公路密度低于对比区域 符合A项得1分；B项得0.5分；C项得0分
	铁路密度	该指标反映大规模客运和物流交通通达性，用每平方公里铁路里程数表示。考核时查阅当地统计部门相关资料： A. 铁路密度高于对比区域 B. 铁路密度约等于对比区域 C. 铁路密度低于对比区域 符合A项得1分；B项得0.5分；C项得0分
	交通地位（枢纽节点等级）	该指标反映所在地区在整个区域交通网络中的地位，用中心城市枢纽节点等级级别来衡量。考核时查阅当地统计部门相关资料： A. 一级枢纽节点（公路或铁路） B. 二级枢纽节点（公路或铁路） C. 一般交通节点（公路或铁路） 符合A项得1分；B项得0.5分；C项得0分
	区位条件 离区域中心城市的时间距离▼	该指标用时间距离反映与中心城市的远近程度。计算公式为：离区域中心城市的时间距离 = 与中心城市的实际公路距离/每小时100公里。考核时查阅当地统计部门相关资料： A. 离区域中心城市的时间距离小于2小时 B. 离区域中心城市的时间距离处于2-4小时之间 C. 离区域中心城市的时间距离在4小时以上 符合A项得1分；B项得0.5分；C项得0分

续表

评价对象	二级指标		考核内容及计算方法
空间自我发展能力	区位条件	与区域内主要城市的加总距离▼	该指标反映所考察区域在整个区域系统中的综合区位条件。用该地区与各主要城市的公路（或铁路）加总距离来衡量。考核时查阅当地统计部门相关资料： A. 与区域内主要城市的加总距离小于平均加总距离 B. 与区域内主要城市的加总距离约等于平均加总距离 C. 与区域内主要城市的加总距离大于平均加总距离 符合A项得1分；B项得0.5分；C项得0分
		适宜开发土地面积占比	该指标反映所考察区域的自然地理条件状况，用平原、盆地和丘陵面积之和除以总面积来计算。考核时查阅当地统计部门相关资料： A. 适宜开发土地面积占比大于对比区域 B. 适宜开发土地面积占比约等于对比区域 C. 适宜开发土地面积占比小于对比区域 符合A项得1分；B项得0.5分；C项得0分
		环境承载力（生态脆弱性）	该指标反映所考察区域的生态环境状况，结合国家主体功能区规划以及各省区的实施规划来判断。考核时查阅当地国土规划相关资料： A. 优化和重点开发区域 B. 限制开发区域 C. 禁止开发区域 符合A项得1分；B项得0.5分；C项得0分
		气候适宜度	该指标反映所考察区域的气候条件状况，用极端天气（自然灾害）发生频率来衡量。考核时查阅当地统计部门相关资料： A. 极端天气发生频次低于对比区域 B. 极端天气发生频次约等于对比区域 C. 极端天气发生频次高于对比区域 符合A项得1分；B项得0.5分；C项得0分
自我发展软实力	教育与科技	教育支出占GDP比重	该指标反映所考察区域的教育投入力度。考核时查阅当地统计部门相关资料： A. 教育支出占GDP比重高于对比区域 B. 教育支出占GDP比重约等于对比区域 C. 教育支出占GDP比重低于对比区域 符合A项得1分；B项得0.5分；C项得0分
		每万人高中以上教育机构数量（含高中、中专）	该指标反映所考察区域的教育发展水平。考核时查阅当地统计部门相关资料： A. 每万人高中以上教育机构数量高于对比区域 B. 每万人高中以上教育机构数量约等于对比区域 C. 每万人高中以上教育机构数量低于对比区域 符合A项得1分；B项得0.5分；C项得0分

续表

评价对象	二级指标	考核内容及计算方法
自我发展软实力	教育与科技 — 科技经费支出占GDP的比重	该指标反映所考察区域的科技投入力度。考核时查阅当地统计部门相关资料： A. 科技经费支出占GDP的比重高于对比区域 B. 科技经费支出占GDP的比重约等于对比区域 C. 科技经费支出占GDP的比重低于对比区域 符合A项得1分；B项得0.5分；C项得0分
	教育与科技 — 每万人R&D人员数量	该指标反映所考察区域的科研队伍状况或人力资本水平。考核时查阅当地统计部门相关资料： A. 每万人R&D人员数量高于对比区域 B. 每万人R&D人员数量约等于对比区域 C. 每万人R&D人员数量低于对比区域 符合A项得1分；B项得0.5分；C项得0分
	教育与科技 — 每万人研究机构数量	该指标反映所考察区域的科研发展水平。考核时查阅当地统计部门相关资料： A. 每万人研究机构数量高于对比区域 B. 每万人研究机构数量约等于对比区域 C. 每万人研究机构数量低于对比区域 符合A项得1分；B项得0.5分；C项得0分
	社会服务 — 社会保障和就业支出占GDP比重	该指标反映所考察区域对社会保障以及就业的支持力度。考核时查阅当地统计部门相关资料： A. 社会保障和就业支出占GDP比重高于对比区域 B. 社会保障和就业支出占GDP比重约等于对比区域 C. 社会保障和就业支出占GDP比重低于对比区域 符合A项得1分；B项得0.5分；C项得0分
	社会服务 — 医疗卫生支出占GDP比重	该指标反映所考察区域对医疗卫生事业发展的支持力度。考核时查阅当地统计部门相关资料： A. 医疗卫生支出占GDP比重高于对比区域 B. 医疗卫生支出占GDP比重约等于对比区域 C. 医疗卫生支出占GDP比重低于对比区域 符合A项得1分；B项得0.5分；C项得0分
	社会服务 — 环境保护支出占GDP比重	该指标反映所考察区域对环境保护和可持续发展的重视程度和支持力度。考核时查阅当地统计部门相关资料： A. 环境保护支出占GDP比重高于对比区域 B. 环境保护支出占GDP比重约等于对比区域 C. 环境保护支出占GDP比重低于对比区域 符合A项得1分；B项得0.5分；C项得0分

续表

评价对象	二级指标	考核内容及计算方法
自我发展软实力	社会服务	
	财政自给能力指数	该指标反映所考察区域的财政收支状况以及社会服务能力改善的潜力。计算公式为：财政自给能力指数＝财政收入/财政支出。考核时查阅当地统计部门相关资料： A. 财政自给能力指数大于对比区域 B. 财政自给能力指数约等于对比区域 C. 财政自给能力指数小于对比区域 符合 A 项得 1 分；B 项得 0.5 分；C 项得 0 分
	行政效率	该指标反映所考察区域的社会服务效率，可用交通事故指标、火灾事故指标或反贪情况进行衡量。考核时查阅当地统计部门相关资料： A. 行政效率高于对比区域 B. 行政效率约等于对比区域 C. 行政效率低于对比区域 符合 A 项得 1 分；B 项得 0.5 分；C 项得 0 分
	行政服务便利性	该指标反映所考察区域社会服务的便利程度与效率，可用行政事务是否实现集中办公来衡量。考核时查阅当地统计部门相关资料： A. 行政事务 90% 以上集中在行政大厅办理 B. 行政事务 60% 以上集中在行政大厅办理 C. 行政事务办理相当分散（未建立统一的行政事务中心） 符合 A 项得 1 分；B 项得 0.5 分；C 项得 0 分
	金融服务	
	人均全部金融机构存贷款总额	该指标反映所考察区域总体金融发展规模。考核时查阅当地统计部门相关资料： A. 人均全部金融机构存贷款总额高于对比区域 B. 人均全部金融机构存贷款总额约等于对比区域 C. 人均全部金融机构存贷款总额低于对比区域 符合 A 项得 1 分；B 项得 0.5 分；C 项得 0 分
	金融网点分布密度	该指标反映所考察区域金融设施、金融网点的普及状况，用每万人金融网点数来衡量。考核时查阅当地统计部门相关资料： A. 每万人金融网点数大于对比区域 B. 每万人金融网点数约等于对比区域 C. 每万人金融网点数小于对比区域 符合 A 项得 1 分；B 项得 0.5 分；C 项得 0 分
	中小商业银行入驻率	该指标反映所考察区域金融发展的活力及竞争程度，用进驻考察区域的中小商业银行数占中国主要中小商业银行总数的比例来计算。考核时查阅当地统计部门相关资料： A. 中小商业银行入驻率大于对比区域 B. 中小商业银行入驻率约等于对比区域 C. 中小商业银行入驻率小于对比区域 符合 A 项得 1 分；B 项得 0.5 分；C 项得 0 分

续表

评价对象	二级指标		考核内容及计算方法
自我发展软实力	金融能力	银行存贷比▼	该指标反映所考察区域的储蓄投资转化率以及区域为资金净流入地还是资金净流出地。计算公式为：银行存贷比＝银行存款总额/银行贷款总额。考核时查阅当地统计部门相关资料： A. 银行存贷比小于1（资金净流入） B. 银行存贷比处于1－1.5之间（资金净流出，但不是十分严重） C. 银行存贷比大于1.5（资金净流出且较为严重） **符合A项得1分；B项得0.5分；C项得0分**
		保险深度	该指标反映所考察区域保险业总体发展规模，用保险费收入占GDP之比来衡量。考核时查阅当地统计部门相关资料： A. 保险费收入占GDP之比高于对比区域 B. 保险费收入占GDP之比约等于对比区域 C. 保险费收入占GDP之比低于对比区域 **符合A项得1分；B项得0.5分；C项得0分**
		保险密度	该指标反映所考察区域国民参加保险的程度以及保险业发展水平，用人均保险费额来衡量。考核时查阅当地统计部门相关资料： A. 人均保险费额高于对比区域 B. 人均保险费额约等于对比区域 C. 人均保险费额低于对比区域 **符合A项得1分；B项得0.5分；C项得0分**
	区域影响力	知名度	该指标反映所考察区域被公众尤其是外界公众知晓的程度，以google和百度引擎搜索该地名得到的平均信息量（单位：条）进行衡量。 A. 信息量高于平均水平 B. 信息量约等于平均水平 C. 信息量低于平均水平 **符合A项得1分；B项得0.5分；C项得0分**
		美誉度	该指标反映所考察区域被公众尤其是外界公众认可的程度，以该区域获得的国家级荣誉称号（如全国文明城市等）的数量（＋）和重大负面新闻数量（－）之和进行衡量。 A. 高于平均水平 B. 约等于平均水平 C. 低于平均水平 **符合A项得1分；B项得0.5分；C项得0分**

五 结论与展望

未来十年，连片特困区是国家新一轮西部大开发战略和扶贫攻坚战略实施的主战场，而自我发展能力构建则是其目标导向。客观评价连片特困区的自我发展能力现状，找出主要差距，对国家实施连片特困区区域发展与扶贫攻坚战略，有的放矢地给予政策优惠与支持十分必要。而区域自我发展能力是一个复杂的能力系统，客观评价连片特困区自我发展能力现状及其动态演变并不容易。本章尝试构建了涵盖 4 个子系统、13 个一级指标和 62 个二级指标的连片特困区自我发展能力评价指标体系，并对各指标的考核办法进行了详细说明，为客观评价连片特困区自我发展能力奠定了基础。

虽然本评价指标体系是在深入访谈相关领域专家、政府部门和企事业相关负责人的基础上，经过课题组团队成员反复讨论、斟酌而构建的，但仍难免存在纰漏。特别是连片特困区相关统计信息缺乏对评价体系的构建和部分指标的考核造成了障碍。为了克服这一障碍，本评价指标体系基于区域自我发展能力具有相对性的特征采用了对比打分法。当然，这一方法降低了对数据精确性的要求，使得评价指标体系对区域自我发展能力的微小变化不够敏感。不过，从实践的现实性来看，这一折中的处理是比较合理的。但从长远来看，完善连片特困区的信息统计资料，加强区域自我发展能力相关指标的监控则是各地统计部门、研究机构必须努力的方向。

第九章 武陵山片区多维贫困与自我发展能力评价

一 引言

贫困的多维性以及自我发展能力缺失是连片特困区最基本的区情。《中国农村扶贫开发纲要（2011－2020）》中"两不愁，三保障"的减贫目标要求连片特困区必须重视多维贫困，并通过培育区域自我发展能力最终实现持久脱贫。因而，客观评价连片特困区的多维贫困与自我发展能力现状就成为连片特困区区域发展与扶贫攻坚的起点。不过，由于连片特困区统计信息相对匮乏、多维贫困和自我发展能力评价指标和方法尚不完善，连片特困区多维贫困和自我发展能力评价研究还十分罕见。[①] 本章以武陵山片区为例，尝试对这一难题进行探索性研究。首先，本章以前文构建的连片特困区多维贫困测度指标体系、连片特困区自我发展能力评价指标体系为蓝本，收集和整理了武陵山片区 71 县市区的多维贫困（51 项）、自我发展能力（62 项）指标数据；然后，根据考核依据将原始数据转化为各项指标的得分；最后，选择综合集成的方法评价武陵山片区整体、各分片区以及 71 县市区 2003 年、2007 年和 2011 年三个截面的多维贫困和自我发展能力状况，并对各空间尺度层面、多维贫困和自我发展能力的各个维度进行了多视角的综合比较，以期发现武陵山片区多维贫困与自我发展能力的时空演

[①] 关于连片特困区多维贫困测度的研究仅有一篇文献（陈琦，2012），而且该文献仅研究了武陵山片区整体一个时间截面的多维贫困状况，反映的信息量十分有限；而连片特困区自我发展能力研究的文献暂时没有发现。

变规律。由于本章属于探索性研究，难免存在诸多不足。但本研究的意义在于，一方面，能起到抛砖引玉的作用，以引发更多关于连片特困区多维贫困与自我发展能力评价的研究，不断完善评价指标体系和方法；另一方面，本章关于武陵山片区 71 县市区多维贫困与自我发展能力的分级分类以及各空间尺度层面的时空对比分析，对国家实施武陵山片区区域发展与扶贫攻坚规划具有参考价值。

二 武陵山片区多维贫困测度

（一）测度方法与资料来源

1. 测度方法

借鉴现有研究中面向区域的多维贫困测度文献（胡鞍钢等，2010；叶升初等，2011；王荣党，2006；胡业翠等，2008；袁媛等，2008）以及发展中国家（墨西哥、印度等）多维贫困测度实践，本章采用了主客观相结合的线性加权综合测度方法。该方法的步骤具体如下。

（1）收集和整理经济贫困、人类贫困（教育贫困、健康贫困、住房贫困和交通贫困）、信息贫困和生态贫困四个维度共 51 项指标的原始数据。[①]

（2）以各指标的原始数据为基础，依据多维贫困测度指标体系考核办法（见第七章表 2）将原始数据转化为各指标的得分。

（3）确定各指标的权重。综合贫困四个维度的权重通过调查 15 位来自高等院校、研究所、扶贫办、民委和发改委的专家或工作人员综合确定。最终，经济贫困、人类贫困、信息贫困和生态贫困四个维度的权重分别确定为 0.3、0.3、0.2 和 0.2。而四个维度内各指标则采用多维贫困测度国际实践中通常采用的等权重法。[②]

（4）线性加权。一般而言，对于指标的综合集成方法主要有加法模型

[①] 由于县市区统计资料不完善，少数指标数据缺乏，本文采用该指标与其他指标的经验关系进行推算或从地方相关部门调研得到。由于采用了分类转化以及对最终贫困状况进行分级分类比较，故数据的非精确性并不影响本章的研究结论。

[②] 关于等权重法合理性的争论见本书第七章。

和乘法模型,而它们各有优点,但适用范围不同。考虑到多维贫困各个维度之间在一定程度上既相互独立又具有线性补偿的特性,① 本章对多维贫困的测度采用线性加权法,即

$$MPI = \sum_{k=1}^{n} W_k P_k, \quad P_k = \sum_{i=1}^{m} w_i p_i$$

(5) 分级判断。为了体现贫困的相对性本质特征,与得分转化过程中对比考核思路保持一致,并避免部分数据的非精确性以及得分转化过程中主观性对测度结果的影响,本章仅对各县市区(各分片区除外)多维贫困状况进行分级判断,而不对测度结果进行排名。

2. 资料来源

多维贫困测度对数据要求比较全面,而武陵山片区统计信息不完全使得数据收集成为本研究的主要难点。为了克服这一难点,本研究在数据收集和整理方面做了大量的工作。其中,具体的资料来源包括以下渠道。

(1) 中国统计数据支持系统(ACMR)数据库。该数据库提供包括人口、就业、各产业产值、财政收支、医疗卫生等各县市经济社会发展的 40 项基本指标数据。

(2) 湖南、湖北、贵州、重庆四省份统计年鉴以及国家统计年鉴(2004、2008、2012 年),宜昌市、恩施土家族苗族自治州、邵阳市、常德市、张家界市、益阳市、怀化市、娄底市、湘西土家族苗族自治州、遵义市、铜仁市等地级市相关年份统计年鉴。

(3) 武陵山片区 71 县市区统计公报(2003、2007、2011 年)。各公报来自于中国统计信息网统计公报栏。

(4) 调研数据。对少数缺失数据通过走访地方统计局、扶贫办、民委和发改委等部门调查获取。

(二) 测度结果

本章从武陵山片区整体、分片区以及县市区三个空间尺度对武陵山片

---

① 如经济贫困和信息贫困反映的是贫困的不同侧面,具有一定的独立性,但信息贫困同样可以作为经济贫困的补充反映区域的贫困程度,具有线性补偿性。

区的多维贫困进行了测度和分级比较,并选择了 2003、2007 和 2011 年三个时间截面以考察不同空间尺度层面多维贫困的演变趋势。

1. 片区整体层面的多维贫困状况

武陵山片区跨湖南、湖北、重庆、贵州四省份,集革命老区、民族地区和贫困地区于一体,是我国跨省交界面大、少数民族聚集多、贫困人口分布广、贫困程度深的集中连片特困区。2011 年,片区内人均 GDP 为 11858 元、农村人均纯收入为 4132 元,仅为全国平均水平的 33.8% 和 59.2%,按照 2300 元/(年·人)的最新贫困标准计算,贫困发生率达到 45% 左右[①],远远高出全国平均水平。此外,城镇化率低于全国平均水平 20 个百分点,人均教育、卫生支出等也仅为全国平均水平的 51%。片区海拔高,旱涝灾害、泥石流、雨雪冰冻等自然灾害易发,生态脆弱,泥石流和石漠化现象严重,土地贫瘠,人均耕地面积约为全国的 60%。城乡差距大于全国平均水平,达到 3.05∶1。

具体地,图 1、图 2 展现了武陵山片区多维贫困总体状况及其变动趋势。不难发现,从时间维度看,2003 - 2011 年武陵山片区整体的多维贫困状况有所减轻,但减幅不大,而且贫困程度依然非常严重。其中,信息贫困和交通贫困下降幅度最大,这与近年来国家大力发展西部地区的基础设施,特别是交通设施建设密切相关。不过,经济贫困和住房贫困的减幅十分有限,交通改善的经济增长带动效应尚没有充分发挥。从贫困维度来

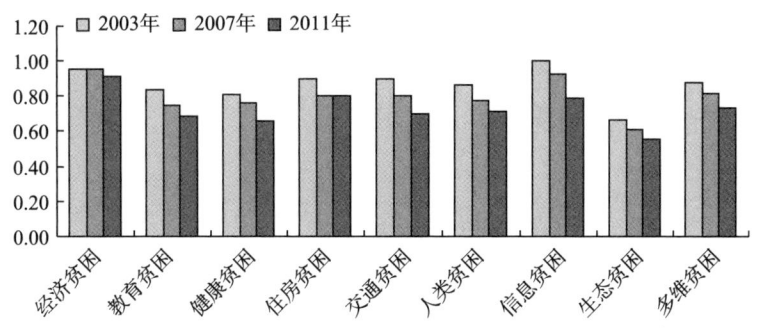

图 1 武陵山片区各贫困维度(含人类贫困的四个维度)变化趋势

---

① 由武陵山片区内各地州市的贫困发生率加权合成估算所得。

看，经济贫困和信息贫困相对严重，人类贫困和生态贫困则相对较轻。特别地，虽然武陵山片区生态仍然脆弱，2011年其值为0.56，但在四个维度中其贫困程度最轻。进一步地，人类贫困的二级指标测度结果表明，除了住房贫困以外，教育、健康和交通贫困的改善较为明显，特别是交通贫困。目前，住房仍是武陵山片区人类贫困中最严重的贫困维度，而教育、健康和交通贫困程度相差不大。

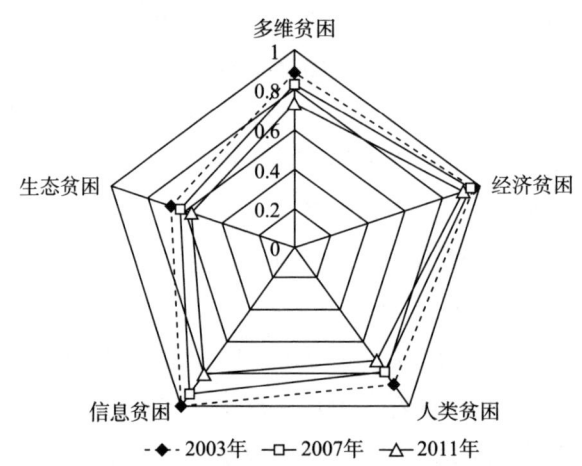

图2 武陵山片区各贫困维度比较及时序演变

2. 分片区层面的多维贫困状况

武陵山片区虽然"山同脉，水同源"，同属黔中文化区，但毕竟隶属于四个不同的省份，在经济社会发展及多维贫困方面必然存在一定的差异。为了进一步考察行政区划可能导致的多维贫困差异，本章将武陵山片区进一步分成7个片区进行考察，其中，湖南包括4个片区，其他三省份的县市区各划分为1个片区。①

表1给出了7个分片区多维贫困程度的排名情况。不难发现，在7个分

---

① 各分片区的地理范围分别是：湘西片区即湘西州7县1市；怀化片区为怀化市12县市区加益阳市安化县；邵阳片区则包括邵阳8县市和娄底3县市；张家界片区涵盖张家界4县区和常德市的石门县；黔江片区则包括重庆7县区；恩施片区包括恩施州8县市和宜昌市3县市；铜仁片区则包括铜仁市11县市区和遵义市5县市区。湖南因包括37县市区，占武陵山片区71县市区一半以上，故以地级行政区为基本单元，结合距离临近原则将37个县市区划分为4个分片区。

片区中,铜仁片区的人类贫困、信息贫困、生态贫困和综合贫困都最为严重,排名第 1,而经济贫困维度 2011 年稍好于邵阳片区和湘西片区,排名第 3[①];张家界片区人类贫困、信息贫困、生态贫困和综合贫困程度最轻,而经济贫困程度略高于黔江片区,排名第 6。怀化片区各贫困维度的贫困程度大多排名第 5、6 位,属于贫困程度相对较轻的区域。此外,湘西片区和邵阳片区(除生态维度外)各贫困维度的贫困程度排名都相对靠前,属于多维贫困较为严重的地区。而黔江片区经济贫困、人类贫困、信息贫困和综合贫困的排名都相对靠后,贫困程度相对较轻,而且各贫困维度的减贫效应明显,特别是信息贫困和人类贫困的减贫幅度最大。恩施片区各维度贫困程度的差异较大,其中,生态贫困最为严重,排名第 2,经济贫困排名相对靠后,但人类贫困相对其他片区而言,改善程度有限,相对排名不断靠前,这表明恩施片区近年来对经济维度的贫困给予了足够的重视,但相对忽视了人类贫困和生态贫困的改善。需要强调的是,该测度结果与陈琦(2012)应用英国牛津大学开发的 AF 多维贫困测量方法测度的 2010 年武陵山片区内部多维贫困结果基本一致。

表 1 武陵山片区各分片区多维贫困程度排名(2003、2007、2011 年)

多维贫困 片区\年份	经济贫困			人类贫困			信息贫困			生态贫困			综合贫困		
	2003	2007	2011	2003	2007	2011	2003	2007	2011	2003	2007	2011	2003	2007	2011
湘西片区	1	2	2	2	2	5	4	6	3	4	4	3	2	4	3
怀化片区	5	5	4	6	5	4	5	5	4	5	6	6	6	5	5
邵阳片区	3	3	1	3	3	2	2	2	2	6	5	5	3	3	2
张家界片区	7	6	6	7	7	7	7	7	7	7	7	7	7	7	7
黔江片区	6	7	7	4	6	6	3	4	6	3	3	4	5	6	6
恩施片区	4	4	5	5	4	3	6	3	5	2	2	2	4	2	4
铜仁片区	2	1	3	1	1	1	1	1	1	1	1	1	1	1	1

注:1-7 表示贫困程度逐步减轻,下同。

---

① 铜仁片区经济贫困稍好于邵阳片区和湘西片区,主要得益于其农村人均纯收入相对较高,这可能与较大的转移支付力度密切相关。

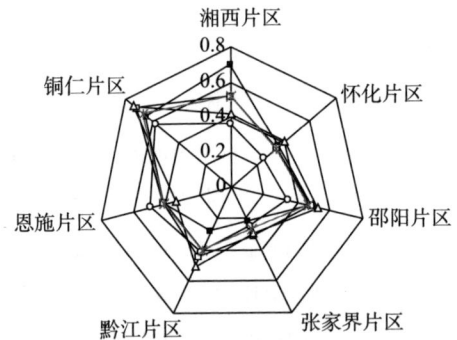

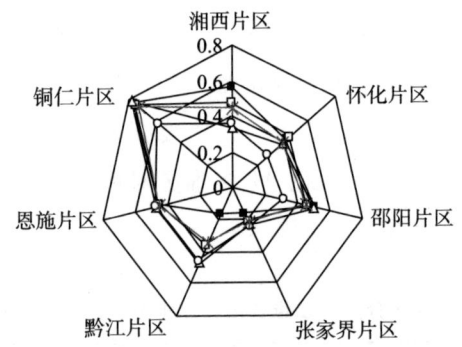

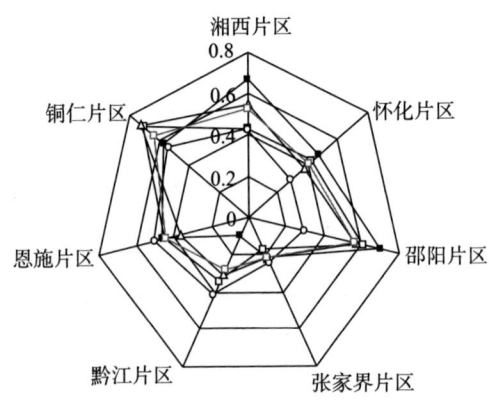

图 3　武陵山片区各分片区多维贫困对比（2003、2007、2011 年）

图 3 进一步直观地展现了武陵山片区 2003、2007 和 2011 年 7 个分片区各贫困维度的差异及其演变趋势。三个雷达图表明，各片区各维度贫困的严重程度存在明显差异，在实施区域发展与扶贫攻坚战略时应该区别对待，有的放矢。湘西地区各维度贫困程度差异较大，一直以来都是经济贫困程度高于其他维度的贫困程度，生态贫困在四个维度中最轻，人类贫困和信息贫困居中，人类贫困程度略高于信息贫困。黔江片区和张家界片区则恰好相反，经济贫困程度一直低于其他维度的贫困，2011 年，张家界片区经济贫困与其他维度贫困的差距缩小，人类贫困程度甚至略低于经济贫困，基本实现了各维度的同步减贫。黔江片区则经济维度的减贫效应遥遥领先于其他维度的减贫效应。铜仁地区虽然生态贫困程度高于其他片区，但在该片区的四个维度中其贫困程度最轻，人类贫困和信息贫困最为严重，经济贫困程度居中。怀化片区和邵阳片区的生态贫困在四个维度中贫困程度最轻，其他三个维度贫困程度差异则呈扩大趋势。2007 年以前，生态贫困以外的三个维度贫困程度差异不大，但 2007 年以后，经济维度贫困相对加剧，成为最严重的贫困维度。恩施片区则经历了各维度贫困差异先缩小后放大的过程。2003 年，恩施片生态贫困最为严重，信息贫困最轻，人类贫困和经济贫困居中；2007 年，四个维度的贫困程度基本相同；2011 年，又重新返回到 2003 年的状态。

3. 县市区层面的多维贫困状况

武陵山片区包括 71 县市区，按照"省负责、县落实"的扶贫责任机制，各县市区是片区区域发展与扶贫攻坚的空间载体。因而，深入考察县市区层面的多维贫困状况对落实区域发展与扶贫攻坚规划具有十分重要的意义。不过，县市区统计数据不够完善影响了多维贫困测度的精确性，故本章仅对各县市区的多维贫困状况进行分级判断。判断的依据为各维度贫困得分排在前 1/3 的县市区为三级贫困，排在中间 1/3 的为二级贫困，排在后 1/3 的为一级贫困。具体地，2003、2007、2011 年 71 县市区各贫困维度及综合贫困的分级结果如表 2 所示。

表 2 武陵山片区县域多维贫困程度分级（2003、2007、2011 年）

县市区\年份	经济贫困 2003	经济贫困 2007	经济贫困 2011	人类贫困 2003	人类贫困 2007	人类贫困 2011	信息贫困 2003	信息贫困 2007	信息贫困 2011	生态贫困 2003	生态贫困 2007	生态贫困 2011	综合贫困 2003	综合贫困 2007	综合贫困 2011
吉首	1	1	1	1	1	1	1	1	1	2	1	1	1	1	1
凤凰	2	2	2	2	2	2	2	2	3	2	1	2	2	2	2
古丈	3	3	3	2	2	3	2	3	2	2	2	2	2	2	3
花垣	3	2	2	2	1	2	1	1	2	1	2	3	2	1	2
保靖	3	2	2	3	2	2	2	1	3	2	2	3	3	2	2
龙山	2	2	3	3	3	2	3	2	3	2	2	2	3	2	3
永顺	2	2	3	2	3	2	3	3	3	1	1	2	2	2	3
泸溪	3	2	2	3	2	1	2	1	2	1	1	1	2	1	2
通道	3	3	3	3	2	3	2	2	2	2	3	3	3	3	3
鹤城区	1	1	1	1	1	1	1	1	1	1	1	1	1	1	1
洪江	1	1	1	1	1	1	1	1	1	1	1	1	1	1	1
中方	1	1	1	2	2	1	1	1	1	1	1	1	1	1	1
沅陵	3	3	3	1	2	1	2	2	2	2	2	2	3	2	2
辰溪	2	2	2	1	1	1	2	2	2	2	2	2	3	2	1
溆浦	1	1	1	1	3	2	2	1	2	1	1	1	1	1	1
会同	1	2	2	2	2	3	3	2	2	2	1	2	3	2	2
麻阳	3	3	3	3	2	2	2	2	2	1	1	1	2	2	2
新晃	3	3	3	1	2	2	2	2	2	1	1	2	3	2	3
芷江	1	1	1	2	2	1	2	1	1	1	1	1	1	1	1
靖州	1	1	2	1	1	2	1	1	1	1	1	1	1	1	1
安化	3	2	3	2	3	2	2	2	3	2	2	1	2	2	3
新化	3	3	3	3	3	3	3	3	3	2	3	3	3	3	3
涟源	1	1	3	1	1	1	1	1	2	1	1	1	1	1	2
冷水江	1	1	1	1	1	1	1	1	1	1	1	1	1	1	1
隆回	3	3	3	2	2	2	2	2	2	1	1	2	3	2	3
洞口	1	1	3	2	1	2	2	1	3	1	1	1	1	1	3
绥宁	1	1	1	2	2	3	2	2	2	2	2	3	1	2	2
新宁	1	1	3	2	1	3	2	2	3	2	2	2	2	1	3
城步	3	3	3	2	2	2	2	2	2	3	2	3	3	2	3
武冈	3	3	2	2	1	2	1	2	2	2	1	1	2	2	2

续表

县市区 \ 多维贫困 \ 年份	经济贫困			人类贫困			信息贫困			生态贫困			综合贫困		
	2003	2007	2011	2003	2007	2011	2003	2007	2011	2003	2007	2011	2003	2007	2011
新邵	2	2	3	2	3	3	3	3	3	2	1	1	2	2	3
邵阳	3	3	3	3	3	2	3	3	2	1	1	1	3	3	2
石门	1	1	1	1	1	1	1	1	2	1	1	1	1	1	1
慈利	1	1	1	1	1	1	1	1	1	1	1	1	1	1	1
桑植	3	3	3	3	2	2	3	2	1	2	2	2	3	2	2
武陵源	1	1	1	2	1	1	1	1	1	1	1	1	1	1	1
永定	1	1	1	1	1	1	1	1	1	1	1	1	1	1	1
丰都	1	1	1	1	1	1	1	1	2	2	2	2	1	1	1
石柱	2	1	1	1	1	1	2	2	1	2	2	2	2	1	1
秀山	2	1	1	3	2	2	3	3	2	3	3	2	3	2	1
酉阳	2	2	1	3	3	2	3	3	2	3	2	1	3	3	2
彭水	2	1	1	2	2	2	2	3	2	2	2	2	2	2	2
黔江	1	1	1	1	1	1	1	1	1	1	1	1	1	1	1
武隆	1	1	1	1	1	1	1	1	1	2	2	2	1	1	1
恩施	2	2	1	1	1	1	1	1	1	1	1	1	1	1	1
利川	2	2	2	3	3	2	3	3	3	3	2	2	3	3	2
建始	2	2	2	2	2	2	1	2	3	2	2	3	2	2	2
巴东	2	3	2	2	1	1	2	2	1	2	2	2	2	2	1
宣恩	2	2	2	2	3	3	2	2	2	2	2	2	2	2	2
咸丰	2	2	2	2	2	2	2	2	2	3	3	3	2	2	2
来凤	2	2	3	1	2	2	1	2	2	3	2	1	2	2	3
鹤峰	2	2	2	2	2	1	1	1	1	2	2	2	2	2	2
秭归	2	2	1	1	1	2	1	2	1	3	3	3	1	2	2
长阳	1	1	1	1	1	1	1	1	1	2	2	2	1	1	1
五峰	2	1	2	1	2	2	1	2	1	2	2	2	1	2	2
铜仁	1	1	1	1	1	1	1	1	1	2	2	2	1	1	1
江口	2	3	2	2	3	3	3	3	3	3	3	2	3	3	3
玉屏	1	2	1	2	1	2	2	2	2	3	3	3	2	2	2
石阡	3	3	2	3	3	3	3	3	3	3	3	3	3	3	3
思南	3	3	3	3	3	3	3	3	3	3	3	3	3	3	3
印江	3	3	2	3	3	3	3	3	3	3	3	3	3	3	3

续表

多维贫困 县市区 \ 年份	经济贫困			人类贫困			信息贫困			生态贫困			综合贫困		
	2003	2007	2011	2003	2007	2011	2003	2007	2011	2003	2007	2011	2003	2007	2011
德江	3	3	3	3	3	3	3	3	3	3	3	3	3	3	3
沿河	3	3	2	3	3	3	3	3	3	3	3	3	3	3	3
松桃	2	3	2	3	3	3	2	3	3	3	3	3	3	3	3
万山	3	2	3	1	1	1	1	1	1	3	3	3	2	1	2
正安	3	3	3	3	3	3	3	3	3	3	3	3	3	3	3
道真	2	3	3	3	3	3	3	3	2	2	3	3	3	3	3
务川	3	3	3	3	3	3	3	3	3	3	3	3	3	3	3
凤冈	2	2	1	3	3	3	3	3	3	3	3	3	3	3	3
湄潭	2	1	1	3	3	3	3	3	3	3	3	3	2	2	2
余庆	1	1	1	3	2	3	2	2	2	3	3	3	2	2	2

注：1、2、3分别表示各县市区在片区内多维贫困的相对严重程度，数字越大，表明相对贫困程度越严重，级别越高。

从表2可见，各县市区的多维贫困状况具有两方面的特征：一是贫困分级相对稳定。在2003－2011年，大部分县市区的各维度贫困分级结果不变，仅有部分县市有所变化。其中，综合贫困程度明显加深的有古丈、永顺、安化、涟源、洞口、绥宁、新邵、来凤、秭归、五峰等10县市，而减轻的有保靖、沅陵、辰溪、会同、邵阳、桑植、石柱、秀山、酉阳、彭水、利川、巴东、鹤峰、玉屏、凤冈等15县市。二是贫困程度具有明显的地区差异性。表3给出了当前武陵山片区各维度及综合贫困最为严重的三级贫困县市区名单。不难发现，综合贫困方面，铜仁片区和邵阳片区最为严重，三级贫困率分别达到62.5%和54.5%[①]，而张家界片区和黔江片区三级贫困率为0；经济贫困方面，邵阳片区、怀化片区和湘西片区相对严重，三级贫困率分别为72.7%、38.5%和37.5%，黔江片区为0；信息贫困方面，铜仁片区和湘西片区最为严重，三级贫困率分别为68.7%和50%，黔江片区和张家界片区为0；生态贫困方面，铜仁片区和恩施片区最为严重，三级贫困率分别为87.5%和36.4%。

---

① 三级贫困率指分片区内三级贫困县市区数量占总县市区数量的百分比。

表3 武陵山片区各维度及综合贫困为三级贫困的县市区（2011年）

多维贫困	县市区	备注
经济贫困	正安、沅陵、永顺*、新邵*、新宁*、新晃、新化、务川、万山*、通道、邵阳、桑植、麻阳、隆回、龙山*、涟源*、来凤*、古丈、洞口*、德江、道真、城步、安化*	湘西片区3个、怀化片区5个、邵阳片区8个、张家界片区1个、铜仁片区5个、恩施片区1个
人类贫困	正安、余庆*、印江、沿河、宣恩、新邵、新宁*、新晃*、新化、务川、通道、绥宁*、思南、石阡、湄潭、隆回*、江口、会同*、古丈、凤冈、德江、道真、城步*	湘西片区1个、怀化片区3个、邵阳片区6个、铜仁片区12个、恩施片区1个
信息贫困	正安、永顺、印江、沿河、新邵、新宁*、新化、务川、松桃、思南、石阡、湄潭、隆回*、龙山*、利川、江口、建始*、凤凰*、凤冈、洞口*、德江、保靖*、安化*	湘西片区4个、怀化片区1个、邵阳片区5个、铜仁片区11个、恩施片区2个
生态贫困	秭归、正安、玉屏、余庆、印江、沿河、新化、咸丰、务川、万山、通道、绥宁*、松桃、思南、石阡、彭水、湄潭、建始*、花垣*、凤冈、德江、道真、城步*、保靖*、巴东*	湘西片区2个、怀化片区1个、邵阳片区3个、黔江片区1个、铜仁片区14个、恩施片区4个
综合贫困	正安、永顺*、印江、沿河、新邵*、新宁*、新晃*、新化、务川、通道、松桃、思南、石阡、隆回*、龙山*、来凤*、江口、古丈*、洞口*、德江、道真、城步*、安化	湘西片区3个、怀化片区3个、邵阳片区6个、铜仁片区10个、恩施片区1个

注：*表示该县由原来的二级或一级贫困向三级贫困转化，表明该县相对贫困状况有恶化趋势。

进一步地，本文根据71县市区四维度贫困的相对严重程度将其划分为经济贫困主导型、人类贫困主导型、信息贫困主导型和生态贫困主导型四种类型。分类标准为：（1）比较贫困四个维度的得分，以得分最高维度作为分类的第一依据；（2）若有多个维度得分高于0.5，则按照得分高低依次作为第二、三参考标准。具体分类如表4所示。

表4 2011年71县市区贫困主导类型

类型	经济贫困主导型	人类贫困主导型	信息贫困主导型	生态贫困主导型
县市区	花垣	凤凰●	洪江	吉首

续表

类型	经济贫困主导型	人类贫困主导型	信息贫困主导型	生态贫困主导型
县市区	古丈★▲ 保靖◆ 泸溪 通道◆▲★ 沅陵★▲◆ 辰溪 麻阳▲ 新晃▲★ 新化★▲◆ 隆回★▲ 城步★▲◆ 武冈 邵阳★▲ 桑植★◆ 恩施 建始★◆ 巴东★ 来凤◆ 铜仁 江口★▲◆ 德江★▲◆ 沿河★▲◆ 万山◆ 正安★▲ 道真▲★◆ 务川★▲◆	龙山●★ 永顺★● 鹤城◆ 中方 溆浦 芷江 安化★ 涟源 绥宁◆ 慈利 宣恩★ 五峰★◆ 石阡●★◆ 印江★●◆	会同●▲ 靖州 洞口 新宁 新邵▲● 石门 石柱◆ 秀山◆▲ 酉阳▲● 彭水◆ 利川▲◆ 咸丰▲●◆ 长阳 思南●▲◆ 松桃●▲◆	冷水江 武陵源 永定 丰都 黔江 武隆 鹤峰 秭归 玉屏

注：县市名单后的符号表示其他得分高于 0.5 的贫困维度。其中，●表示经济贫困，▲表示人类贫困，★表示信息贫困，◆表示生态贫困。

表 4 显示，武陵山片区的贫困仍以经济贫困为主，经济贫困主导型县市区有 27 个。并且，经济贫困往往伴随着人类贫困、信息贫困和生态贫困。也就是说，经济贫困是贫困的基础，虽然它不是贫困的唯一维度，但它对其他贫困维度有着重要影响。类似地，人类贫困主导型和信息贫困主导型县市区中也有不少县市同样面临着严重的其他维度贫困。而生态贫困主导型县市区基本对应于片区内相对发达或各维度贫困程度相差不大的中等发达县市。这意味着，对这些县市区而言，生态问题相对得到更多的重视。此外，由表 4 可知，铜仁片区大部分县市区四个维度的贫困得分超过 0.5，其多维贫困程度为武陵山片区之最。

三　武陵山片区自我发展能力评价

（一）评价方法与资料来源

1. 评价方法

区域自我发展能力评价的相关文献还十分有限。成学真等（2010）和郑长德（2011）先后进行了探索性研究，不过前者仅仅构建了区域自我发展能力评价的指标体系，并不涉及具体的评价方法，后者的评价方法有较强的参考价值，但评价指标过于简单。因而，本章按照第八章构建的区域自我发展能力评价指标体系，借鉴郑长德（2011）的思路，采用了主客观相结合的乘法加权综合评价方法。具体地，该方法的步骤如下。

（1）收集和整理产业、市场、空间自我发展能力和软实力四个子系统共62项指标的原始数据①。

（2）以各指标的原始数据为基础，依据区域自我发展能力评价体系指标考核办法（见第八章表2）将原始数据转化为各指标的得分。

（3）确定各子系统内指标的权重及合成方法。子系统内各指标多为平行指标，各指标的相对重要性不易判断，且彼此之间具有一定的线性补偿特性，因而，本文对子系统得分评价采用等权重的线性加权方法，即

$$SDCI_k = \sum_{i=1}^{n} K_i / n$$

其中，k代表某一子系统，i为该子系统下的评价指标。

（4）区域自我发展能力指数合成。考虑到区域自我发展能力各子系统之间并非简单的线性关系，其中，任一子系统的能力不足都可能对区域自我发展能力产生几何效应。因而，本章对区域自我发展能力指数采用乘法（几何）加权合成法，即

$$RSDCI = \sqrt[4]{\prod_{k=1}^{4} SDCI_k}$$

---

① 对少数缺失数据的处理采取与多维贫困测度中原始数据缺失相同的处理方法。

(5) 分类判断。类似地，区域自我发展能力具有相对性。为了体现相对性的本质特征，并与得分转化过程中对比考核思路保持一致，避免少数数据的非精确性以及得分转化过程中主观性对评价结果的影响，本章也仅对各县市区（各分片区除外）自我发展能力状况进行分类判断，而不对评价结果进行具体排名。

2. 资料来源

同样，区域自我发展能力评价涉及产业、市场、空间和软实力四个子系统，对数据要求比较全面，本部分数据的来源渠道与多维贫困原始数据的来源渠道一致，故不再赘述。

（二）评价结果

和多维贫困测度类似，本部分对区域自我发展能力评价也基于武陵山片区整体、分片区以及县市区三个空间尺度层面，同时，为了深入分析各空间尺度层面区域自我发展能力的差异及特征，本章还对各子统的得分进行了分类比较，并选择了2003、2007和2011年三个时间截面以考察不同空间尺度层面区域自我发展能力的演变趋势。

1. 片区整体层面的自我发展能力状况

武陵山片区是典型的欠发达省际交界区域，由于远离各省会城市且受行政区经济边界效应的影响，长期以来，处于经济社会发展的边缘，区域自我发展能力十分有限。进一步地，武陵山片区由于自我发展能力缺失，外部援助难以转化为内生发展动力，有限的经济发展要素甚至不断外流，如武陵山片区是资金和高素质人才的净流出地，这又进一步削弱了区域自我发展能力。这种区域自我发展能力恶性循环，使得武陵山片区深陷"贫困陷阱"，难以跨越。

图4直观地反映了武陵山片区自我发展能力的基本状况及演变趋势。不难发现，武陵山片区整体的自我发展能力仍然十分有限，2011年，自我发展能力得分也仅为0.19。而从时间维度来看，自2003年以来，武陵山片区的自我发展能力提升将近1倍，其中，产业和市场自我发展能力提升相对较快。可见，西部大开发十年来，国家对武陵山片区的大力投资与政策倾斜产生较为明显的效应，而自2007年以来，该片区空间自我发展能力改善加

快，则与近年来武陵山片区大规模交通设施建设密切相关。从区域自我发展能力的各子系统来看，产业能力和市场能力一直具有相对优势，并且提升的速度也较快；而软实力最弱，空间能力次之。

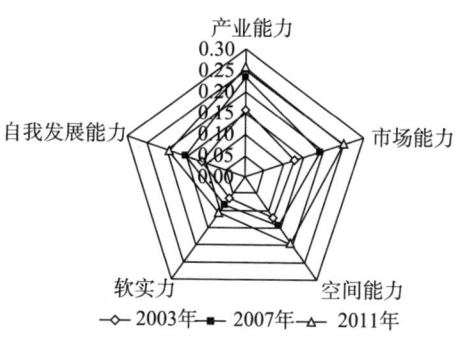

图 4　武陵山片区自我发展能力的时序演变

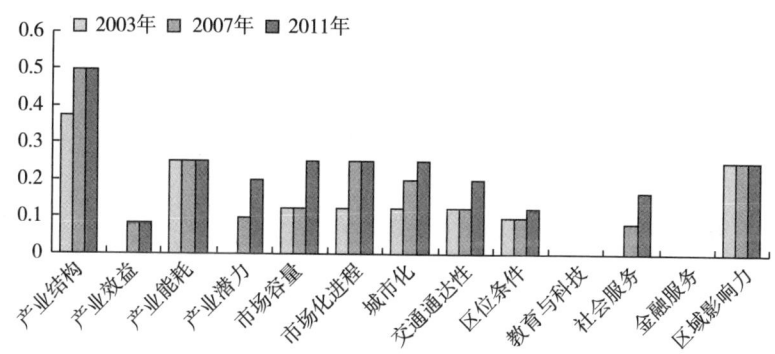

图 5　武陵山片区自我发展能力各二级指标得分变化趋势及对比

图 5 进一步地揭示了各子系统内部结构状况。产业能力子系统中，产业结构得分最高，产业能耗次之，产业效益最差，产业潜力虽较低，但提升较快。产业能力系统的这一内部特征反映了武陵山片区旅游业、生活服务业、第一产业相对发达，第二产业发展相对滞后的总体产业状况。市场能力方面，市场容量和市场化进程得分相差不大，前者在 2007 年之后发展较快，后者则相反，2007 年之后基本保持不变。空间能力方面，城市化、交通通达性和区位条件三者的得分依次降低。不过，城市化得分自 2003 年以来逐步上升，而交通通达性和区位条件得分在 2007 年以后才有所提升，并且交通通达性的提升幅度大于区位条件改善。软实力方面，区域影响力得分最高，这可能与武陵山片区旅游资源、生态资源、矿产资源等非常丰富

有关。此外，社会服务得分也有了较大提升。不过，教育与科技、金融服务两方面的得分几乎为0①。这意味着，教育与科技、金融服务是武陵山片区软实力提升的重要制约因素。

2. 分片区自我发展能力状况

武陵山片区7个分片区受发展基础、资源禀赋以及上级政府投资力度等方面的影响，其自我发展能力也存在明显的差异。本部分重点比较各分片区自我发展能力的差异。表5给出了7个分片区自我发展能力整体及四个子系统的基本情况。不难发现，张家界片区的自我发展能力最强，而且各子系统也排名第1。其次，黔江片区自我发展能力居第2位，不过，在四个子系统中，空间能力排名相对靠后，2007年前排在第5位，2011年上升到第3位。恩施和铜仁片区自我发展能力分别排在第6、7位，是自我发展能力最弱的片区。其中，铜仁地区四个子系统发展能力全部垫后。恩施片区的市场能力则发展很快，由2003年的末位上升到2011年的第3位，产业能力也有所上升，软实力则排在第5位。湘西、怀化和邵阳片区的自我发展能力相对变动较大，其中，邵阳片区自我发展能力相对不断下降，2003、2007和2011年分别位列3、4、5位，除了软实力排名相对不变外，其他三个子系统自我发展能力均有所下降，其中产业自我发展能力最弱。湘西片区自我发展能力有所上升，由2003年的第5位上升到2011年的第3位。其中，产业自我发展能力相对较强是主要原因。怀化片区自我发展能力曾在2007年有所下降，降到第5位，2011年又重新上升，不过，总体自我发展能力中等，排在第4位。其中，该片区空间自我发展能力最强，排在第2位，但软实力最弱，在武陵山片区中仅好于铜仁片区。

表5 武陵山片区各分片区自我发展能力排序（2003、2007、2011年）

片区	发展能力 年份	产业能力			市场能力			空间能力			软实力			自我发展能力		
		2003	2007	2011	2003	2007	2011	2003	2007	2011	2003	2007	2011	2003	2007	2011
湘西片区		3	3	3	6	4	6	4	4	5	4	4	4	5	3	3

---

① 这是一种相对评价，得分为0意味着与全国水平相比，武陵山片区这两方面表现非常差。

续表

片区 \ 发展能力 \ 年份	产业能力			市场能力			空间能力			软实力			自我发展能力		
	2003	2007	2011	2003	2007	2011	2003	2007	2011	2003	2007	2011	2003	2007	2011
怀化片区	4	4	4	4	6	5	2	2	2	6	6	6	4	5	4
邵阳片区	5	6	6	2	3	4	3	3	4	3	3	3	3	4	5
张家界片区	1	1	1	1	1	1	1	1	1	1	1	1	1	1	1
黔江片区	2	2	2	3	2	2	5	5	3	2	2	2	2	2	2
恩施片区	6	5	5	7	5	3	6	7	5	5	5	5	6	6	6
铜仁片区	7	7	7	5	7	7	7	6	7	7	7	7	7	7	7

注：1-7表示自我发展能力逐渐减弱。

图6进一步直观地展现了武陵山片区内各分片区自我发展能力及各子系统之间的关系及其演变趋势。总体而言，产业能力子系统得分在各分片区中都相对较高，不过这种优势在慢慢缩小。从各分片区的比较来看，湘西片区和怀化片区产业自我发展能力与其他子系统能力的差距更大。市场能力的变化最大，2003年时，市场能力在所有分片区的各能力子系统中得分最低，但到2011年，这一格局发生了根本性变化，不少片区的市场能力得分在各子系统得分中排名第1。下文具体地对各片区不同子系统得分及演变趋势进行分析。湘西片区一直以来都是产业能力得分最高，其他各子系统能力得分则有较大变动，2003年和2007年，软实力得分高于空间能力和市场能力，不过差距越来越小，2011年，市场能力得分反超软实力和空间能力。怀化片区各子系统得分之间的关系及演变趋势大体与湘西片区一致，不同的是，空间能力得分排序相对靠前。此外，2011年怀化片区软实力得分最低，并与其他各子系统拉开了差距。邵阳片区各子系统得分的差距总体上小于湘西和怀化片区，2003年和2007年，软实力和产业能力得分较高，空间能力和市场能力得分相对较低。2011年，邵阳片区产业能力得分被其他子系统超越，特别是，市场能力得分由最低转变为最高。张家界片区市场能力得分一直为四个子系统中最低，产业能力和软实力在2003和2007年得分较高且非常接近，2011年，空间能力得分反超，在四个子系统中得分最高。黔江片区各子系统之间得分差异较大，2003年和2007年，产业能力和软实力得分最高且两者几乎没有差异，但市场能力和空间能力得分较

低。到 2011 年，黔江片区市场能力得分迅速上升，接近软实力得分，位列第 2，而空间能力得分则继续与其他子系统保持较大差距。恩施片区与黔江片区较为类似。2003 和 2007 年，除了市场能力得分和空间能力得分两者的位置互换外，产业能力和软实力得分排序没有变化，产业能力得分最高，软实力得分次之。2011 年，恩施片区市场能力得分最高，空间能力得分最低，并且与其他系统得分差距拉大。铜仁片区的自我发展能力在 7 个分片区中最低，各子系统得分的演变趋势与大多数分片区较为相似。2003 和 2007 年，产业能力和软实力得分较高，不过，这期间两者的差距有所扩大，空间能力和市场能力得分较低。2011 年，铜仁片区市场能力和产业能力得分几乎相同，而空间能力得分仍与其他子系统存在较大差距。

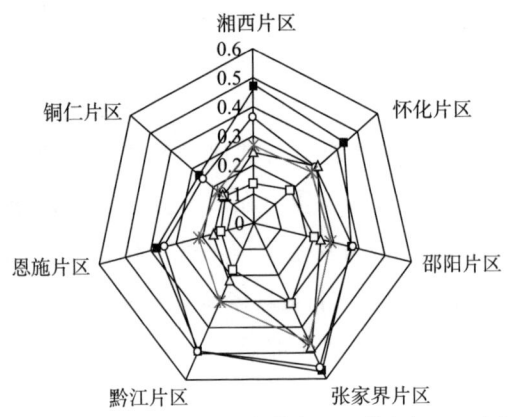

2003年

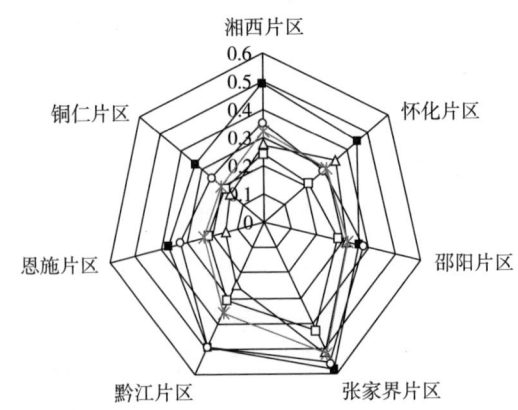

2007年

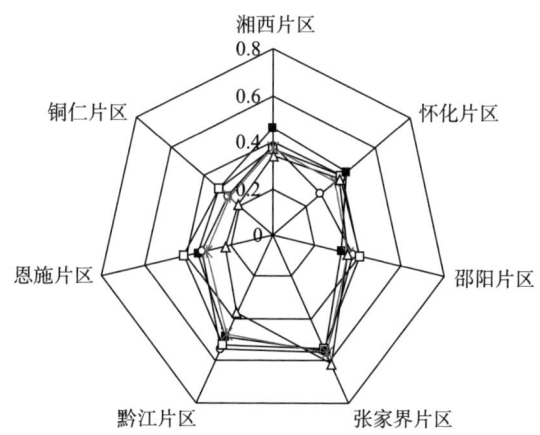

图 6　武陵山片区各分片区自我发展能力对比（2003、2007、2011 年）

3. 县市区层面的自我发展能力状况

类似地，考虑到县市区部分数据的非精确性对自我发展能力评价结果产生一定的影响，本部分也仅对武陵山片区 71 县市区的自我发展能力以及各子系统能力得分进行分类判断。具体地，本章将各县市区划分为自我发展能力（包括各子系统能力）相对较弱、中等、较强三类。其中，得分排在前 1/3 的县市区为自我发展能力较强县市区，得分排在后 1/3 的县市区为自我发展能力较弱县市区，其他则为自我发展能力中等的县市区。表 6 给出了武陵山片区自我发展能力及各子系统能力的分类结果。

表 6　武陵山片区县域自我发展能力分类（2003、2007、2011 年）

县市区 \ 发展能力 \ 年份	产业能力			市场能力			空间能力			软实力			自我发展能力		
	2003	2007	2011	2003	2007	2011	2003	2007	2011	2003	2007	2011	2003	2007	2011
吉首	3	3	3	3	3	3	3	3	3	3	3	3	3	3	3
凤凰	3	3	3	2	2	3	2	2	2	3	3	3	3	3	3
古丈	2	2	2	1	2	1	2	2	2	2	2	2	2	2	2
花垣	3	3	3	3	3	2	2	2	2	2	2	2	2	2	2
保靖	2	2	2	1	1	1	2	2	2	2	1	1	2	2	2
龙山	1	1	1	1	2	1	2	2	2	1	1	1	1	2	1

续表

发展能力\县市区\年份	产业能力			市场能力			空间能力			软实力			自我发展能力		
	2003	2007	2011	2003	2007	2011	2003	2007	2011	2003	2007	2011	2003	2007	2011
永顺	1	1	1	1	1	1	2	2	2	1	1	1	1	2	1
泸溪	3	3	2	1	1	2	2	2	2	2	2	3	2	2	2
通道	2	2	2	1	1	1	1	1	1	1	1	1	1	1	1
鹤城区	3	3	3	3	3	3	3	3	3	3	3	3	3	3	3
洪江	3	3	3	3	3	3	3	3	3	3	3	3	3	3	3
中方	3	3	3	1	1	2	3	3	3	2	2	2	3	3	3
沅陵	3	3	2	2	2	2	2	2	2	1	1	1	2	2	2
辰溪	1	2	1	2	1	1	2	2	2	1	1	1	2	2	1
溆浦	1	2	2	3	3	2	2	2	1	1	1	1	2	2	1
会同	2	2	2	3	2	2	1	2	2	1	1	1	2	1	1
麻阳	2	2	2	1	1	1	3	3	3	1	1	1	2	2	1
新晃	2	2	2	1	1	1	2	2	2	2	2	2	2	2	2
芷江	2	2	2	2	1	3	3	3	3	2	2	2	2	2	3
靖州	2	2	2	2	2	2	3	2	2	2	2	1	2	2	1
安化	2	1	2	2	2	2	3	3	3	2	2	2	3	2	2
新化	1	1	1	2	2	1	2	1	2	1	2	2	1	1	2
涟源	3	3	3	3	3	3	3	3	3	3	3	3	3	3	3
冷水江	3	3	3	3	3	3	3	3	3	3	3	3	3	3	3
隆回	2	2	1	2	2	1	2	2	2	2	2	2	2	2	1
洞口	1	1	1	3	2	2	3	3	2	2	2	1	2	2	1
绥宁	1	1	1	3	3	2	1	1	1	1	1	2	1	1	1
新宁	1	1	1	3	2	1	1	1	1	2	2	2	1	1	1
城步	2	2	2	1	2	1	1	1	1	3	3	2	2	1	1
武冈	3	3	2	3	2	2	2	2	3	3	3	3	3	3	3
新邵	1	1	1	3	2	2	3	3	2	3	3	2	3	3	2
邵阳	1	1	1	3	2	2	3	3	3	3	3	2	3	3	2
石门	3	3	3	3	3	3	3	3	3	3	3	3	3	3	3
慈利	2	2	3	3	3	3	3	3	3	3	3	3	3	3	3
桑植	2	2	2	1	2	2	2	2	2	2	2	2	2	2	2
武陵源	3	3	3	3	3	3	3	3	3	3	3	3	3	3	3
永定区	3	3	3	3	3	3	3	3	3	3	3	3	3	3	3

续表

发展能力 县市区	产业能力			市场能力			空间能力			软实力			自我发展能力		
年份	2003	2007	2011	2003	2007	2011	2003	2007	2011	2003	2007	2011	2003	2007	2011
丰都	2	2	2	3	3	3	1	1	2	3	3	3	2	2	2
石柱	2	2	3	1	2	3	2	1	2	3	3	3	2	2	3
秀山	3	3	3	2	3	3	2	2	2	3	2	3	2	3	3
酉阳	2	2	2	2	3	3	2	2	2	2	2	2	2	2	2
彭水	2	2	2	1	3	3	1	2	2	3	3	3	2	3	3
黔江区	3	3	3	3	3	3	3	3	3	3	3	3	3	3	3
武隆	3	3	3	1	3	3	2	2	3	3	3	3	3	3	3
恩施	3	3	3	3	3	3	3	3	3	3	3	3	3	3	3
利川	1	1	1	3	2	2	1	1	1	1	1	1	1	1	1
建始	1	2	1	2	2	2	1	1	1	1	1	1	1	1	1
巴东	1	1	1	2	2	2	1	1	1	2	2	2	1	1	1
宣恩	3	3	3	1	1	1	2	1	2	2	2	1	2	2	2
咸丰	2	2	2	1	2	2	1	1	1	1	1	2	1	2	2
来凤	2	1	2	1	1	1	3	3	2	2	2	2	2	2	2
鹤峰	1	1	1	1	1	2	1	1	1	2	2	2	1	1	1
秭归	2	2	2	2	3	3	1	1	2	2	3	3	2	2	2
长阳	3	3	3	2	3	3	2	2	2	3	3	3	3	3	3
五峰	3	3	3	1	1	2	1	1	1	2	2	2	1	1	2
铜仁	3	3	3	3	3	3	3	3	3	3	3	3	3	3	3
江口	1	1	1	1	1	1	2	2	2	1	1	1	1	1	1
玉屏	3	3	3	2	3	3	3	3	3	3	3	3	3	3	3
石阡	1	1	1	2	1	1	1	1	1	1	1	1	1	1	1
思南	1	1	1	2	1	1	1	1	1	1	1	1	1	1	1
印江	1	1	1	1	1	2	1	1	1	1	1	1	1	1	1
德江	1	1	1	1	1	1	1	1	1	1	1	1	1	1	1
沿河	1	1	1	2	1	1	1	1	1	1	1	1	1	1	1
松桃	1	1	1	2	1	1	2	2	1	1	1	2	1	1	1
万山	2	2	3	2	1	2	3	3	3	2	2	2	3	2	3
正安	1	1	1	2	1	1	1	1	1	1	1	1	1	1	1
道真	2	2	2	1	1	1	1	1	1	1	1	1	1	1	1
务川	1	1	1	1	1	1	1	1	1	1	1	1	1	1	1
凤冈	1	1	1	1	1	1	1	1	1	1	1	2	1	1	1

续表

发展能力\年份\县市区	产业能力			市场能力			空间能力			软实力			自我发展能力		
	2003	2007	2011	2003	2007	2011	2003	2007	2011	2003	2007	2011	2003	2007	2011
湄潭	1	1	1	2	2	2	1	2	1	1	1	1	1	1	2
余庆	2	2	2	2	2	2	1	1	1	1	2	1	1	1	2

注：1、2、3分别表示各县市区在片区内自我发展能力相对较弱、中等和较强。

由表6不难发现，县市区层面的自我发展能力状况具有如下特征：一是各片区中心城市所在县市区的自我发展能力较强，而且相当稳定。比如吉首市、鹤城区、永定区、武陵源区、恩施市、铜仁市和黔江区等，这些县市区大多为地级行政机构所在地，而行政主导的经济体制赋予了这些县市区特殊的发展优势，因而具有较强的自我发展能力。二是自2003年以来多数县市区的自我发展能力类别保持稳定，但部分县市则有较为明显的变化。其中，湄潭、余庆、松桃、江口、五峰、彭水、秀山、石柱、新化、芷江等县市区的自我发展能力相对持续上升，而辰溪、溆浦、会同、麻阳、安化、城步、邵阳等县市区的自我发展能力相对持续下降。三是自我发展能力最弱的县市区在空间分布上存在较大差异（见表7）。以2011年为例，自我发展能力较弱县市区占比最高的片区是铜仁和恩施片区，二者分别达到56.2%和45.5%，而黔江和张家界片区县市区的自我发展能力都在中等以上。四个子系统方面，产业自我发展能力较弱县市区主要集中在铜仁、邵阳和恩施片区，三者较弱县市区占比分别为68.7%、63.6%和36.4%；市场能力较弱县市区则主要分布在铜仁和湘西片区，二者较弱县市区占比分别为68.7%和50%；铜仁和恩施片区县市的空间自我发展能力总体较弱，分别有12个和7个县市区空间自我发展能力较弱，两者的占比分别达到75%和63.6%；软实力方面，怀化和铜仁片区自我发展能力较弱县市区比例最高，二者分别为53.8%和68.7%。

表7 武陵山片区自我发展能力最弱的县市区（2011年）

子能力系统	县市区	备注
产业能力	正安、永顺、印江、沿河、新邵、新宁、新化、务川、绥宁、松桃、思南、石阡、邵阳、湄潭、隆回*、龙山、利川、江口、建始*、鹤峰、凤冈、洞口、德江、辰溪*、巴东	湘西片区2个、怀化片区1个、邵阳片区7个、铜仁片区11个、恩施片区4个

续表

子能力系统	县市区	备注
市场能力	正安、永顺、沿河、宣恩、新宁*、新晃、新化*、务川、通道、松桃、思南、石阡、湄潭*、麻阳、隆回*、龙山*、来凤、江口、古丈*、凤冈、德江、道真、城步*、辰溪、保靖	湘西片区4个、怀化片区4个、邵阳片区4个、铜仁片区11个、恩施片区2个
空间能力	正安、余庆、印江、沿河、宣恩、溆浦*、新宁、咸丰、务川、五峰、通道、绥宁、松桃*、思南、石阡、湄潭*、利川、建始、会同*、鹤峰、凤冈、德江、道真、城步、巴东	怀化片区3个、邵阳片区3个、铜仁片区12个、恩施片区7个
软实力	正安、沅陵、余庆*、永顺、印江、沿河、宣恩、溆浦、务川、通道、思南、石阡、湄潭、麻阳、龙山、利川、靖州*、江口、建始、会同、洞口*、德江、道真、辰溪、保靖	湘西片区3个、怀化片区7个、邵阳片区1个、铜仁片区11个、恩施片区3个
自我发展能力	正安、永顺*、印江、沿河、溆浦*、新宁、咸丰、务川、通道、绥宁、思南、石阡、麻阳*、龙山*、利川、建始、会同、鹤峰、凤冈、洞口*、德江、道真、城步、辰溪*、巴东	湘西片区2个、怀化片区5个、邵阳片区4个、铜仁片区9个、恩施片区5个

注：*表示该县自我发展能力近年来呈相对下降趋势。

进一步地，根据各县市区自我发展能力四个子系统得分的差异，笔者将武陵山片区71县市区划分为产业制约型、市场制约型、空间制约型和软环境制约型四种类型。具体划分标准为：（1）比较自我发展能力四个子系统的得分，以得分最低的子系统作为分类的第一依据；（2）若有多个子系统得分低于0.5，则按照得分由低到高依次作为第二、三参考标准。具体分类如表8所示。

表8 2011年武陵山片区71县市区自我发展能力制约类型

类型	产业制约型	市场制约型	空间制约型	软环境制约型
县市区	新化★◆▲ 涟源◆ 冷水江 洞口◆★▲ 新邵◆▲★	吉首 保靖★◆● 古丈★◆● 洪江 中方◆	凤凰▲ 花垣◆▲● 泸溪▲◆● 通道◆▲● 会同◆●▲	龙山●★▲ 永顺★●▲ 鹤城 沅陵★▲● 辰溪★●▲

续表

类型	产业制约型	市场制约型	空间制约型	软环境制约型
县市区	邵阳▲◆ 武陵源 恩施	新晃★◆● 慈利●◆ 永定 黔江 铜仁 玉屏★ 凤冈★◆●	隆回◆●▲ 绥宁◆●▲ 新宁●▲◆ 城步▲●◆ 武冈▲● 石门 丰都●◆ 石柱● 秀山▲◆ 酉阳●◆▲ 彭水● 武隆 利川◆●▲ 建始◆●▲ 巴东●◆▲ 宣恩◆▲● 咸丰●◆▲ 鹤峰●▲◆ 秭归●◆ 长阳 五峰◆▲● 石阡◆▲● 思南●◆▲ 印江◆●▲ 德江◆●▲ 沿河◆●▲ 松桃●◆▲ 正安◆▲● 道真◆▲● 务川◆▲● 湄潭◆●▲ 余庆◆●▲	溆浦★●▲ 麻阳▲★● 芷江● 靖州★▲● 安化●▲★ 桑植★●▲ 来凤●▲★ 江口●▲★ 万山▲★

注：县市区名单后的符号表示其他得分低于 0.5 的子能力系统。其中，●表示产业能力，▲表示市场能力，★表示空间能力，◆表示软实力。

由表 8 可见，武陵山片区的自我发展能力主要受空间能力的制约，片区内共有 37 个县市区空间自我发展能力得分最低。而且，空间能力得分最低的县市区其他子系统的得分也不容乐观，其中，70% 的县市区其他三个子系统的得分也低于 0.5。这再次印证了"要想富、先修路""经济发展，交通先行"的观点。因此，当前及今后一段时期内加快交通等基础设施建设、改善区位条件仍是提升武陵山片区自我发展能力的第一要务。此外，武陵山片区软环境制约型县市区数量居第2，主要分布在怀化片区，并且软环境较差的县市区其他子系统的得分也比较低，这意味着促进软环境建设，提升地区软实力得分，将有效增强怀化片区的自我发展能力。相对而言，片区内产业和市场制约型县市区的比例不高，但这并不表明武陵山片区的产业和市场自我发展能力强，只是相对于其他子系统而言，这两个子系统有一定的比较优势。事实上，武陵山片区整体的自我发展能力还非常弱（前文已有论述）。本部分制约类型划分的意义在于提示政府及相关决策者，不同县市区制约其自我发展能力的首要因素存在差异，在提升区域自我发展能力时应实施差别化政策，增强政策效率。

四 武陵山片区多维贫困与自我发展能力时空演变分析

基于前文中武陵山片区多维贫困和自我发展能力的测度与评价结果，本部分重点分析两者的时空演变过程。具体地，本部分应用GIS软件绘制了2003、2007和2011年3个时间截面武陵山片区71县市区经济贫困、人类贫困、信息贫困、生态贫困和综合贫困以及产业能力、市场能力、空间能力、软实力和自我发展能力的空间分布图，具体如图7、8所示。

（一）多维贫困的时空演变分析

1. 经济贫困的时空演变

图7-a对武陵山片区71县市区经济贫困的时空演变过程进行了描绘。不难发现，总体而言，经济贫困的重心由贵州向湖南转移，铜仁片区在2003-2007年经济贫困有所加重，但2007年后出现了大幅下降，而邵阳片区经济贫困程度明显加深。黔江片区的经济减贫效果最为明显，到2011年片区内所有县市区经济贫困都降到一级。张家界片区则相对稳定，所有县市区一直为一级贫困。此外，恩施片区经济减贫效应也相对好于湘西、怀化和邵阳片区。可见，在2003-2011年，武陵山片区中湖南县市区的经济减贫工作落后于重庆、贵州和湖北所辖县市区。

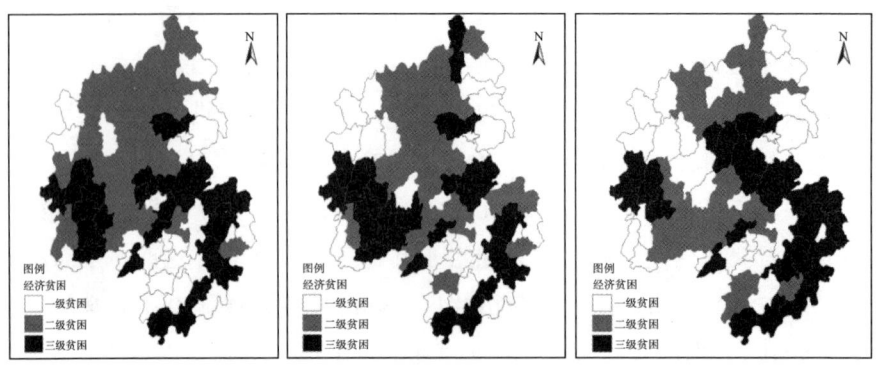

图7-a　经济贫困时空演变（2003、2007、2011年）

2. 人类贫困的时空演变

武陵山片区人类贫困的空间分布从集中分布向分散集聚格局演变。如图7-b所示，2003年，人类贫困最为严重的县市区主要集中在铜仁片区以及酉阳、秀山、龙山、保靖、桑植一带，其他地区则为几个零星的分布点；2007年，铜仁片区及周边人类贫困集聚带略有调整，但另一个集聚区——安化、溆浦、新化、新邵和邵阳等五个毗邻县市区的人类贫困程度却在相对加深；2011年，伴随前两个集聚带（特别是铜仁片区及周边集聚带）的萎缩，会同、绥宁、通道、城步和新宁五个毗邻县市区作为一个新兴的人类贫困集聚带则逐步形成。在2003-2011年，张家界片区、黔江片区、恩施片区和湘西片区的人类贫困状况则总体上相对有所减轻，三级贫困县日趋减少。

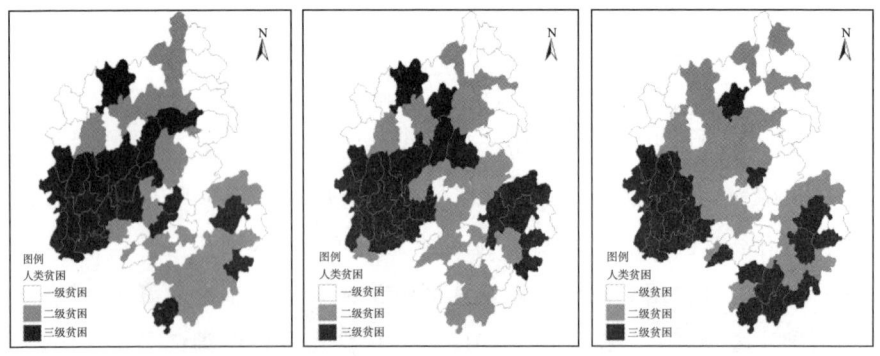

图7-b　人类贫困时空演变（2003、2007、2011年）

3. 信息贫困的时空演变

信息贫困的时空演变格局和人类贫困大体相似，也是由相对集中分布向相对分散集聚分布演变。图 7 - c 对这一过程进行了描述。2003 - 2011 年，铜仁片区及周边县市区是三级信息贫困的主要集聚区，不过，这一片区的范围呈不断缩小的趋势。而安化、新化、隆回、洞口、新邵、新宁以及永顺、古丈、保靖两个信息贫困相对集聚区则有所增强。张家界、恩施、黔江和怀化片区的信息贫困则总体上相对减轻。

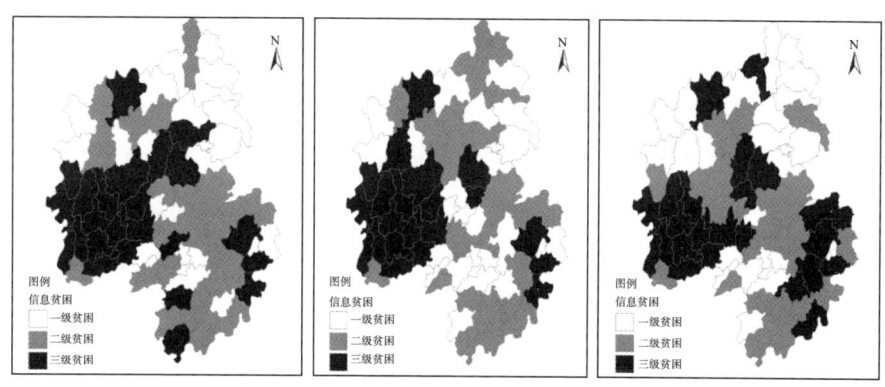

图 7 - c 信息贫困时空演变（2003、2007、2011 年）

4. 生态贫困的时空演变

如图 7 - d 所示，2003 - 2011 年，武陵山片区的生态贫困空间分布格局变化不大。近 10 年来，铜仁片区及周边少数县市区（含湘西片区和黔江片区部分县市）一直是三级生态贫困集聚地，虽在三个时间截面上有一定的

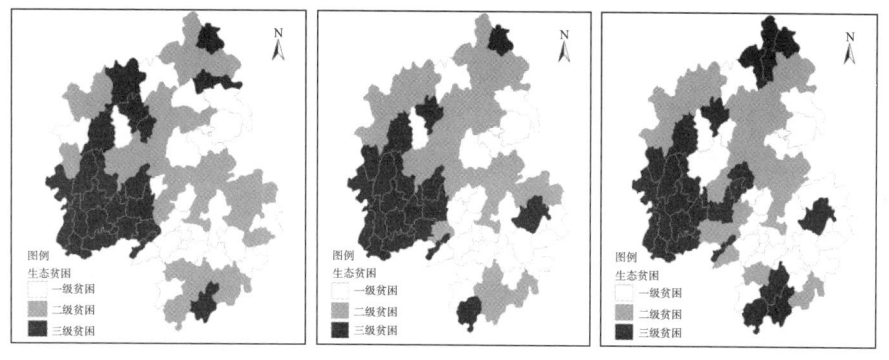

图 7 - d 生态贫困时空演变（2003、2007、2011 年）

变动，但不明显。2003－2007年，其他片区的三级生态贫困县只有3～4个，不过，2011年，恩施片区、怀化片区和邵阳片区的交界处出现了两个相对较小的新三级生态贫困集聚区。张家界片区、怀化片区和邵阳片区则由于地势相对平缓，山地面积占比相对较低，总体上生态贫困相对较轻。

5. 综合贫困的时空演变

前文的分析仅从单一维度考察武陵山片区贫困的时空演变格局，事实上，考察多个维度的综合贫困指数及其时空演变更能了解武陵山片区贫困的时空特征。如图7－e所示，综合贫困也呈"一大多小"的分散集聚格局。2003－2011年，铜仁片区及少数周边县市区是三级综合贫困的最大集聚区，不过，这一集聚区的范围在逐渐缩小，而其他三个小集聚区的范围虽有所调整，但总体上呈扩大的趋势。2011年，古丈、永顺、龙山和来凤，安化、新化、隆回、洞口和新邵，新宁、城步和通道组成的三个小集聚区和铜仁片区形成了武陵山片区综合贫困"四足鼎立"的局面。黔江片区、张家界片区以及恩施片区和怀化片区的大部分县市区综合贫困相对较轻。

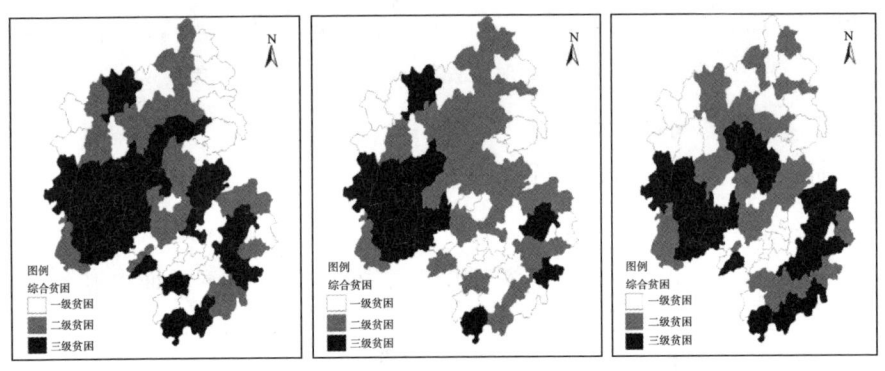

图7－e 综合贫困时空演变（2003、2007、2011年）

（二）自我发展能力的时空演变分析

1. 产业自我发展能力的时空演变

图8－a对2003－2011年产业自我发展能力状况时空演变过程进行了描绘。不难发现，产业自我发展能力较强县市区空间分布较为分散，而且演变趋势也不够明朗。不过，产业自我发展能力较强县市区大多分布在各地级行政区所在的县市区及其周围。比如黔江区、恩施市及其周边县市、铜

仁市及周边县市（万山、玉屏）、吉首市及周边县市（凤凰、花垣）、张家界市及周边县市、怀化市及周边县市（中方、洪江）、冷水江和涟源市等。其次，长阳、五峰和石门的产业自我发展能力也一直较强。此外，玉屏、万山、铜仁、凤凰、吉首、花垣、秀山、泸溪、沅陵、张家界、石门、五峰、长阳一线是武陵山片区产业自我发展能力较强县市区分布带，但2011年，中间的泸溪、沅陵有所下降，出现了一定的塌陷。相对而言，产业自我发展能力最弱的县市区则相对比较集中，主要分布在铜仁片区、邵阳片区及与之交界的怀化片区部分县市、与宜昌交界的恩施片区部分县市以及恩施片区和湘西片区交界处部分县市。

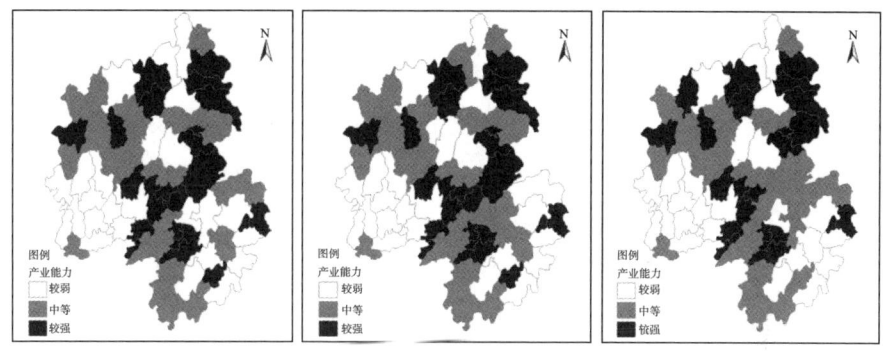

图 8-a　产业能力时空演变（2003、2007、2011 年）

2. 市场自我发展能力的时空演变

相对而言，市场自我发展能力的空间分布呈现一定的连片性特征。如图 8-b 所示，除了各地级行政机构所在县市区的市场自我发展能力较强以外，片状分布特征也较为明显。2003 年，邵阳片区和怀化片区（特别是两者的交界处）、张家界片区以及恩施市及附近县市区是三个自我发展能力较强的连片区，不过，2007 年后，邵阳片区和怀化片区交界处的市场自我发展能力明显相对下降。2007-2011 年，黔江片区迅速崛起，成为武陵山片区内最大的市场自我发展能力较强县市集聚区，此外，怀化市、吉首市和铜仁市三者及其毗邻县市区正在逐步形成市场自我发展能力较强县市集聚区，张家界片区的市场自我发展能力则一直较强。铜仁片区、恩施片区与湘西片区交界处则一直是市场自我发展能力较弱县市区的集聚区。

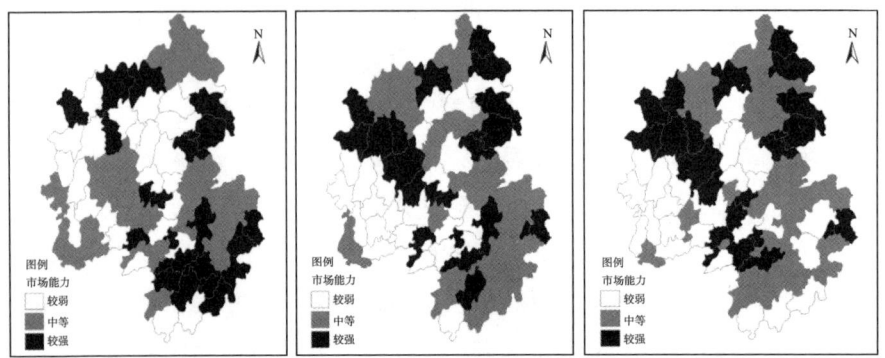

图 8 - b　市场能力时空演变（2003、2007、2011 年）

3. 空间自我发展能力的时空演变

由图 8 - c 可知，武陵山片区空间自我发展能力的空间分布随时间的变化不是十分明显，在相当程度上保持了基本稳定。同样，地级行政机构所在的县市区空间自我发展能力较强，部分县市区甚至呈现明显的"孤岛"分布格局。比如恩施片区中，恩施市的空间自我发展能力较强，而周边的县市空间自我发展能力都相对较弱。可见，行政权力对资源配置的影响在地级、县级层面仍然相当大。此外，张家界片区、怀化片区和邵阳片区由于其地势相对平缓的优势，空间自我发展能力也相对较强。铜仁片区、黔江片区和恩施片区则由于山地面积占比较高、地形复杂、生态相对脆弱，其空间自我发展能力相对较弱，虽然近 10 年来，各县市区都在大力发展交通、改善区位条件，但在片区内的相对地位没有明显的变化。

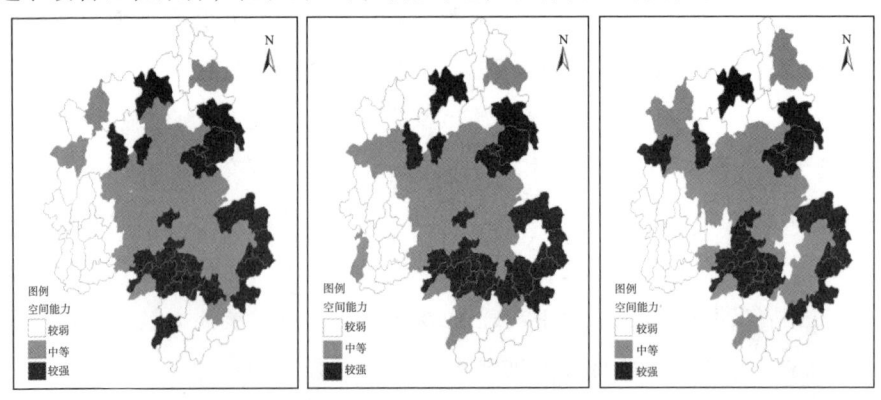

图 8 - c　空间能力时空演变（2003、2007、2011 年）

4. 软实力的时空演变

2003-2011年，武陵山片区各县市区软实力的空间分布也相对稳定。如图8-d所示，黔江片区、张家界片区以及玉屏、万山、铜仁（碧江）、凤凰和吉首一带的软实力一直相对较强。通道、绥宁、武冈、邵阳一带在2003-2007年，软实力也相对较强，但2007年以后，有了明显的相对下降。此外，怀化鹤城区及周边、恩施市、冷水江和涟源以及长阳等县市区的软实力也相对较强。软实力相对较弱的县市区则主要分布在铜仁片区、恩施片区以及湘西、怀化和邵阳片区的交界处。

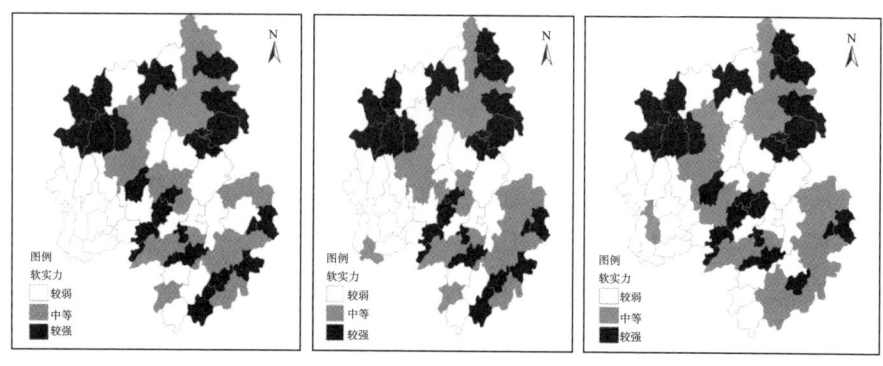

图8-d 软实力时空演变（2003、2007、2011年）

5. 自我发展能力的时空演变

图8-a到图8-d分别从自我发展能力四个子系统层面对武陵山片区自我发展能力的时空分布状况进行了描绘。进一步，图8-e则从自我发展能力整体层面对其时空演变过程进行了刻画。不难发现，相对于四个子能力系统而言，自我发展能力整体的空间分布更为分散、变动程度相对更低，总体而言，具有如下特征：（1）张家界片区的自我发展能力在三个时间截面上都相对较强，也是唯一的一个全部县市区自我发展能力都相对较强的分片区；（2）黔江片区和怀化市鹤城区周边县市区的自我发展能力在逐步增强，前者大体上为平稳发展，后者则主要发生在2007年以后；（3）玉屏、万山、铜仁、凤凰、吉首一带的自我发展能力一直相对稳定，不过随着怀化市鹤城区周边县市区自我发展能力逐步增强，这两个自我发展能力相对较强县市集聚区正在连成一片，形成一个更大的自我发展能力较强县市集聚区；（4）邵阳片区的自我发展能力则呈现整体相对下降的趋势，到

2011年，仅有冷水江、涟源和武冈3个县市区的自我发展能力相对较强；（5）铜仁片区、恩施片区、怀化片区和邵阳片区交界处的自我发展能力整体较弱，特别是怀化片区和邵阳片区交界处，其自我发展能力较弱县市区范围近10年来呈扩大趋势；（6）各地级行政机构所在县市区的自我发展能力相对较强，且一直保持相对稳定。

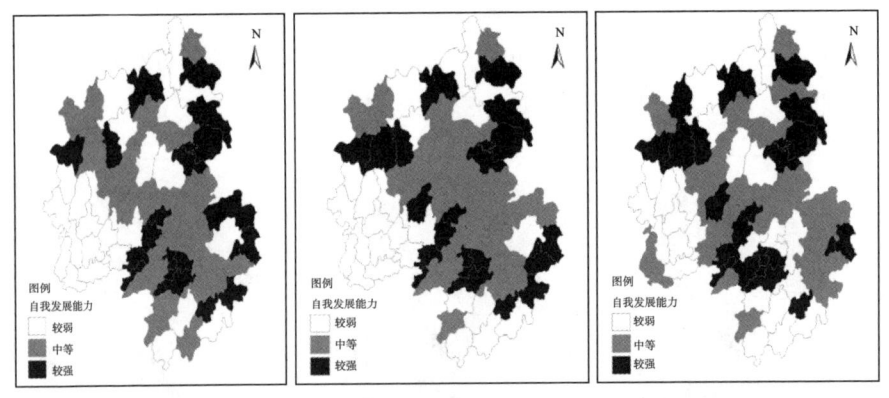

图8-e 自我发展能力时空演变（2003、2007、2011年）

五 主要结论

本章在回顾为数不多的连片特困区多维贫困与自我发展能力研究文献的基础上，应用第七、八章所构建的多维贫困测度与自我发展能力评价指标体系，探索性地创建了一套连片特困区多维贫困测度与自我发展能力评价方法。进一步地，本章以武陵山片区为例，分别从片区整体层面、分片区层面和县市区层面以及2003、2007和2011年三个时间截面对其多维贫困和自我发展能力进行了测度和评价，并对贫困的各维度及综合贫困、自我发展能力各子系统及整体的时空演变过程进行了分析。通过多层面、多维度、时空比较等全面分析，得到以下结论。

第一，近10年来，在国家扶贫开发和西部大开发等政策的支持下，武陵山片区整体层面的多维贫困程度有所下降，自我发展能力有所增强。但从横向比较来看，武陵山片区多维贫困程度仍然很严重，自我发展能力仍十分有限。具体地，多维贫困方面，经济贫困和信息贫困相对严重，人类贫困和生态贫困则相对较轻。人类贫困中，交通、教育和健康贫困改善较为明显，住房贫困最为严重。自我发展能力方面，产业和市场自我发展能力提升相对较快，而软实力最弱，空间能力次之。各子系统内部，产业结构得分最高，产业效益最差，产业潜力虽较小，但提升较快；市场容量和市场化进程得分相差不大；城市化、交通通达性和区位条件三者的得分依次降低；教育与科技、金融服务两方面的得分几乎为0，是武陵山片区软实力的重要制约因素。

第二，武陵山片区内部7个分片区在多维贫困和自我发展能力方面均存在一定的差异，而且近10年来，在贫困的各个维度、自我发展能力的各个子系统方面出现了分异和调整。多维贫困方面，张家界片区和黔江片区的综合贫困程度最低，铜仁片区、邵阳片区和湘西片区的综合贫困程度最深，怀化片区和恩施片区居中。此外，铜仁片区和湘西片区（2007－2011年人类贫困有了较大改善）的经济贫困和人类贫困最为严重；铜仁片区和恩施片区的生态贫困最为严重；信息贫困最严重的则是铜仁片区和邵阳片区。从动态演变的角度来看，邵阳片区和怀化片区的贫困程度相对加深，而黔江片区减贫效应最强。自我发展能力方面，张家界片区和黔江片区的自我发展能力相对较强，而铜仁片区和恩施片区最弱，湘西片区、怀化片区和邵阳片区则居中。各个能力子系统层面，铜仁片区都最弱，此外，恩施片区和邵阳片区的产业能力相对较弱，湘西片区、恩施片区（2011年除外）和怀化片区的市场能力相对较弱，空间能力相对较弱的则是恩施、黔江（2007－2011年间有明显改善）和湘西片区。软实力方面，怀化片区和恩施片区相对较弱。从动态演变的角度来看，湘西片区自我发展能力上升较快，而邵阳片区下降明显。

第三，近10年来，武陵山片区71县市区的多维贫困和自我发展能力分级分类相对稳定，只有近1/3的县市区有较为明显的级别和类型变动。此外，最为明显的特征是，各地级行政机构所在的县市区多维贫困程度最低、自我发展能力最强。而从贫困主导类型来看，经济贫困主导型县市区数量最多，其次是信息贫困主导型和人类贫困主导型，生态贫困主导型县市区数量最少，而且，经济贫困主导型县市区往往其他维度贫困程度也较深。自我发展能力方面，多于一半的县市区为空间制约型县市区，其次，数量递减的分别是软环境制约型、市场制约型和产业制约型。同样，空间制约型县市区其他子系统的制约也相对突出。这意味着，在实施连片特困区区域发展与扶贫攻坚战略时，既要片区推进，也需分类指导、实行差别化对策和措施。

　　第四，武陵山片区多维贫困与自我发展能力的时空演变分析表明，贫困程度较深和自我发展能力相对较弱的县市区在空间分布上相对集中，而贫困程度较浅和自我发展能力较强的县市区的空间分布则相对分散。特别地，各地级行政机构所在地（即片区内中心城市所在地及周边少数县市）在三个时间截面上多维贫困程度较浅、自我发展能力较强，相对稳定。多维贫困类型和自我发展能力类型县市区虽在空间上并不完全重叠，但大体上相对一致。也就是说，多维贫困和自我发展能力的时空演变具有一定的耦合性。自我发展能力较强县市区其多维贫困程度相对较浅，反之亦然（如铜仁片区）。因而，增强自我发展能力是实现多维减贫的关键。

第十章 武陵山片区自我发展能力测算及时空演变分析

——基于 2005、2008 和 2011 年县级数据的实证分析

一 引言

虽然"能力理论"最早可以追溯到亚当·斯密的古典劳动分工理论，而且包括后来的企业能力理论、企业自生能力理论、人的能力理论以及国家能力理论，"区域自我发展能力"（Regional self-development capacity, RSC）却是一个颇具"中国特色的概念"。国外没有"区域自我发展能力"的概念，与之相近的为"地方化能力"（Localization capability）和"区域振兴能力"（Regional self-renewal capacity）等概念。其中，Maskell 所提出的"地方化能力"概念包含制度禀赋、已有结构、自然资源、知识与技能四种要素在内。Saarivirta（2007）则认为"自我振兴能力"源于个人层面的学习过程，在企业、组织、机构和区域层面随时间增强。根据能力内核（开发、勘探、吸收、整合和领导力、社会资本）、本地化技术知识和集体知识的融合方式不同，可以将自我振兴能力分为自下而上和自上而下两种形式。Pike 等（2006）则指出地方和区域发展本土化需要创建新企业、发展和维护现有企业、开发和提升劳动力等。关于区域自我发展能力的重要性，国外学者的认识也不一致。Flora 等（1991）虽承认自我发展能力可以促进社区建立更加可行的地方经济体系，但他们仍然认为社区的自我发展活动只能作为农村传统经济发展活动的补充，对大多数农村社区而言，自我发展能力不应作为经济发展的主要战略。而 Jan 等（1992）和 Jeff 等（2002）则

把区域自我发展放在了较高的位置,前者强调区域自我发展战略是不同于从区域外引入新企业或企业分支机构为基础的其他经济发展战略;后者则将自我发展能力界定为一种主要依靠创业精神和本地资源的内源性发展形式,并指出社区更适合内源性发展,而且社区社会组织本身可能成为一种发展资源。

国内关于区域自我发展能力的研究始于20世纪80年代末,系统研究则兴起于21世纪初。周忠瑜(1988)首先提出了"少数民族地区的自我发展能力"问题,开了国内区域自我发展能力研究的先河。后来的学者围绕区域自我发展能力的内涵、构成、评价以及构建途径等展开了系列研究。①区域自我发展能力内涵界定与讨论。高新才等(2008)、王科(2008)、闫磊等(2011)基于主体功能区或空间管制的视角探讨了区域自我发展能力的内涵,认为界定区域自我发展能力要与促进经济发展的区域自然条件相区别,不能脱离国家对当地区域价值的认识和区域功能的定位,在技术和方法上要具有一定的抽象程度。而朱凯等(2012)则在辨析与自我发展能力相关的自生能力、内生增长能力和可持续发展能力三个概念的基础上,讨论了自我发展能力的四个特性(自生性、扩展性、内生性、持续性)以及两个基本影响因子(要素禀赋和知识技术创新)。②区域自我发展能力构成、评价指标体系构建与评价研究。成学真等(2010)认为区域自我发展能力由区域产业发展能力、区域企业竞争力、区域生态环境可持续能力、区域金融服务能力和地方政府调控能力构成,并基于上述五项要素构建了一个三层次、五系统、多指标、多变量的区域发展自生能力评价指标体系;郑长德(2011)则根据 UNDP(1998)提出的能力构建(Capacity Building)框架,将区域自我发展能力解构为家庭、企业、政府自我发展能力和区域学习与创新能力四大要素,并将区域自我发展能力指数定义为政府能力指数、企业能力指数、家庭能力指数和区域学习与创新能力指数的几何平均数。自我发展能力定量评价研究则十分有限,郑长德(2011)计算了我国8个民族省区2009年的自我发展能力指数,陈作成等(2013)则测算了我国西部12省区2006-2010年的自我发展能力状况。③区域自我发展能力提升对策及相关实证研究。相比较而言,更多的文献探讨了区域自我发展能力的提升策略。罗晓梅(2007)认为专业化分工和职业家园建设是西部地区自我发展能力提升的路径；张瑞华等（2008）、邵建平等（2012）则指出承接产业转移和培育特色优势产业"双管齐下"是提升西部地区自我发展能力的重要途径；向焕琦（2011）、梁双陆从资本积累的角度讨论了西部地区自我发展能力提升策略，前者认为权利提升是关键，具体包括物质资本和劳动资本权利、人力资本权利、制度变迁权利以及东西部地区之间合理的交换权利体系，后者则认为实物资本、人力资本、社会资本以及产业、技术和组织创新力是培育核心；何代欣（2011）、盛广耀（2011）还从公共服务均等化、市场秩序完善和可持续发展保障等方面进行了补充；闫磊等（2011）则强调了"自生"与"外生"资源联结能力对于自我发展能力构建的重要性；郭艳军等（2012）以北京市顺义区北郎中村为例探讨了农村的内生发展机理。此外，梁振芳等（2011）以百色市为例对资源富集型贫困地区的自我发展能力培育实践进行了探索；李泉（2011）则对当前国内区域自我发展能力研究进行了述评。

从上述研究文献回顾不难发现，区域自我发展能力研究主要集中在经济学领域，地理学对区域自我发展能力的关注还不够。此外，现有研究虽多关注西部地区、欠发达地区的自我发展能力问题，但专门以连片特困区这类特殊区域为研究对象的文献还没有。事实上，自我发展能力缺失是连片特困区贫困的根源，地理学关注区域差异、注重综合分析的方法论特点对于揭示连片特困区自我发展能力状况、时空演变规律具有优势。基于此，本章以我国连片特困区发展与扶贫攻坚的"先行先试"区域——武陵山片区为研究对象，应用地理学研究方法对其自我发展能力的时空演变规律进行了阐释。与已有的研究不同，本文将区域自我发展能力界定为中观层面的能力，从产业能力、市场能力、空间能力和软实力四个维度构建测算指标体系，并基于县域单元测算和分析了自我发展能力的时空演变规律。

二 研究思路与方法

（一）研究区域概况

武陵山片区因地处武陵山脉而得名，为湖南省、湖北省、重庆市和贵州省 4 省份交界处，国土面积 17.18 万平方公里，辖 71 个县市区，其中，湖南 37 个县市区、贵州 16 个县市区、湖北 11 个县市、重庆 7 个县区（见图 1）。

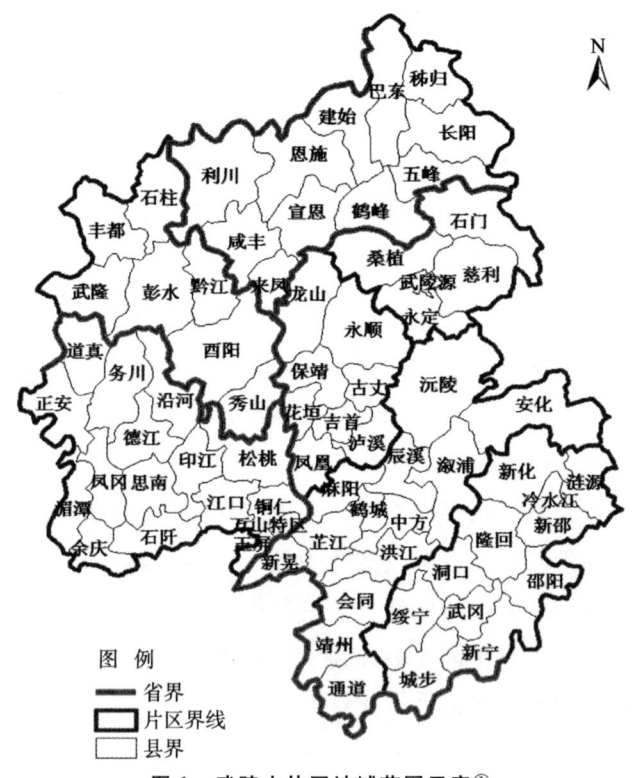

图 1　武陵山片区地域范围示意①

2010 年末，片区总人口 3645 万，城镇人口 853 万，乡村人口 2792 万，境内有土家族、苗族、侗族等 9 个世居少数民族。片区属亚热带向暖温带过渡类型气候，境内水能资源、矿产资源、旅游资源以及动植物资源丰富，素有"华中动植物基因库"之称。不过，片区经济社会发展滞后，贫困面广、贫困程度深，基础设施薄弱、市场体系不完善，基本公共服务不足，是我国典型的"老、少、边、穷"地区，集中连片特困区区域发展与扶贫

---

① 片区界线是本章根据研究的需要所划分的子区域界线，其中，左侧 3 个片区分别为湖北、重庆、贵州武陵山片区，右侧的湖南武陵山片区由张家界片区、湘西片区、怀化片区和邵娄片区 4 个小片区组成。

攻坚"先行先试"试验区,也是当前连片特困区研究的首选样本。

(二) 研究思路

现有研究对区域自我发展能力的内涵并没有形成统一界定,各自从投入要素、发展主体、发展内容等不同视角对区域自我发展能力的构成要素进行分解。事实上,区域自我发展能力是不同于微观能力(企业能力、企业自生能力、人的能力)和宏观能力(国家能力)的一个中观层面的概念。一方面,区域自我发展能力依赖于微观层面人的能力、企业自生能力,而且是大量的具有自生能力的企业和具有较强能力的劳动者个体的有机组合;另一方面,区域自我发展能力是国家能力的重要组成部分,但又与国家自我发展能力不同,具有更强的外部渗透性和更低的外部联结门槛。因而,本章首先从中观层面界定和解构区域自我发展能力,然后,依据区域自我发展能力各维度及相互关系构建测算指标体系、选择测算方法。

区域自我发展能力是特定区域在特定发展阶段所具备的自主生长和自我造血功能,集聚区域可持续发展所需要素并将其有效转化为产出竞争力的综合能力,在中观层面上具体表现为产业能力、市场能力、空间能力和软实力四个维度(见图2)。区域自我发展能力具有综合性、相对性、动态性和开放性等特征。其中,综合性表现为区域自我发展能力是一个由多个维度构成的能力系统,各维度既自成体系又相互影响;相对性则指区域自我发展能力是一种相对度量,而且隐含了区域之间的竞争性;动态性表现

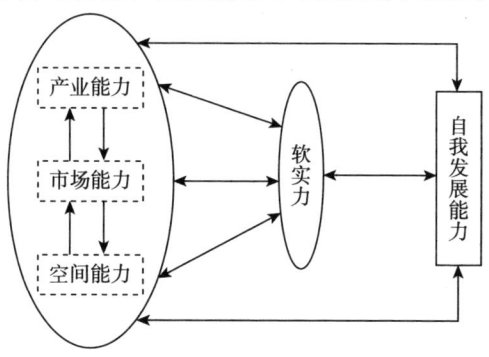

图 2 区域自我发展能力框架

注:箭头表示影响的方向,虚线表示各维度的开放性。

为同一区域自我发展能力随时间和环境的不同呈现动态变化，不同区域自我发展能力的相对地位随时间和环境的不同而相互更替；开放性意味着区域自我发展能力并不排斥外部作用，强调区域对内部和外部发展要素的集聚能力和转化能力。

（三）指标体系与方法

1. 指标体系构建

由图 2 可知，区域自我发展能力在中观层面可以解构为产业能力、市场能力、空间能力和软实力四个维度。进一步地，在解释各维度内涵的基础上结合指标选择的完备性、可行性、一致性、客观性原则，确定各维度的具体指标（见表1），各指标的数据均来自湖南、湖北、重庆和贵州 4 省份 2006、2009 和 2012 年统计年鉴。

（1）产业能力（Industry Capacity，IC）。产业自我发展能力指区域内产业持续集聚发展所需要素，实现产业自我循环、自我成长和自我升级的能力。这一能力通常由产业结构合理化和高度化程度、产业经济效益、产业能耗、产业竞争潜力等体现。由于产业是经济活动的载体，因而，产业能力是区域自我发展能力的核心。

（2）市场能力（Market Capacity，MC）。由"斯密 - 杨格定理"可知，市场自我发展能力是实现市场与社会分工、商品经济发展良性循环的各种影响因素的综合，具体表现为市场容量和市场化进程的相互关系。其中，市场容量决定市场化进程的深度，反过来，市场化进程又决定了市场容量的广度，而两者的良性互动则是市场能力的客观反映。

（3）空间能力（Space Capacity，SC）。空间能力指空间可以通过影响产业和市场的发展进而实现自我优化的能力。其中，由第一自然（the first nature）和第二自然（the second nature）形成的集聚力、扩散力是空间能力的具体表现形式。但由于集聚力和扩散力通常不可直接观测，需要从区位条件、交通通达性和城市化等可观测因素来间接表征空间自我发展能力。

（4）软实力（Soft Power，SP）。"软实力"概念由美国哈佛大学教授小约瑟夫·奈于 1990 年提出，他认为和经济、科技、军事等"硬实力"一样，"软实力"是国家综合国力的重要构成部分。后来，该概念被延伸到企业和区域层面，内容也有所泛化，涉及文化、价值观念、社会制度、发展模式以及影响力和感召力等方面。本章对区域软实力的理解是：能集聚区域可持续发展所需要素并将其有效转化为产出竞争力的，除产业、市场和空间因素之外的相关因素，如教育与科技发展水平、社会服务能力、金融服务水平等。

表 1　区域自我发展能力测算指标体系

目标层	调控层（A_j）	指标层（B_j）
区域自我发展能力（RSC）	产业能力（IC）	第一产业产出效率（I_1）、第二产业产值密度（I_2）、第三产业人均产出（I_3）、农林牧渔业产出效率（I_4）、农业机械化程度（I_5）、二三产值占比（I_6）、万人规模以上工业企业数（I_7）、万人规模以上工业产值（I_8）、人均耕地面积（I_9）
	市场能力（MC）	人均 GDP（M_1）、人均社会零售额（M_2）、人口密度（M_3）、人口抚养比（M_4）、人均储蓄额（M_5）、人均贷款额（M_6）、存贷比（M_7）、农民人均纯收入（M_8）、城镇人均可支配收入（M_9）
	空间能力（SC）	城镇化率（S_1）、人均城镇固定资产投资额（S_2）、人均全社会固定资产投资额（S_3）、耕地面积占比（S_4）
	软实力（SP）	年末电话用户占比（SP_1）、人均地方财政支出（SP_2）、财政自给率（SP_3）、万人在校中小学生数（SP_4）、万人医卫床位数（SP_5）、万人社会福利机构单位数（SP_6）、万人社会福利床位数（SP_7）

2. 测算方法

在区域自我发展能力测算过程中，各指标权重的确定是关键一环。在多指标综合评价研究中，指标权重确定有主观赋权和客观赋权两大类方法。本章应用均方差权数确定法，对武陵山片区自我发展能力进行客观、综合评价。计算之前，首先对指标体系中的相关指标进行极差变换的无量纲化处理，即对于正向指标、负向指标分别采用公式 $Z_{ij} = (y_{ij} - y_{min})/(y_{max} - y_{min})$、$Z_{ij} = (y_{max} - y_{ij})/(y_{max} - y_{min})$ 加以处理，式中 $i = 1,2,3,\cdots,n, j = 1, 2,3,\cdots,m$，分别为评价指标和评价对象的总数量。$y_{max}$、$y_{min}$ 则为所有评价对象中不同指标 i 的最大值和最小值，Z_{ij}、y_{ij} 分别代表评价对象 j 不同指标 i 无量纲化后和无量纲化前的指标。

均方差权重确定法的基本思路是：将各评价指标看作随机变量，各调

控层 A_j 在指标 B_j 下的无量纲化属性值为各随机变量的取值，求出这些随机变量的均方差，进而将其归一化，最终得到的结果即为相应指标的权重系数。

由于本研究中涉及自我发展能力各维度（调控层）及各维度下不同指标（指标层）两个层面的权重计算以及自我发展能力不同维度（调控层）和总体层面的得分测算，故具体测算步骤如下：

①调控层 K 中变量 Z_{kij} 的均值计算：

$$E(B_{ki}) = \frac{1}{m}\sum_{j=1}^{m} Z_{kij}, \quad k = IC, MC, SC, SP \tag{1}$$

② Z_{ki} 的权重系数计算：

$$W(B_{ki}) = \frac{\delta(B_{ki})}{\sum_{ki}\delta(B_{ki})}, \delta(B_{ki}) = \sqrt{\frac{1}{m}\sum_{j=1}^{m}[Z_{kij} - E(B_{ki})]^2}, k = IC, MC, SC, SP \tag{2}$$

式（2）中，$\delta(B_{ki})$ 表示各县市区调控层 K 中各指标的均方差，$W(B_{ki})$ 表示各指标的不同权重值。

③调控层得分均值计算：

$$E(A_k) = \frac{1}{m}\sum_{j=1}^{m} Z_{kj}, Z_{kj} = \sum_{ki} W(B_{ki})Z_{kij}, k = IC, MC, SC, SP \tag{3}$$

式（3）中，Z_{kj} 表示各县市区调控层 K 的得分，$E(A_k)$ 为调控层 K 的得分均值。

④调控层权重系数计算：

$$W(A_k) = \frac{\delta(A_k)}{\sum_{k}\delta(A_k)}, \delta(A_k) = \sqrt{\frac{1}{m}\sum_{j=1}^{m}[Z_{kj} - E(A_k)]^2}, k = IC, MC, SC, SP \tag{4}$$

式（4）中，$\delta(A_k)$ 表示各县市调控层 K 中各指标的均方差，$W(A_k)$ 表示各指标的不同权重值。

⑤自我发展能力得分计算：

考虑到区域自我发展能力各维度之间并非简单的线性关系，其中，任一维度的能力不足都可能对区域自我发展能力产生几何效应，故区域自我发展能力的合成采取如下指数形式：

$$RSC_j = \prod_K (Z_{kj})^{W(A_k)}, k = IC, MC, SC, SP \quad (5)$$

式（5）中，RSC_j 代表各县市区自我发展能力的得分，Z_{kj} 表示调控层 K 的得分，$W(A_k)$ 表示调控层 K 的权重系数。

三 武陵山片区自我发展能力测算结果分析

（一）自我发展能力测算结果及区域比较

应用上述测算指标和方法，测算得出武陵山片区 67 县市[①] 2005、2008 和 2011 年三个时间截面的自我发展能力得分及排名，如表 2 所示。

表 2　武陵山片区各县市自我发展能力标准化得分

县市	得分 2005年	排名	得分 2008年	排名	得分 2011年	排名	县市	得分 2005年	排名	得分 2008年	排名	得分 2011年	排名
新邵	0.4135	20	0.4928	17	0.5056	35	秭归	0.3048	30	0.4197	23	0.6974	12
邵阳	0.4958	13	0.4406	20	0.3772	47	长阳	0.3663	25	0.3798	28	0.6160	22
隆回	0.3526	26	0.3392	32	0.3632	52	五峰	0.3142	29	0.3105	41	0.6025	24
洞口	0.5214	9	0.5487	11	0.6145	23	恩施	0.5003	11	0.5717	10	0.8213	5
绥宁	0.2335	40	0.3664	29	0.4640	38	利川	0.2404	38	0.1282	61	0.6694	15
新宁	0.2627	35	0.3210	38	0.4137	42	建始	0.2581	36	0.3367	34	0.4123	43
城步	0.0931	60	0.1901	52	0.3471	57	巴东	0.1869	51	0.3412	31	0.5502	29
武冈	0.6038	7	0.5982	8	0.5781	27	宣恩	0.1745	53	0.2075	50	0.4595	39
石门	0.4202	19	0.4317	22	0.6651	16	咸丰	0.1969	49	0.3937	26	0.5530	28
慈利	0.3299	27	0.3865	27	0.5267	31	来凤	0.4984	12	0.5229	13	0.6823	13
桑植	0.0285	65	0.1518	57	0.3546	54	鹤峰	0.1834	52	0.2725	45	0.6439	19
安化	0.0259	66	0.0328	67	0.2746	65	丰都	0.4412	16	0.4822	18	0.7597	8
中方	0.2180	44	0.5841	9	0.7624	6	武隆	0.5053	10	0.5409	12	0.7608	7
沅陵	0.1129	58	0.1043	63	0.4199	41	石柱	0.4042	21	0.5159	14	0.6725	14
辰溪	0.2525	37	0.3321	36	0.5267	32	秀山	0.4314	18	0.4040	25	0.6633	17

---

① 考虑到市区与县域经济功能的差异以及数据的可获得性，本研究剔除了黔江区、鹤城区、永定区和武陵源区，因而只对武陵山片区 67 县市（县级市）进行研究。

续表

县市	得分 2005年	排名 2005年	得分 2008年	排名 2008年	得分 2011年	排名 2011年	县市	得分 2005年	排名 2005年	得分 2008年	排名 2008年	得分 2011年	排名 2011年
溆浦	0.2064	46	0.1510	58	0.3911	45	酉阳	0.2385	39	0.3170	40	0.5844	26
会同	0.0821	61	0.1489	59	0.3379	59	彭水	0.5235	8	0.6172	7	0.7065	11
麻阳	0.0605	62	0.1679	55	0.3655	50	正安	0.2074	45	0.1840	53	0.2466	66
新晃	0.3021	31	0.2427	48	0.4883	37	道真	0.2669	34	0.2770	44	0.3644	51
芷江	0.3161	28	0.4404	21	0.5929	25	务川	0.2014	47	0.1920	51	0.3338	60
靖州	0.2328	41	0.2428	47	0.5249	33	凤冈	0.3690	24	0.3261	37	0.3996	44
通道	0.0000	67	0.1060	62	0.3726	48	湄潭	0.4480	15	0.4119	24	0.5183	34
洪江	0.4823	14	0.4990	15	0.7327	9	余庆	0.4389	17	0.4508	19	0.6226	21
新化	0.2012	48	0.0945	64	0.2435	67	铜仁	0.7089	4	0.6923	4	0.8803	4
冷水江	0.8965	1	0.8860	2	0.9799	2	江口	0.0407	64	0.0783	65	0.4496	40
涟源	0.6722	5	0.6535	5	0.6574	18	玉屏	0.7625	3	0.6221	6	0.8895	3
吉首	0.8245	2	0.9054	1	1.0000	1	石阡	0.1516	56	0.1615	56	0.3512	56
泸溪	0.2229	43	0.3357	35	0.5307	30	思南	0.2848	32	0.2879	42	0.3720	49
凤凰	0.4015	22	0.4944	16	0.5046	36	印江	0.1536	55	0.0731	66	0.3090	62
花垣	0.6446	6	0.7934	3	0.7270	10	德江	0.2784	33	0.2632	46	0.3293	61
保靖	0.2242	42	0.3388	33	0.3516	55	沿河	0.1044	59	0.1691	54	0.3550	53
古丈	0.1965	50	0.3180	39	0.3810	46	松桃	0.0482	63	0.1391	60	0.2750	64
永顺	0.1660	54	0.2302	49	0.2848	63	万山	0.3821	23	0.3513	30	0.6394	20
龙山	0.1366	57	0.2830	43	0.3441	58	均值	0.3171	—	0.3596	—	0.5253	—

不难发现，武陵山片区自我发展能力总体偏低，2005、2008 和 2011 年自我发展能力均值分别为 0.3171、0.3596 和 0.5253，但近年来增长较快，其中，湖北、重庆武陵山片区表现更为突出。从各子区域来看，重庆武陵山片区的自我发展能力最强，历年均高于武陵山片区整体均值；贵州武陵山片区的自我发展能力则最弱，2005－2008 年自我发展能力不仅没有上升，还出现了微弱的下降，虽然 2008－2011 年有了较大幅度上升，但仍与武陵山片区整体水平存在较大差距；湖南武陵山片区和湖北武陵山片区的自我发展能力居中，2005、2008 年，湖南武陵山片区的自我发展能力略高于湖北武陵山片区，但 2008－2011 年，湖北武陵山片区自我发展能力增长显著，反超湖南武陵山片区（见表 3）。在湖南武陵山片区内部，2005 年，邵娄片

区的自我发展能力得分最高，为湖南武陵山片区自我发展能力最强的区域，湘西片区第二，张家界片区第三，怀化片区的自我发展能力最弱；2005－2008年，邵娄片区自我发展能力增长缓慢，湘西片区上升最快，为湖南武陵山片区最高，怀化片区仍为湖南武陵山片区最低；2011年，张家界片区和湘西片区自我发展能力均值接近，为湖南武陵山片区最高，怀化片区仍为最低，在整个武陵山片区中仅高于贵州武陵山片区，为倒数第二。

表3 武陵山片区各子区域自我发展能力得分均值比较

区域	2005年		2008年		2011年	
	均值	排名	均值	排名	均值	排名
湖南武陵山片区	0.3127	4	0.3721	4	0.5001	6
湖北武陵山片区	0.2931	6	0.3531	5	0.6098	2
重庆武陵山片区	0.4240	2	0.4795	1	0.6912	1
贵州武陵山片区	0.3029	5	0.2925	7	0.4585	8
邵娄片区	0.4315	1	0.4483	3	0.5040	5
张家界片区	0.2595	7	0.3233	6	0.5155	4
怀化片区	0.1910	8	0.2543	8	0.4825	7
湘西片区	0.3521	3	0.4624	2	0.5155	3

注：首先根据各县市所属省份分为湖南、湖北、重庆和贵州四个片区，然后再按照地域毗邻的原则将湖南武陵山片区细分为邵娄片区（包括邵阳和娄底所辖部分县市共11个）、张家界片区（慈利、桑植与常德的石门县）、怀化片区（怀化11县与益阳安化县）和湘西片区（湘西8县市）。

从武陵山片区自我发展能力得分排名来看，吉首、冷水江、恩施、铜仁[①]、涟源等县级市以及花垣、玉屏、武隆、彭水等资源型县自我发展能力总体较强。作为县级市，特别是吉首、恩施和铜仁作为自治州的首府或地区行政中心所在地，对当地的资源具有集聚效应，是所在区域的增长极，因而自我发展能力较强；而资源县则由于矿产、水能等资源的开发利用，产业竞争力强，因而带动了县域的自我发展。从各子区域的比较来看，重庆武陵山片区中有较多的县市进入了自我发展能力15强县，这一比例随时间不断提高；湖北武陵山片区自我发展能力得分排前15名的县市比例在

---

① 2011年，铜仁市由县级市调整为地级市，设立碧江区、万山区，并辖江口、石阡、思南、玉屏、印江、沿河、松桃等县。本章中铜仁市仍指调整前的县级市。

2005－2011 年间也上升了 1 倍；湖南武陵山片区则两极分化明显，自我发展能力得分排前 15 名和后 15 名的县市都较多，不过，近年来排前 15 名的县市数量呈下降趋势；贵州武陵山片区自我发展能力得分排前 15 名的县市比例较低且呈下降趋势，而得分排后 15 名的县市比例较高并呈不断上升的趋势（见表 4）。

表 4 武陵山片区各子区域自我发展能力得分排名比较

区域	2005 年		2008 年		2011 年	
	前 15 名	后 15 名	前 15 名	后 15 名	前 15 名	后 15 名
湖南武陵山片区	8 (23.53%)	9 (26.47%)	8 (23.53%)	8 (23.53%)	5 (14.71%)	8 (23.53%)
湖北武陵山片区	2 (18.18%)	1 (9.09%)	2 (18.18%)	1 (9.09%)	4 (36.36%)	0 (0%)
重庆武陵山片区	2 (33.33%)	0 (0%)	3 (50%)	0 (0%)	4 (66.67%)	0 (0%)
贵州武陵山片区	3 (18.75%)	5 (31.25%)	2 (12.5%)	6 (37.5%)	2 (12.5%)	7 (43.75%)
邵娄片区	5 (45.45%)	1 (9.09%)	4 (36.36%)	1 (9.09%)	1 (9.09%)	2 (18.18%)
张家界片区	0 (0%)	1 (33.33%)	0 (0%)	1 (33.33%)	0 (0%)	1 (33.33%)
怀化片区	1 (8.33%)	5 (41.67%)	2 (16.67%)	6 (50%)	2 (16.67%)	2 (16.67%)
湘西片区	2 (25%)	2 (25%)	2 (25%)	0 (0%)	2 (25%)	3 (37.5%)

注：括号前数字为县市数量，括号内为占所在子区域县市总数的百分比，即以进入前 15 名或后 15 名的县市数除以该子区域县市总数。

湖南武陵山片区内部，邵娄片区和湘西片区自我发展能力得分排前 15 名的县市比例较高，不过，近年来邵娄片区自我发展能力得分排前 15 名的县市占比迅速下降，而排后 15 名的县市占比则有所上升；怀化片区则恰好与邵娄片区相反，自我发展能力得分排前 15 名的县市占比有所上升，而排后 15 名的县市占比下降了 25 个百分点；张家界片区 2005－2011 年间没有明显的变化，没有进入前 15 名的县，排在后 15 名的有 1 县。

（二）自我发展能力各维度的特征比较

在分析武陵山片区自我发展能力总体水平及区域差异基础上，需要进一步考察自我发展能力的内部结构，以便更全面地把握武陵山片区的自我发展能力状况。根据各维度得分测算结果，可得到如表 5 所示的不同年份武陵山片区及各子区域产业能力（IC）、市场能力（MC）、空间能力（SC）、软实力（SP）的得分均值。总体而言，在四个维度中，空间能力得分最低，2011 年有了较大幅度的提升，虽与其他各维度仍有差距，但差距缩小。因而，武陵山片区的自我发展能力是空间能力制约型，不过，伴随近年来国家对武陵山片区基础设施建设的大力投入，空间能力的制约效应已大大减弱。

表 5 武陵山片区自我发展能力各维度得分均值比较

年份 区域 维度	2005				2008				2011			
	IC	MC	SC	SP	IC	MC	SC	SP	IC	MC	SC	SP
武陵山片区	0.3090	0.2962	0.1747	0.3152	0.2960	0.3244	0.1933	0.3107	0.3286	0.3893	0.2829	0.3168
湖南武陵山片区	0.3187	0.2800	0.1887	0.2949	0.3133	0.3049	0.2197	0.2962	0.3282	0.3749	0.2682	0.3011
湖北武陵山片区	0.3487	0.2435	0.1440	0.3249	0.3218	0.2935	0.1605	0.3362	0.3829	0.3669	0.3135	0.3355
重庆武陵山片区	0.3269	0.3455	0.1749	0.3501	0.3023	0.3900	0.2130	0.3739	0.3267	0.4800	0.4422	0.4201
贵州武陵山片区	0.2544	0.3484	0.1660	0.3387	0.2389	0.3624	0.1523	0.3005	0.2930	0.4013	0.2331	0.2986
邵娄片区	0.2940	0.3239	0.2891	0.2848	0.2927	0.3387	0.3071	0.2643	0.3149	0.3876	0.3216	0.2456
张家界片区	0.3513	0.2829	0.1335	0.2594	0.3318	0.3466	0.1564	0.2416	0.3723	0.4081	0.2454	0.2651
怀化片区	0.3190	0.2291	0.1297	0.2692	0.3114	0.2527	0.1678	0.2606	0.3566	0.3522	0.2422	0.2946
湘西片区	0.3401	0.2947	0.1599	0.3605	0.3377	0.3212	0.2012	0.4140	0.2872	0.3790	0.2426	0.4008

虽然武陵山片区总体上是空间能力制约型，但不同的子区域仍存在一定的差异，如邵娄片区为软实力制约型区域。此外，各子区域在不同时期的第二制约因素也各不相同。如 2005 年，市场能力是湖南武陵山片区的第二制约因素，2008、2011 年则是软实力；湖北武陵山片区 2005、2008 年的第二制约因素均为市场能力，2011 年也变成软实力；贵州武陵山片区的第二制约因素一直为产业能力。在湖南武陵山片区内部，邵娄片区在 2005 年第二制约因素是空间能力，2011 年变成了产业能力；张家界片区的第二制约因素则一直为软实力；怀化片区在 2005、2008 年市场能力是第二制约因素，2011 年软实力替代市场能力成为第二制约因素；2005、2008 年，湘西片区的第二制约因素是市场能力，而 2011 年产业能力成为第二制约因素。

表6 武陵山片区自我发展能力各维度得分方差比较

区　域	2005年		2008年		2011年	
	方差	排名	方差	排名	方差	排名
湖南武陵山片区	0.0033	3	0.0027	3	0.0015	3
湖北武陵山片区	0.0024	2	0.0014	2	0.0015	2
重庆武陵山片区	0.0064	8	0.0048	5	0.0007	1
贵州武陵山片区	0.0052	5	0.0049	6	0.0032	6
邵娄片区	0.0054	6	0.0060	8	0.0037	7
张家界片区	0.0002	1	0.0007	1	0.0025	5
怀化片区	0.0062	7	0.0059	7	0.0048	8
湘西片区	0.0048	4	0.0027	4	0.0022	4

注：排名的顺序为由低到高。

方差是描述波动程度的重要指标，可以反映系统内部不同指标的非一致性程度。本章通过计算自我发展能力四个维度之间的方差揭示自我发展能力内部结构合理程度、演变趋势及区域差异。表6给出了这一结果。显然，除了张家界片区以及邵娄片区、湖北武陵山片区的个别年份以外，武陵山片区自我发展能力四个维度之间的方差随时间逐渐变小，即自我发展能力内部结构趋于优化。从排名来看，重庆武陵山片区自我发展能力内部结构优化成效最为显著，由2005年的排名第8上升到2011年的第1名，方差减少0.0057。湖北武陵山片区、湖南武陵山片区、湘西片区排名相对稳定，且较为合理；而怀化片区、邵娄片区和贵州武陵山片区的排名一直靠后，自我发展能力四个维度间方差较大，结构不够合理，因而这些区域的自我发展能力得分较低或下降较快。张家界片区虽然在2005、2008年自我发展能力四个维度之间的方差较小，排名第1，但是一种低水平的协调，因而自我发展能力水平仍然较低。相反，重庆武陵山片区2011年自我发展能力各维度间方差较小是一种较高水平的协调，因而自我发展能力得分也较高。

四　武陵山片区自我发展能力的时空特征及演变趋势分析

为了更直观地显示武陵山片区自我发展能力的时空演变规律，本章绘制了武陵山片区自我发展能力及各维度能力得分时空演变图，见图 3 至图 7。由图 3 不难发现，2005 - 2011 年，武陵山片区自我发展能力呈"东南部相对下降，北部整体上升"的空间演变趋势。其中，东南部的相对下降主要表现为邵娄片区自我发展能力相对减弱，北部整体上升则由重庆武陵山片区和湖北武陵山片区崛起所推动。此外，由于怀化片区自我发展能力增强，武陵山片区在以"玉屏－铜仁－吉首"为轴线的附近区域，形成了一个扇形的较强自我发展能力集聚区。贵州武陵山片区和湘西片区北部、张家界片区自我发展能力整体较弱，形成了一条弱自我发展能力带，横亘于武陵山片区中部。武陵山片区南部，即湖南与广西、贵州的交界处也是一条弱自我发展能力地带。这一空间演变格局的形成与近年来重庆、湖北对其所辖武陵山片区采取大扶持、大发展的政策密切相关。虽然，湖南和贵州也对所辖武陵山片区采取了系列的扶持政策，但由于湖南武陵山片区面积大、所辖县市多、对邵娄片区关注相对较少，贵州武陵山片区基础差等原因，这两个区域出现了相对衰落。

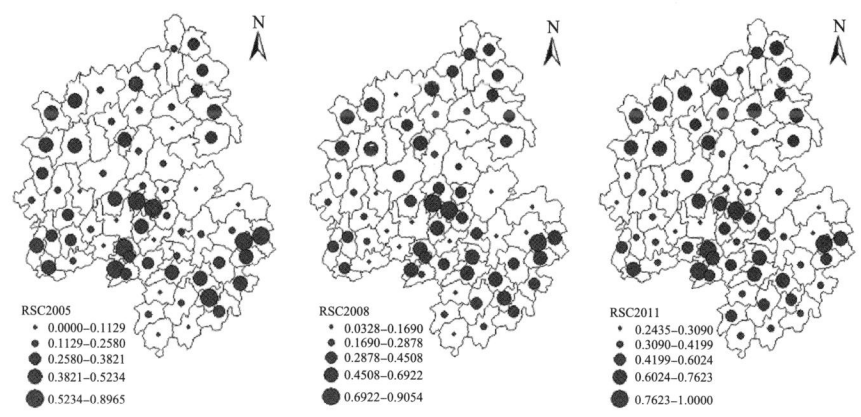

图 3　武陵山片区自我发展能力时空演变

图 4 至图 7 分别显示了武陵山片区自我发展能力四个维度，即产业能力、市场能力、空间能力和软实力得分的演变趋势，进一步揭示了武陵山片区自我发展能力空间格局演变的机制和动力。其中，图 4 表明，产业能力的空间格局及演变趋势与自我发展能力总体上较为相似，并且东北和西南部整体较强的空间格局较为稳定。不同的是，湖北武陵山片区的产业能力一直最强，其次为湖南武陵山片区和重庆武陵山片区。重庆武陵山片区虽

然自我发展能力上升迅速，但产业能力上升相对缓慢；湖南武陵山片区内部空间格局出现了部分调整，湘西片区产业能力相对下降，怀化片区相对上升，邵娄片区"冷水江－涟源"两极格局相对稳定。具体到特定县市，产业能力与自我发展能力存在不一致的情形，如沅陵和安化的产业能力较强，但自我发展能力偏低。这意味着，武陵山片区部分县市区自我发展能力内部结构不合理制约了自我发展能力的提升。

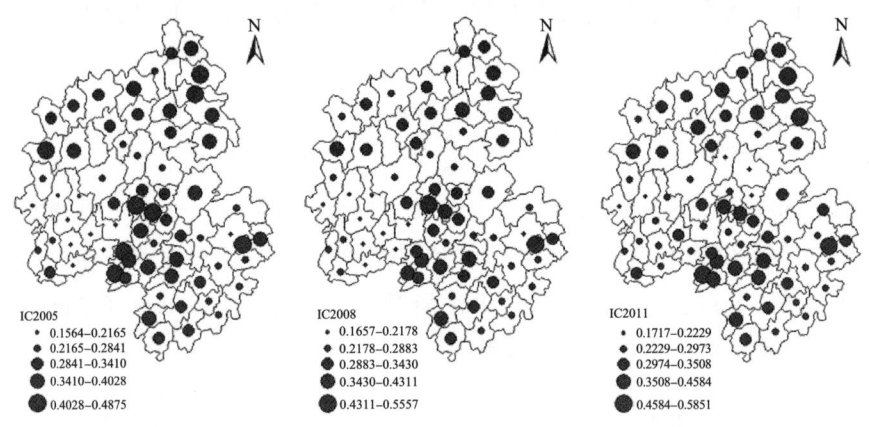

图4 武陵山片区产业能力时空演变

市场能力方面，武陵山片区市场能力较强县市区集聚区大致经历了"由西南、东南部向西北、东北部转移"的过程（见图5）。其中，重庆武陵山片区市场能力一直较强；湖北武陵山片区在2005年仅有恩施和来凤的市场能力较强，之后逐渐扩散到其他县市区，特别是东北部秭归、长阳县的市场能力迅速增长；贵州武陵山片区市场能力在2005、2008年均相对较强，但有相对下降的趋势，2011年，除了玉屏、铜仁、湄潭、余庆等县以外，市场能力都较弱。湖南武陵山片区市场能力空间格局变化相对复杂，2005年，邵娄片区市场能力整体较强，怀化片区整体较弱，湘西片区中吉首、花垣较强，其他县较弱；2008年，怀化片区市场能力整体上升，邵娄片区相对减弱；2011年延续了这一趋势，而张家界片区中慈利、石门的市场能力一直较强，桑植县则先增强后减弱。

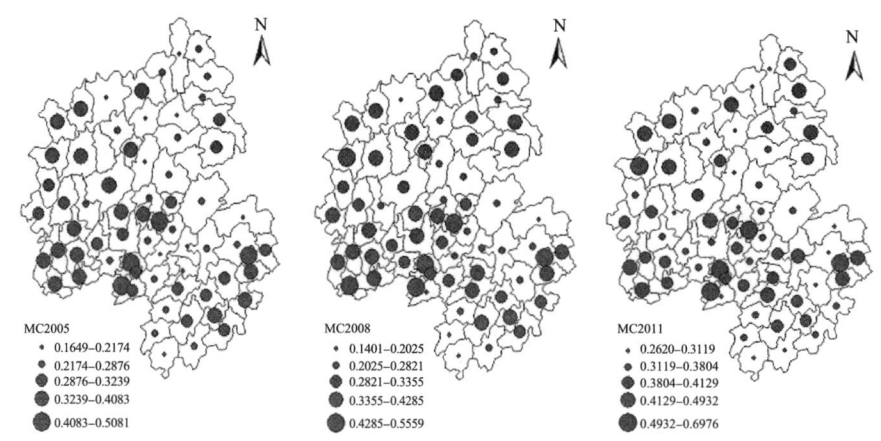

图 5 武陵山片区市场能力时空演变

空间能力方面，武陵山片区的空间格局总体相对稳定（见图6）。空间能力较强县主要集中在武陵山片区北部（重庆武陵山片区和湖北武陵山片区境内）以及东南部（湖南武陵山片区的中部），并且，在2005、2008年，东南部空间能力优势更为明显，但2011年，武陵山片区北部，尤其是西北部空间能力优势反超。武陵山片区这一空间能力格局及演变趋势与武陵山片区的铁路、高速公路网络分布密切相关。东南部空间能力的优势来自以怀化市为重要枢纽的铁路交通，境内有焦柳铁路、湘黔铁路和洛湛铁路经过，同时，沪昆高速、杭瑞高速以及包茂高速也使该区域的空间通达性明显增强。北部和西北部的空间能力优势则得益于宜万铁路、重庆 - 利川铁路以及沪渝高速。此外，近年来，重庆武陵山片区、湖北武陵山片区城镇化建设以及基础设施改善也对其空间能力提升做出了重要贡献。值得强调的是，湖南武陵山片区传统的空间能力优势正在减弱、贵州武陵山片区空间能力严重缺失，需要引起重视。

软实力方面，武陵山片区软实力较强县在空间上呈现逐渐向以县级市为中心的区域集聚，其中，以武陵山片区的中心地带——湘西片区最为明显（见图7）。重庆武陵山片区的软实力一直较强并呈现优势继续强化的趋势，这与重庆市实施城乡统筹发展战略、重视县域软环境建设有关。湖北武陵山片区中恩施市软实力提升明显，来凤、秭归的软实力也相对较强。贵州武陵山片区软实力在2005 - 2008年有明显的相对下降，之后除

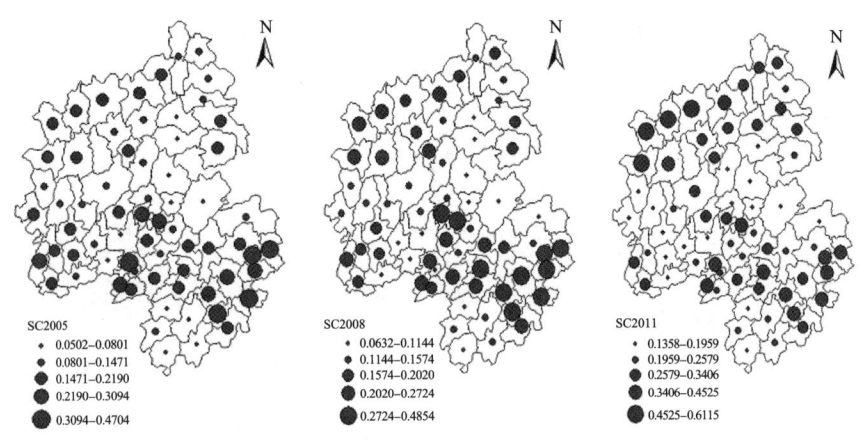

图 6 武陵山片区空间能力时空演变

了铜仁、万山特区以外各县的软实力均较弱。湖南武陵山片区中，湘西片区的软实力整体有较大的提升，其中，2005－2008年上升幅度最为明显；怀化片区、邵阳片区除了少数县市如洪江、中方、冷水江、涟源以外，其他各县软实力都较弱；张家界片区软实力一直较弱。此外，值得一提的是，在来凤县较强软实力的影响下，龙山县的软实力也得到迅速的提升，这可能与龙山、来凤两县一直倡导的"龙凤融城"战略、彼此相互促进有一定的关系。

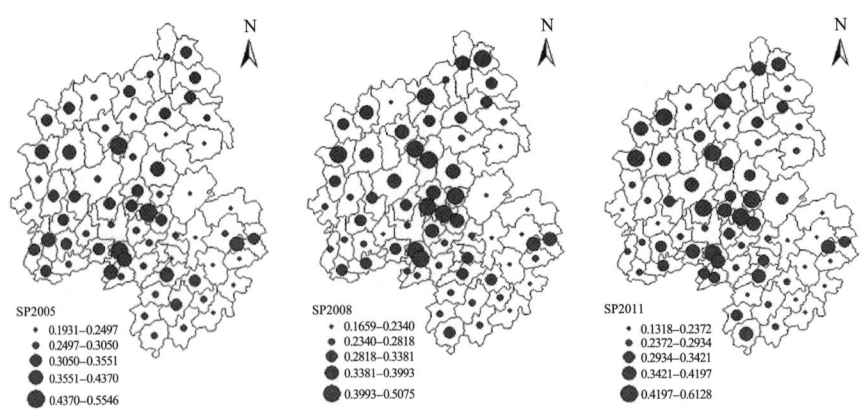

图 7 武陵山片区软实力时空演变

五 结论与讨论

连片特困区贫困是特殊的区域性贫困，要实现持久脱贫关键在于培育区域的自我发展能力。本章在回顾区域自我发展能力相关研究文献基础上，将区域自我发展能力看作一个由产业能力、市场能力、空间能力和软实力四个维度耦合而成的系统。然后，通过建立多指标评价体系，本章应用均方差权重确定法对连片特困区的典型区域武陵山片区各县 2005、2008 和 2011 年的自我发展能力进行了测算，并对测算结果及自我发展能力的时空演变特征进行了分析，得到如下结论。

（1）武陵山片区各县自我发展能力整体偏低，且发展不平衡。2005、2008、2011 年武陵山片区各县市区自我发展能力均值仅为 0.3171、0.3596 和 0.5253。虽然 2008 年以后有了较快的上升，但总体水平仍然不高。武陵山片区内部各子区域发展不平衡，重庆武陵山片区自我发展能力最强，贵州武陵山片区自我发展能力最弱，湖北武陵山片区和湖南武陵山片区自我发展能力居中，2011 年湖北武陵山片区反超湖南武陵山片区，在武陵山片区中排名第二。

（2）武陵山片区自我发展能力整体上属于空间能力制约型，即空间能力不足是制约武陵山片区自我发展能力提升的首要因素。虽然，2008 - 2011 年，空间能力有了较大的改善，但与自我发展能力其他三个维度仍有一定的差距。此外，软实力也是大多数县市区自我发展能力提升的重要制约因素，在湖南武陵山片区的邵娄片区中其制约效应超过空间能力，成为第一制约因素。因而，在武陵山片区的区域发展与扶贫攻坚，特别是自我发展能力建设中，加大交通等基础设施建设、增强通达性、改善软环境仍是工作的重点。

（3）武陵山片区自我发展能力各维度之间的一致性逐渐增强，自我发展能力系统内部结构更趋合理。2005 - 2011 年，武陵山片区及各子区域自我发展能力各维度之间的一致性普遍增强。在各子区域中，重庆武陵山片区自我发展能力内部结构最为合理，是一种较高水平的协调，贵州武陵山片区自我发展能力内部结构最不合理，湖北、湖南武陵山片区居中，这一结果与武陵山片区内各子区域自我发展能力水平高度一致。

（4）武陵山片区自我发展能力空间格局演变趋势明显。2005－2011年，自我发展能力整体呈"东南部相对下降，北部整体上升"的空间演变趋势，即自我发展能力较强区域由湖南武陵山片区向重庆、湖北武陵山片区转移。其中，产业能力的空间演变趋势与自我发展能力相似，市场能力较强区域由西南、东南部向西北、东北部转移，空间能力较强区域向北部和东南部集聚，软实力较强区域则逐渐向以县级市为中心的区域集聚。

区域自我发展能力是一个复杂的能力系统，在不同的时空背景下其内部构成要素以及要素之间的关系可能存在差异，要准确地刻画并定量测算特定区域的自我发展能力并不容易。本章尝试性地将区域自我发展能力解构为产业能力、市场能力、空间能力和软实力四个维度，并以28项指标加以反映，对典型连片特困区——武陵山片区各县自我发展能力进行测算和时空演变分析，所得结论对连片特困区的发展具有参考价值。但受数据可得性的限制，本章尚未考虑资源丰度、交通可达性、市场化程度、科技创新能力等体现自我发展能力的指标，此外，如何体现连片特困区自我发展能力的特殊性也值得进一步探讨。不过，有胜于无，希望本章能够引起更多的关于连片特困区自我发展能力内涵、测算及时空演变方面的讨论。

参考文献

[1] Amit, et al, "Challenge to theory development in entrepreneurship research," *Journal of Management Studies*, 30 (1993): 815–834.

[2] Cornelia F. et al, "Rural economic development through local self-development strategies," *Agriculture and Human Values*, 8 (1991): 19–24.

[3] Grant, R. M, "The resource-based theory of competitive advantage: implications for strategy formulation," *California Management Review*, 33 (1991): 114–135.

[4] Jan L. F. et al, "Self-development: a viable rural development options," Policy Studies, 20 (1992): 54–66.

[5] Jeff S. Sharp, et al, "Social infrastructure and community economics development strategies: the case of self-development and industrial recruitment in rural Iowa," *Journal of Rural Studies*, 18 (2002): 405–417.

[6] Lin Yifu, Tan Guofu, "Policy burdens, accountability, and the soft budget constraint," *American Economic Review: Papers and Proceedings*, 89 (1999): 426–431.

[7] Maskell P, "Low-tech competitive advantages and the role of proximity: the Danish Wood Furniture Industry," *European Urban and Regional Studies*, 5 (1998): 99–118.

[8] Mookherjee D, Shorrocks A, "A decomposition analysis of the trend in UK income inequality," *Economic Journal*, 92 (1982): 886–902.

[9] Prahalad C K, Hamel G. "The core competence of the corporation," *Harvard Business Review*, 68 (1990): 79–91.

[10] Ravallion M, Chen S, "Measuring pro-poor growth," *Economics Letters*,

78 (2003): 936-991.

[11] Ravallion M, "Growth, inequality and poverty: looking beyond averages," *World Development*, 29 (2001): 1803-1815.

[12] Sabina Alkire、James Foster:《对多维贫困测量的理解与误解》,《国际减贫动态》2011年第18期,第10~18页。

[13] Sabina Alkire、Moizza Binat Sarwar:《贫困和福利的多维测量》,《国际扶贫动态》2010年第5期,第12~18页。

[14] Sen, A, "Why health equity," *Health Economics*, 11 (2002): 659-666.

[15] Silber J, "Factor components, population subgroups and the computation of Gini index of inequality," *Review of Economics and Statistics*, 71 (1989): 107-115.

[16] Son H, "A note on pro-poor growth," Economics Letters, 82 (2004): 3077-3141.

[17] Yao S, "On the decomposition of Gini coefficient by population class and income source: a spreadsheet approach and application," *Applied Economics*, 31 (1999): 1249-1264.

[18] Yitzhaki S, Lerman R, "Income stratification and income inequality," *Review of Income and Wealth*, 37 (1991): 313-329.

[19] 〔美〕安迪·派克、安德烈·罗德里格斯-珀斯、约翰.托梅尼:《地方和区域发展》,王学峰译,格致出版社,2011,第98~102页。

[20] 曹洪民、王小林、陆汉文等:《特殊类型贫困地区多维贫困测量与干预——四川省阿坝藏族羌族自治州案例》,中国农业出版社,2011,第68~95页。

[21] 陈立中:《收入、知识和健康的三类贫困测算与解析》,《改革》2008年第3期,第35~40页。

[22] 陈立中:《转型时期我国多维度贫困测算及其分解》,《经济评论》2008年第5期,第22~28页。

[23] 陈琦:《连片特困地区农村贫困的多维测量及政策意涵——以武陵山片区为例》,《四川师范大学学报(社会科学版)》2012年第3期,第13~18页。

［24］陈琦：《连片特困地区农村贫困的多维测量及政策意涵——以武陵山片区为例》，《四川师范大学学报（社会科学版）》2012年第3期，第58～63页。

［25］陈全功、程蹊：《空间贫困理论视野下的民族地区扶贫问题》，《中南民族大学学报（人文社会科学版）》2011年第1期，第58～63页。

［26］陈作成、龚新蜀：《西部地区自我发展能力的测度与实证分析》，《西北人口》2013年第2期，第101～115页。

［27］成学真、陈小林：《区域发展自生能力界定与评价指标体系构建》，《内蒙古社会科学（汉文版）》2010年第1期，第99～104页。

［28］程志明：《城市贫困的联合方法研究：多维视角和研究路径》，《西部商学评论》2009年第2期，第35～41页。

［29］丁建军：《武陵山片区经济增长益贫性与空间差异演变——基于2000-2011年县域数据的实证分析》，《地理研究》2014年第5期，第948～960页。

［30］丁建军：《中国11个集中连片特困区贫困程度比较研究——基于综合发展指数计算的视角》，《地理科学》2014年第12期，第1418～1427页。

［31］丁建军、冷志明：《武陵山片区县域产业增长的空间特征》，《山地学报》2013年第5期，第555～564页。

［32］丁建军、李峰、黄利文：《连片特困区县域经济增长效应分解及空间特征分析——以武陵山片区为例》，《经济地理》2013年第2期，第47～52/60页。

［33］丁建军、赵奇钊：《农村信息贫困的成因与减贫对策——以武陵山片区为例》，《图书情报工作》2014第2期，第75～78/108页。

［34］高新才、王科：《主体功能区视野的贫困地区发展能力培育》，《改革》2008年第5期，第144～149页。

［35］郭建宇：《农户多维贫困程度与特征分析——基于山西农村贫困监测数据》，《农村经济》2012年第3期，第22～27页。

［36］郭建宇、吴国宝：《基于不同指标及权重选择的多维贫困测量——以山西省贫困县为例》，《中国农村经济》2012年第2期，第8～16页。

[37] 郭艳军、刘彦随、李裕瑞：《农村内生式发展机理与实证分析——以北京市顺义区北郎中村为例》，《经济地理》2012年第9期，第114~119页。

[38] 国务院扶贫开发领导小组办公室、国家发展和改革委员会：《六盘山片区区域发展与扶贫攻坚规划（2011-2020）》，2012，第6~25页。

[39] 国务院扶贫开发领导小组办公室、国家发展和改革委员会：《罗霄山片区区域发展与扶贫攻坚规划（2011-2020）》，2013，第2~19页。

[40] 国务院扶贫开发领导小组办公室、国家发展和改革委员会：《大别山片区区域发展与扶贫攻坚规划（2011-2020）》，2013，第11~34页。

[41] 国务院扶贫开发领导小组办公室、国家发展和改革委员会：《大兴安岭南麓片区区域发展与扶贫攻坚规划（2011-2020）》，2012，第6~28页。

[42] 国务院扶贫开发领导小组办公室、国家发展和改革委员会：《滇桂黔石漠化片区区域发展与扶贫攻坚规划（2011-2020）》，2012，第5~25页。

[43] 国务院扶贫开发领导小组办公室、国家发展和改革委员会：《滇西边境片区区域发展与扶贫攻坚规划（2011-2020）》，2012，第4~26页。

[44] 国务院扶贫开发领导小组办公室、国家发展和改革委员会：《吕梁山片区区域发展与扶贫攻坚规划（2011-2020）》，2013，第3~18页。

[45] 国务院扶贫开发领导小组办公室、国家发展和改革委员会：《乌蒙山片区区域发展与扶贫攻坚规划（2011-2020）》，2012，第2~19页。

[46] 国务院扶贫开发领导小组办公室、国家发展和改革委员会：《武陵山片区区域发展与扶贫攻坚规划（2011-2020）》，2011，第3~17页。

[47] 国务院扶贫开发领导小组办公室、国家发展和改革委员会：《燕山—太行山片区区域发展与扶贫攻坚规划（2011-2020）》，2012，第4~17页。

[48] 韩嘉玲、张妍：《流动人口的贫困问题：一个多维的研究视角》，《贵州社会科学》2011年第12期，第56~63页。

[49] 韩秀兰、李宝卿：《益贫式增长与社会机会分配》，《统计研究》2011

年第 12 期，第 41~48 页。

[50] 何代欣：《非农业化是工业反哺农村、农民的唯一产业路径吗？——中国西部大开发 10 年来自我发展能力塑造与经验》，《财贸经济》2011 年第 4 期，第 39~45 页。

[51] 贺文惠、李静：《贫困县经济增长质量研究：安徽案例》，《中国国际扶贫中心研究报告》2011 年第 9 期，第 11 页。

[52] 洪兴建：《贫困指数理论研究述评》，《经济评论》2005 年第 5 期，第 33~38 页。

[53] 洪兴建：《一个新的基尼系数子群分解公式——兼论中国总体基尼系数的城乡分解》，《经济学季刊》2008 年第 11 期，第 307~324 页。

[54] 胡鞍钢、童旭光：《中国减贫理论与实践——青海视角》，《清华大学学报（哲学社会科学版）》2010 年第 4 期，第 36~43 页。

[55] 胡鞍钢、童旭光、诸丹丹：《四类贫困的测量：以青海省减贫为例（1978-2007）》，《湖南社会科学》2009 年第 5 期，第 18~24 页。

[56] 胡鞍钢、诸丹丹、童旭光：《省级多维减贫经验：以青海省为例》，《攀登》2010 年第 4 期，第 1~5 页。

[57] 胡业翠、方玉东、刘彦随：《广西喀斯特山区贫困化综合评价及空间分布特征》，《中国人口·资源与环境》2008 年第 6 期，第 192~197 页。

[58] 黄承伟、向家宇：《科学发展观视野下的连片特困地区扶贫攻坚战略研究》，《社会主义研究》2013 年第 1 期，第 32~37 页。

[59] 黄静波、肖海平：《湘粤赣省际边界禁止开发区域生态旅游环境质量综合评价》，《经济地理》2012 年第 10 期，第 152~157 页。

[60] 姜德华：《中国的贫困地区类型及开发》，旅游教育出版社，1989，第 30~37 页。

[61] 蒋翠侠、许启发、李亚琴：《中国家庭多维贫困的统计测度》，《统计与决策》2011 年第 22 期，第 45~49 页。

[62] 冷志明：《武陵山经济协作区空间协调发展程度评价》，《地理研究》2012 年第 3 期，第 521~533 页。

[63] 冷志明、雷亿辉：《基于新区域主义的我国连片特困区开发研究》，

《经济地理》2011年第4期，第646~650页。

[64] 李飞：《多维贫困测量的概念、方法和实证分析——基于我国9村调研数据的分析》，《广东农业科学》2012年第9期，第18~25页。

[65] 李佳路：《农户多维度贫困测量——以S省30个国家扶贫开发工作重点县为例》，《财贸经济》2010年第10期，第21~27页。

[66] 李乐为、岑乾明：《区域公共产品协同供给：西部连片贫困区反贫困新思路——对湘鄂龙山、来凤"双城一体"的观察与思考》，《农业经济问题》2011年第12期，第91~96页。

[67] 李泉：《区域自我发展能力问题研究述评——兼论西部地区自我发展能力的培育与提升》，《郑州航空工业管理学院学报》2011年第1期，第24~27页。

[68] 李小云、李周、唐丽霞：《参与式贫困指数的开发与验证》，《中国农村经济》2005年第5期，第18~26页。

[69] 李阳兵、罗光杰、邵景安等：《岩溶山地聚落人口空间分布与演化模式》，《地理学报》2012年第12期，第1666~1674页。

[70] 梁振芳、农国忠：《资源富集地区自我发展能力的实践探索与建议——百色市调查》，《理论探讨》2011年第10期，第270-272页。

[71] 刘泽琴：《贫困的多维测度研究述评》，《统计与决策》2012年第10期，第55~59页。

[72] 罗小兰、曹艳春：《基于AHP方法的中国城市家庭贫困程度测度指标体系设想与实证分析》，《中央财经大学学报》2010年第6期，第33~38页。

[73] 罗晓梅、何关银、陈纯柱：《从生存方式变革看待发展——西部生存方式变革与自我发展能力研究》，重庆出版社，2007，第35页。

[74] 苗建青、谢世友、袁道先等：《基于农户—生态经济模型的耕地石漠化人文成因研究——以重庆市南川区为例》，《地理研究》2012年第6期，第967~979页。

[75] 齐元静、杨宇、金凤君：《中国经济发展阶段及其空间格局演变特征》，《地理学报》2013年第4期，第517~531页。

[76] 阮敬：《亲贫困增长理论与测度方法研究》，首都经济贸易大学博士学

位论文，2008，第 35~45 页。

[77] 阮敬：《我国低收入群体分享经济增长成果的地区差异研究》，《财经研究》2012 年第 7 期，第 4~13 页。

[78] 尚卫平、姚智谋：《多维贫困测度方法研究》，《财经研究》2005 年第 12 期，第 35~41 页。

[79] 邵建平、苏小敏、张永：《西部自我发展能力提升对策研究——基于比较优势承接东部产业转移的视角》，《科技进步与对策》2012 年第 6 期，第 44~47 页。

[80] 盛广耀：《增强西部自我发展能力需关注六个方面》，《中国经济导报》，2011 年 1 月 1 日。

[81] 苏维词：《滇桂黔石漠化集中连片特困区开发式扶贫的模式与长效机制》，《贵州科学》2012 年第 4 期，第 1~5 页。

[82] 隋文娟、刘筱、廖悲雨等：《贫困视角下的中国区域经济增长规律及其管治研究》，《地理研究》2010 年第 2 期，第 373~381 页。

[83] 汤青、徐勇、李扬：《黄土高原农户可持续生计评估及未来生计策略——基于陕西延安市和宁夏固原市 1076 户农户调查》，《地理科学进展》2013 年第 2 期，第 161~169 页。

[84] 童中贤：《我国连片特困地区发展战略进路研究——基于武陵山地区城市增长极构建的视角》，《城市发展研究》2012 年第 12 期，第 66~71 页。

[85] 童中贤、曾群华、马骏：《我国连片特困地区增长极培育的战略分析——以武陵山地区为例》，《中国软科学》2012 年第 4 期，第 85~96 页。

[86] 王科：《中国贫困地区自我发展能力解构与培育——基于主体功能区的新视角》，《甘肃社会科学》2008 年第 3 期，第 100~103 页。

[87] 王丽华：《就业援助：西部农村反贫困的现实抉择——基于减缓地缘性贫困和生态贫困的视角》，《理论探索》2012 年第 2 期，第 94~97 页。

[88] 王亮、韩振海、余金艳等：《西部特殊困难地区发展：综合评价与地域划分》，《经济地理》2011 年第 5 期，第 719~723 页。

[89] 王明黔、王娜：《西部民族贫困地区反贫困路径选择辨析——基于空间贫困理论视角》，《贵州民族研究》2011年第4期，第141~145页。

[90] 王绍光、胡鞍钢，《中国国家能力报告》，辽宁出版社，1993，第10页。

[91] 王生云：《亲贫困增长测度研究述评》，《统计研究》2012年第7期，第101~106页。

[92] 王小林、Sabina Alkire：《中国多维度贫困测量：估计和政策含义》，《中国国际扶贫中心研究报告》2010年第4期，第8~15页。

[93] 王雪妮、孙才志：《1996－2008年中国县级市减贫效应分解与空间差异分析》，《经济地理》2011年第6期，第888~894页。

[94] 向德平、黄承伟：《中国反贫困发展报告（2012）》，华中科技大学出版社，2013，第65－75页。

[95] 向焕琦：《基于经济权利禀赋视角的西部地区自我发展能力提升研究》，重庆大学硕士学位论文，2011，第25~27页。

[96] 徐丽萍、王小林：《中国经济增长的利贫性分析》，《中国国际扶贫中心研究报告》2011年第5期，第12页。

[97] 寻舸：《基于自组织理论的武陵山片区的扶贫开发机制》，《经济地理》2013年第2期，第146~150/167页。

[98] 闫磊、姜安印：《区域自我发展能力的内涵和实现基础——空间管制下区域自我发展能力研究》，《甘肃社会科学》2011年第2期，第213~216页。

[99] 叶初升、王红霞：《多维贫困及其度量研究的最新进展：问题与方法》，《湖北经济学院学报》2010年第6期，第32~38页。

[100] 叶普万：《贫困经济学研究：一个文献综述》，《世界经济》2005年第5期，第15~28页。

[101] 叶升初、赵锐：《村级贫困的度量、维度与方法》，《发展经济学》2011年第1期，第54~66页。

[102] 游俊、冷志明、丁建军：《中国连片特困区发展报告（2013）》，社会科学文献出版社，2013，第1－23页。

[103] 余凤鸣、张阳生、周杜辉等：《基于ESDA—GIS的省际边缘区经济

空间分异》，《地理科学进展》2012 年第 8 期，第 997~1004 页。

[104] 张大维：《集中连片少数民族困难社区的灾害与贫困关联研究——基于渝鄂湘黔交界处 149 个村的调查》，《内蒙古社会科学（汉文版）》2011 年第 5 期，第 127~132 页。

[105] 张大维：《生计资本视角下连片特困区的现状与治理——以集中连片特困地区武陵山区为对象》，《华中师范大学学报（人文社会科学版）》2011 年第 4 期，第 16~23 页。

[106] 张富刚、刘彦随：《中国区域农村发展动力机制及其发展模式》，《地理学报》2008 年第 2 期，第 115~122 页。

[107] 张焕明：《农民工家庭贫困水平：模糊收入线测度及代际传递性原因》，《中国经济问题》2011 年第 6 期，第 33~40 页。

[108] 张建华、陈立中：《总量贫困测度研究述评》，《经济学（季刊）》2006 年第 3 期，第 35~42 页。

[109] 张瑞华、阴慧、徐志耀：《落后区域自我发展能力提升研究——从承接产业转移、优势产业培植的视角》，《广西经济干部管理学院》2008 年第 3 期，第 6~10 页。

[110] 赵雪雁：《不同生计方式农户的环境影响——以甘南高原为例》，《地理科学》2013 年第 5 期，第 545~552 页。

[111] 赵雪雁、张丽、江进德等：《生态补偿对农户生计的影响——以甘南黄河水源补给区为例》，《地理研究》2013 年第 3 期，第 531~542 页。

[112] 郑长德：《中国民族地区自我发展能力构建研究》，《民族研究》2011 年第 4 期，第 15~24 页。

[113] 郑瑞强、朱述斌、沈墨：《连片开发扶贫行为逻辑与作用机制分析》，《华南农业大学学报（社会科学版）》2012 年第 2 期，第 1~6 页。

[114] 中共中央国务院：《中国农村扶贫开发纲要（2001-2010 年）》，2001，第 3~8 页。

[115] 中华人民共和国国务院：《中国农村扶贫开发纲要（2011~2020）》，2011 年 12 月。

[116] 周华：《益贫式增长的定义、度量与策略研究——文献回顾》，《管理

世界》2008 年第 4 期，第 160～166 页。

[117] 周华、李品芳、崔秋勇：《中国多维度益贫式增长的测度及其潜在来源分解研究》，《数量经济技术经济研究》2011 年第 5 期，第 12～22 页。

[118] 周华、李品芳、崔秋勇：《中国多维度益贫式增长的测度及其潜在来源分解研究》，《数量经济技术经济研究》2011 年第 5 期，第 37～50 页。

[119] 周晶：《中心—边缘视角下少数民族地区贫困成因探析——以武陵山区为例》，华中师范大学硕士学位论文，2012，第 25～31 页。

[120] 周猛：《集中连片特困地区的致贫因素和减贫对策探析——以西藏自治区改则县为例》，《开发研究》2012 年第 6 期，第 43～46 页。

[121] 周忠学、仇立慧：《山区贫困文化的形成机理及反贫对策》，《干旱区资源与环境》2004 年第 4 期，第 51～54 页。

[122] 周忠瑜：《努力提高少数民族地区自我发展能力》，《青海民族学院学报》1988 第 4 期，第 135～136 页。

[123] 朱传耿、仇方道、孟召宜等：《省际边界区域协调发展研究》，科学出版社，2012，第 68～89 页。

[124] 朱凯、姚驿虹：《对自我发展能力理论的规范性研究》，《成都理工大学学报（社会科学版）》2012 年第 1 期，第 31～37 页。

[125] 邹薇、方迎风：《关于中国贫困的动态多维度研究》，《中国人口科学》2011 年第 6 期，第 46～52 页。

[126] 邹薇、方迎风：《怎样测度贫困：从单维到多维》，《国外社会科学》2012 年第 2 期，第 18～25 页。

图书在版编目(CIP)数据

中国连片特困区研究.2013-2016/游俊,冷志明,丁建军编著. -- 北京:社会科学文献出版社,2017.3
(中国减贫研究书系)
ISBN 978-7-5201-0020-5

Ⅰ.①中⋯ Ⅱ.①游⋯ ②冷⋯ ③丁⋯ Ⅲ.①贫困区－区域经济发展－研究报告－中国－2013－2016 Ⅳ.①F127

中国版本图书馆CIP数据核字(2016)第299203号

中国减贫研究书系
中国连片特困区研究(2013~2016)

编　　著/游　俊　冷志明　丁建军

出 版 人/谢寿光
项目统筹/邓泳红
责任编辑/陈　颖　王丽丽

出　　版/社会科学文献出版社·皮书出版分社(010)59367127
　　　　　地址:北京市北三环中路甲29号院华龙大厦　邮编:100029
　　　　　网址:www.ssap.com.cn
发　　行/市场营销中心(010)59367081　59367018
印　　装/三河市东方印刷有限公司

规　　格/开　本:787mm×1092mm　1/16
　　　　　印　张:19.25　字　数:298千字
版　　次/2017年3月第1版　2017年3月第1次印刷
书　　号/ISBN 978-7-5201-0020-5
定　　价/89.00元

本书如有印装质量问题,请与读者服务中心(010-59367028)联系

▲ 版权所有 翻印必究